岳麓書社

读名著　选岳麓

U0846709

古典名著普及文库

礼记

姚淦铭 注译 姚鹰 导读

岳麓書社·长沙

图书在版编目(CIP)数据

礼记/姚淦铭,姚鹰导读注译.—长沙:岳麓书社,2022.2(2022.12 重印)
ISBN 978-7-5538-1472-8

Ⅰ.①礼…　Ⅱ.①姚…②姚…　Ⅲ.①礼仪—中国—古代②《礼记》—注释③《礼记》—译文　Ⅳ.①K892.9

中国版本图书馆 CIP 数据核字(2020)第 247580 号

LIJI
礼记
导读注译:姚淦铭　姚　鹰
责任编辑:张丽琴
责任校对:舒　舍
封面设计:罗志义

岳麓书社出版发行
地址:湖南省长沙市爱民路 47 号
直销电话:0731-88804152　0731-88885616
邮编:410006

版次:2022 年 2 月第 1 版
印次:2022 年 12 月第 4 次印刷
开本:890mm×1240mm　1/32
印张:10.5
字数:292 千字
ISBN 978-7-5538-1472-8
定价:36.00 元

承印:长沙超峰印刷有限公司

如有印装质量问题,请与本社印务部联系
电话:0731-88884129

出版说明

中国古典名著是中华优秀传统文化的重要载体，今天人们要学习传统文化，如果说有所谓捷径可寻，那恐怕就是直接阅读古典名著了。长期以来，为大众读者出版古典名著的普及读物一直是本社的重要使命。约三十年前，我们便出版了“古典名著普及文库”，收书五十余种，七十余册，蔚为大观。这套书命名为“普及”，首先是因为采用了简体字横排的排版方式。当时的古典名著图书，以未经整理的影印本和繁体竖排本居多，大众读者阅读有障碍，故本文库的推出，确有普及之效。其次，我们提出要让读者“以最少的钱买最好的书”，定价远低于当时同类型品种。基于此，这套“普及文库”迅速流向读者的书架，销量极大，功在普及不浅。

当年这套书，所收各书都是文言文全本，无注释，不翻译，对于今天的大众读者来说，已经很难起到普及作用了。而且，读者如果仅仅出于品鉴、入门的需要，也无须通读大部头的全本古籍。因而，我们推出这套全新的“古典名著普及文库”，在选目上广泛听取国内名校学者们的建议，收录经、史、子、集四部之中第一流的名著一百余种，邀请学有专攻的学者精心注释、翻译，并加以导读。篇幅大的经典，精选菁华，篇幅适中的出版全本，个别篇幅小的，则将主题相近的品种合刊为一册。

我们希望有更多的人能够买得起、读得懂中国的古典名著，接受中华优秀传统文化的滋养。这一套轻松好读又严谨可靠的普及文库，便是我们努力实践这一理念的结果。

前言

经学是中国文化的一大瑰宝，崇圣尊经是中华民族特有的文化传统，以孔子为代表的儒家文化流传数千年仍熠熠生辉。儒家典籍浩如烟海，而其中几部经书，更成为“以不变应万变”的神圣法典。《礼记》即是其中的千古经典之一。

一、《礼记》成书渊源与历史地位

礼，对巩固社会等级秩序、维护封建统治起着重要作用。中国历代朝廷都重视制定礼仪制度。“礼”的仪式活动先已存在，经过长期的习用、整理补充，逐渐定型，而后形成文字，整理成书。《仪礼》原来称为《礼》，是最早详细记录礼节的书，也是儒家传习最早的一部书，是古代贵族子弟和士人的必修课程。《礼记》作为“礼之记”，即是对《礼》经义的说明或阐发。

（一）选编成书与定本流传

汉宣帝时期，戴德与戴圣叔侄都在学官向弟子讲授《礼》之经义时，各自编撰了“记”，即解经的辅助材料。戴德所编为《大戴礼记》85 篇，流传至今只有 39 篇。戴圣所编为《小戴礼记》49 篇。戴圣为今文礼学大师，宣帝时被立为博士，《小戴礼记》立于官学被广为推行，尤其有当时注经的权威郑玄为其作注后，开始声名鹊起。

目前所见文献中最早提到这两部书来历的是东汉末年郑玄的《六艺论》，其文曰：“戴德传‘记’八十五篇，则《大戴礼》是也；戴圣传‘礼’四十九篇，则此《礼记》是也。”（唐孔颖达《礼记正义·序》上海古籍出版社1990年影印本）这里郑玄将戴德的85篇称为“记”，而将戴圣的49篇称为“礼”，一字之差，表明郑玄认为戴德的85篇仅是“记”，不能作为礼书看待，也是他未为《大戴礼》作注的原因。由此《大戴礼记》渐被冷落，《小戴礼记》则成为定本，为49篇。之后《礼记》成为专名，即指《小戴礼记》。《十三经注疏》里的《礼记正义》采用的便是《小戴礼记》，因郑玄注、孔颖达疏而流传不朽。

《礼记》的成书年代与渊源，存有较多的历史与学术问题。学者大多认为《礼记》是战国至秦汉年间儒家学者阐述《礼》的资料汇编，也可说是以儒家礼论为主的论文集，这就不可能是一人所撰，也并非一时所成。且《礼记》内容庞杂，各篇的作者难以查考，大多或无从考辨，或不可详考。研究者或以为是孔子弟子所作，或以为是周秦间人所撰，或以为是汉儒所录，等等，难有确切定论。总体而言，《礼记》这些篇目，大多成于战国时期，为孔门七十子后学所记，亦有列入秦汉时期的作品。

（二）《礼记》之价值与历史地位

礼，最早即是“事神致福”的祭祀仪式。随着礼的使用范围和内涵扩大，其社会作用不断增强，逐步形成了比较稳定的概念，“礼治”成为治国平天下的重要手段。礼的内涵日益丰富，它既体现了当时的政治制度、经济制度，又是礼节仪式和人们日常生活中必须恪守的行为规范和社会准则，礼即成为一种法律制度，也是国家政治命脉之所系。

《礼记》与《周礼》《仪礼》合称“三礼”，是儒家的经典，也是中华文化之活水源头，自古至今享有“元典”之尊。

《周礼》是记载周代官制以及战国时期列国制度的汇编。《周礼》既为设官分职的政典，故又称《周官》。全书以“六官”为纲，分为六大部分：天官冢宰、地官司徒、春官宗伯、夏官司马、秋官司寇、冬官司空。此六者分别职掌天下政务。然而，至汉代“冬官司空”已佚缺，于是以《考工记》替补，称《冬官考工记》。《周礼》的作者与成书年代，都有争论。因周秦青铜器铭文记载的官制与《周礼》基本吻合，所以此书为战国时作品一说得到大致确认。

《仪礼》古称为《礼》，此为儒家所说的“五经”，即《易》《书》《诗》《礼》《春秋》中的《礼》。《仪礼》是先秦上层贵族礼仪之汇编。先秦学者中以《礼》为一经，并不包括《周礼》。谈礼，只有《仪礼》是本原，其他有关礼的阐述只是传、记、说。经学史上将孔子所定的称为“经”；弟子所释的称为“传”，或称为“记”；弟子辗转相授的称为“说”。宋朱熹说：“《仪礼》是经，《礼记》是解《仪礼》”，“读《礼记》而不读《仪礼》，许多理皆无安着处”。(《朱子语类》) 可见《礼记》只是“记”，是解《仪礼》之“经”的。如《仪礼》中有《士昏礼》，《礼记》中则有《昏义》篇；《仪礼》中有《士冠礼》，《礼记》中则有《冠礼》篇。所以经学家们对《仪礼》的重视多，用力勤。

西汉以后，《礼记》由原属于《仪礼》之“记”的从属地位，逐步独立发展，直至超越《仪礼》。汉代的五经里有《仪礼》没有《礼记》，而明朝的五经里却以《礼记》取代了《仪礼》。原因是《仪礼》多为繁文缛节之条文，枯燥乏味。《礼记》之“记”较为丰富生动，尤其记载了许多生活中实用性较大的礼仪活动细节，并简约通俗地阐述发挥各种典礼的意义和制礼的精神，民众乐意接受并竞相传习而流传广大。唐代科举立《礼记》为大经，成为科举取士、进入仕途的敲门砖后，其社会地位越来越高。宋代朱熹将《大学》《中庸》《论语》《孟子》编纂为《四书》。《大学》《中庸》本是《礼记》的两个单篇，至此一跃为与《论语》《孟子》并立的辉煌两书，《礼记》之地位又得到相应提高。至明清《礼记》地位更加显著，此亦成为值得思考的历史文化现象。

二、《礼记》的内容与分类

《礼记》既是儒家思想的经典文献，又是研究中国文化精神的宝贵资源；既“记”道德规范，也“记”典章制度，还论述关于“礼”的理论与学术问题。它具有重要的理论价值和文化内涵，被视作打通《周礼》《仪礼》两书内蕴的钥匙。

《礼记》诸篇各有其专述与特质。如《曲礼》主要记载我国古时社会生活的应对进退之法,《王制》记述刑政爵禄等行政制度,《月令》记载一年时令,《内则》主要讲述家庭礼节及世俗生活规范,《儒行》记儒者德行之特征,《乐记》论音乐及其作用,《学记》是先秦儒家教育思想和教育经验的总结。

《礼记》重视“礼”与“乐”，对冠礼、婚礼、射礼（交往礼）、丧礼、祭礼作了完备的规范，使古代社会人们的生活行为有“礼”可循。其解释礼仪之意义，如《昏义》云：“昏礼者，将合二姓之好，上以事宗庙，而下以继后世也，故君子重之。”其阐述礼乐之作用，如《乐记》云：“凡音者，生人心者也。情动于中，故形于声。声成文，谓之音。是故治世之音安以乐，其政和；乱世之音怨以怒，其政乖；亡国之音哀以思，其民困。声音之道，与政通矣。”

《礼记》又重视“学”与“教”。《学记》云：“君子如欲化民成俗，其必由学乎！”指出了“化民成俗”的教育本质。《礼运》中还提出了“天下为公”“大同”“小康”的观念，这一中国古代的最高社会理想已达到较高的思想理论高度。《礼记》中所记个人修身养性的基本素养、行为准则，对今人之安身立命也有借鉴导向作用。

《礼记》49篇，刘向《别录》分之为八类：（一）通论；（二）制度；（三）明堂阴阳；（四）丧服；（五）子法；（六）祭祀；（七）吉事；（八）乐记。梁启超又分之为五类。在此略述梁启超《要籍解题及其读法》中对《礼记》篇目之分类及相关篇目：

一是通论礼意或学术。有《礼运》《经解》《乐记》《大学》《中庸》《学记》《儒行》《坊记》《表记》《缁衣》等篇。如《礼运》提出了以礼治为中心的国家政治制度之理想。

二是解释《仪礼》的专篇，如《冠义》《昏义》《乡饮酒义》《射义》《燕义》《聘义》《丧服四制》等篇，宣扬了儒家的礼治主义理想。

三是杂记。大多为记述孔子言行或孔门杂事，如《孔子闲居》《仲尼燕居》《檀弓》《曾子问》等篇，蕴含着许多值得深思与遵循的处世之道。

四是记述古代制度礼节，略带考证性质。如《王制》《曲礼》《玉藻》《明堂位》《月令》《礼器》《郊特牲》《祭统》《祭法》《大传》《丧大记》《丧服小记》《奔丧》《问丧》《间传》《文王世子》《内则》《少仪》等篇。

五是记述古代格言，散见于各篇中。如《曲礼》《少仪》《儒行》等篇之一部分。

梁氏所分还是颇为得当的。此可看到《礼记》在古代文化中的重要地位，对研究古代哲学、历史、文物、制度等都显示出独特价值。

三、选本篇目之说明

《礼记》内容庞杂，初读者有望而生畏之感，汇聚精要出版选本，确有现代价值与实际功用。《礼记》为一大经典，蕴藏着众多经典之名作，如《大学》《中庸》《学记》《乐记》等皆出于此书。我们根据丛书体例与《礼记》选本的编写宗旨及字数要求，依据内容价值与读者对象的需求来选定篇目。通论部分内容最为精彩，基本都选录，而且均全篇注释译解。对一些为人知晓且运用较为普遍的礼仪制度以及孔门佳话、典故名言之篇章，则有代表性地加以选录。共选 22 篇（《曲礼》与《檀弓》均分上下篇），其中《檀弓》因篇幅较长，且多为葬丧细节，故作节选。导读力求简明易懂，揭示主题，交代相关背景特征。

四、注译版本之选择

研究《礼记》代代有人，郑玄注和孔颖达疏可称为双璧。我们在注译时，就采用阮元《十三经注疏》中的《礼记正义》作底本；除标点、分节、分段、注译外，还进行了一些校勘，体例均按丛书的要求。本书注释力求从简，有所依据，以郑注孔疏为主，辅以宋儒清儒陈澔、孙希旦、王念孙、段玉裁、俞樾等见解。译文直译，添加语句用括号表示；没有对应的语词，不加硬译，可参见注释。篇题往往非一二言可讲清，读者读完一篇后又可悟通篇题，为求简要，故省去篇题注释。本书在撰作时还参阅了今人的一些成果，在此一并致谢！

此书能完稿得到不少人的诚挚帮助，特别是张丽琴编辑的信任和关心。感谢她善解人意，鼓励我们完成此书，对此我将感念不忘。万没想到此书成为父亲最后一部书稿，看到他成堆的写作书籍和书中密密的题记批注，以及他的书稿笔记、病中所写的稿纸条文，不胜痛惜。我唯砥砺前行，刻苦严谨完成此书稿，作为对父亲最好的纪念。撰作中错误难免，敬请专家和读者指正。

姚 鹰

2019 年初夏

目录

曲礼

导读

《曲礼上》是《礼记》中的第 1 篇;《曲礼下》是《礼记》中的第 2 篇。

《曲礼》本为一篇,因篇幅较长,古时简册繁重而分为上、下两篇。关于《曲礼》篇名,有多种看法。“经礼三百,曲礼三千”,经礼指礼的主要内容,曲礼指礼的详细礼节。“曲”有周全、详备之意。本篇包括“五礼”全部内容,所以篇名“曲礼”,既有礼节之详备,又有解礼详细之意。

《曲礼》记君臣间和贵族上层社会的礼节,主要记载吉、凶、军、宾、嘉五礼的各个方面,包括礼的定义和各种礼的细节,同时也兼及社会活动和日常生活中饮食出行、交往应对等方面的礼仪。

《曲礼上》为《礼记》首篇,提出“明礼”的重要意义:“道德仁义,非礼不成。教训正俗,非礼不备。分争辨讼,非礼不决。”“礼”成为衡量人们言行、是非的最高准则。文中又说:圣人制定礼制来教导人民,使人民有了礼制而知道自己区别于禽兽,因而礼仪、礼俗得到人们普遍尊重与自觉遵守。《曲礼上》有“入国而问俗”,《曲礼下》有“君子行礼不求变俗”,更有细微礼节体现:给长者清扫席前之礼,要先将扫帚遮挡畚箕,再用衣袖遮挡住后退着扫,不让灰尘弄脏长者。当然,《曲礼》中也有不合时宜之陈腐陋习,需要我们辨别摈弃。

曲礼上

原文

1.1《曲礼》[1]曰：

毋不敬，俨若思，安定辞[2]。安民哉！

敖[3]不可长，欲不可从[4]，志不可满，乐不可极。

贤者狎而敬之，畏而爱之。爱而知其恶，憎而知其善。积而能散。安安而能迁。临财毋苟得，临难毋苟免。很[5]毋求胜，分毋求多。疑事毋质，直而勿有。

若夫坐如尸[6]，立如齐[7]。礼从宜，使从俗。

夫礼者，所以定亲疏、决嫌疑、别同异、明是非也。礼不妄说[8]人，不辞费。礼不逾节，不侵侮，不好狎。修身践言，谓

译文

《曲礼》说：

不要不自我警惕约束，态度要端庄像有所思考的样子，讲话要安详明确。这样才能使人信服啊！

傲慢的心思不可以滋长，欲望不可以放纵，心志不可以自满，享乐不可以至极。

有德行的人亲近并敬重他，畏服并爱慕他。爱他人，但能知道他的短处；恨他人，但能知道他的长处。既能积聚财富，又能散发财富（，救济他人）。既能安适于安乐显荣的地位，也能适应其他变迁。遇到财物，不要随便获得；遇到危难，不要随便逃脱。遇有争讼，不求胜过他人；分派东西，不求多得。疑惑未知的事，不要乱作证明；已经了解的事，不要据此强辩。

如果坐着，就得像尸居神位那样端正；如果站着，就得像祭祀那样恭敬。礼要遵从事理机宜，出使者要遵从当地的风俗。

礼，是用来规定人们的亲疏关系、决断事理上的嫌疑、分辨事物的异同、明确道理的是非。依从礼，不可虚妄地取媚悦人，不可说些做不到的话。依从礼，行为就不可以逾越节度，不可以侵犯侮慢他人，不可以与人只亲昵而不注意庄重。修养身心，实践诺言，这可以称为美好的德

之善行。行修言道，礼之质也。礼闻取于人，不闻取人。礼闻来学，不闻往教。

行。德行修整，说话能合道的根本，这就是礼的实质。依从礼，只听说到他人那儿去取法，没听说别人不来而招引他来取法的。依从礼，只听说愿意学习的人来求师，没听说主动去教授的。

注释

1 **《曲礼》**：古《礼》之篇名。曲，细小。礼，行为准则。

2 **安定辞**：详审于言语。

3 **敖**：通“傲”。傲慢。

4 **从**(zòng)：纵，放纵。

5 **很**：争讼。

6 **尸**：古代代表死者受祭的活人。

7 **齐**(zhāi)：指祭祀时恭敬庄重的样子。

8 **说**：通“悦”。取悦。

原文

道德仁义，非礼不成。教训正俗，非礼不备。分争辨讼，非礼不决。君臣、上下、父子、兄弟，非礼不定。宦学事师，非礼不亲。班[1]朝治军，莅官行法，非礼，威严不行。祷祠、祭祀，供给鬼神，非礼，不诚不庄。是以君子恭敬撙节退让以明礼。鹦鹉能言，不离飞鸟；猩猩能言，不离禽兽。今人

译文

道德仁义，没有礼就不能成就。用教学和训导来端正民俗，如果没有礼，那就欠缺不完备。分辨争讼的是非曲直，如果没有礼，那就不能决断。君臣、上下、父子、兄弟，如果没有礼，那就不能确定名分。学习做官和学习知识都要服侍老师，如果没有礼，那就不能互相亲密。排列朝廷上的职位品级，整治军队组织的各个部分，各有执事，各行法令，如果没有礼，那就失去了威严。祭祀祈祷，供养鬼神，如果没有礼，那就会失去诚意和庄重的气氛。因此君子恭敬、谦抑、退让，从而显明礼。鹦鹉虽能说

而无礼，虽能言，不亦禽兽之心乎？夫唯禽兽无礼，故父子聚麀[2]。是故圣人作，为礼以教人，使人以有礼，知自别于禽兽。

话，终不过仍是飞鸟；猩猩虽也能说话，终不过仍是禽兽。如果现今尽管算是人，却没有礼，虽然能说话，不也就是禽兽一样的心了吗？正因为禽兽没有礼，所以“父子”能以同一母兽为“妻”。因此圣人制定礼制，用来教导人民，使人民有了礼制而知道自己区别于禽兽。

太上贵德，其次务施报。礼尚往来：往而不来，非礼也；来而不往，亦非礼也。人有礼则安，无礼则危，故曰礼者不可不学也。夫礼者，自卑而尊人。虽负贩者，必有尊也，而况富贵乎？富贵而知好礼，则不骄不淫；贫贱而知好礼，则志不慑。

上古时崇尚对他人施恩德（，而不图回报），后来则必讲求有施有报。礼崇尚有往有来；有往而没有来，不合于礼；有来而没有往，也不合于礼。人有了礼，人际关系就能安顺，没有礼就会危倾，所以说礼是不可以不学习的。礼就是自己谦卑而尊重他人。即使是低微卑贱的人，也还有可以尊重的人，何况是富贵的人呢？富贵而且懂得爱好礼仪，那就不会骄奢淫侈；贫贱却能懂得爱好礼仪，那么心志不会畏怯困惑。

注释

1 **班**：次。指正位次。

2 **麀**(yōu)：母鹿。

原文

1.2 人生十年曰幼，学；二十曰弱，冠；三十曰壮，有室；四十曰强，而仕；五十曰

译文

人出生后至十岁称为“幼”，得外出求学；二十岁称为“弱”，行冠礼；三十岁称为“壮”，成家室；四十岁称为“强”，当谋事；五十岁称为“艾”，治政务；六十岁称为“耆”，只是指导和使

艾，服官政；六十曰耆，指使；七十曰老，而传；八十、九十曰耄；七年曰悼。悼与耄虽有罪，不加刑焉。百年曰期，颐[1]。

大夫七十而致事。若不得谢，则必赐之几[2]杖，行役以妇人。适四方，乘安车[3]。自称曰老夫，于其国则称名。越国而问焉，必告之以其制。

唤他人；七十岁称为“老”，就把家事传交给子孙去办了；八十岁、九十岁称为“耄”。七岁称为“悼”。七岁的儿童和八九十岁的老人即使犯了什么过错，（都是可以原谅的，）从而不施加刑罚。一百岁称为“期”，就由人供养。

大夫七十岁时就把他的政事交还给君王（，准备告老还乡）。如果没有告老，就必定赐给他几和杖。如果要出外办事，就由妇人随行照管生活。如果去各处巡行，就乘坐安车。他可以自称为“老夫”，但在本国朝廷上仍自称名字。去别国访问，一定要把那一国的制度告诉他。

注释

1 **颐：**供养。

2 **几：**小桌子，坐时依靠所用。

3 **安车：**古代的一种小车，可坐乘。

原文

1.3 谋于长者，必操几杖以从之。长者问，不辞让而对，非礼也。

凡为人子之礼，冬温而夏凊[1]，昏定而晨省。在丑夷[2]不争。

夫为人子者，三赐不及车马[3]，故州闾乡党[4]称其孝也，兄弟亲戚称其慈

译文

到长者那儿去商议事情，必定要带上几、杖（，长者未必没有几、杖，只是可以表示对长者的恭敬）。长者有问话，不先谦让就回答，是不合于礼的。

凡是作为儿女的礼节，是使父母冬天感到温暖，而夏天感到清凉；晚上替父母铺床安枕，早晨向他们请安问候。在与同辈相处时不争吵。

作为子弟，赠送他人礼物再多也不能

也，僚友[5]称其弟也，执友[6]称其仁也，交游称其信也。见父之执，不谓之进，不敢进；不谓之退，不敢退；不问，不敢对。此孝子之行也。

夫为人子者，出必告，反[7]必面；所游必有常，所习必有业；恒言不称老。年长以倍，则父事之。十年以长，则兄事之。五年以长，则肩随[8]之。群居五人，则长者必异席。

为人子者，居不主奥[9]，坐不中席，行不中道，立不中门；食飨不为概[10]，祭祀不为尸；听于无声，视于无形；不登高，不临深；不苟訾，不苟笑。

送人车马，乡亲们因此称他孝顺，兄弟亲戚称他善良，同僚称他敬重兄长，挚友称他仁爱，跟他交往的人称他诚实。见到父亲的挚友，不叫上前就不敢上前，不叫后退就不敢后退，不问话就不敢对答。这是孝子的品行。

作为子弟，外出必定要告知父母，回家必定要当面禀告；出游必有一定的地方，学习必有一定的专业；平时说话不自称"老"字。年龄比自己大上一倍的，就要像对待父亲那样看待他。年龄比自己大上十岁的，就像对待兄长那样看待他。比自己大上五岁的，就属平辈，但应略后随行。五人同在一起，就必定要让长者另坐一席。

作为子弟，居住在家时不占家长的尊位，不坐当中的席位，不走当中的道路，不站在门口的当中。遇有请客宴会，自己不乱作主张，馔具等情况由尊长来决定。祭祀时，不充当受人祭拜的尸。（要事先揣知父母的心思，）在他们没有说以前，在他们没有举动前就要注意到。不要爬到危险的高处，不要临近危险的深渊；不要随便诋毁，不要随便嘻笑。

注释

1 **清**(qìng)：清凉。

2 **丑夷**：指同辈、平辈。

3 **三赐不及车马**：三赐，三命也。凡仕者，一命而受爵，再命而受衣服，三命而受车马。受车马而身所以尊者备矣。不受车马是不敢以成尊比逾于父，或自卑远于君。译文从王引之说，"赐犹予也，谓为人子者不敢以车马予人”。“言三赐者，多予之辞，约言之为三耳。”说见《经义述闻》。

4 **州闾乡党：**《周礼》说，二十五家为闾，四闾为族，五族为党，五党为州，五州为乡。

5 **僚友：**官同者。

6 **执友：**志同者。

7 **反：**同“返”。

8 **肩随：**与之并行而略微居后。

9 **奥：**屋中西南角，尊长居住。

10 **概：**量米麦时刮平斗斛的器具。这里引申为“裁定”“限制”之意。

原文

孝子不服暗，不登危，惧辱亲也。父母存，不许友以死，不有私财。

为人子者，父母存，冠衣不纯[1]素。孤子当室，冠衣不纯采。

幼子常视[2]毋诳，童子不衣裘裳。立必正方，不倾听。长者与之提携，则两手奉长者之手。负剑[3]辟[4]咡[5]诏[6]之，则掩口而对。

从于先生，不越路而与人言。遭先生于道，趋而进，正立拱手。先生与之言，则对；不与之言，则趋而退。

译文

孝子不干暗事，不行险以侥幸，害怕有辱父母的名声。父母活着，就不准为朋友去效死，也不可以有私自的积蓄。

作为子弟，父母在世时，帽子和衣服不可以用素色来镶边。父母已没有的人，他主持家室，帽子和衣服可以不用彩色来镶边。

平时不要用谎骗教示儿童。儿童不宜穿皮衣和裙子。儿童站立一定要端正，不要侧着头听别人说话。长辈要和他牵着手走，儿童就先要双手捧着长辈的手。长辈俯身在旁耳语，儿童先要用手遮口，再回答。

跟从先生行路，不要随便越过道路到一边去和别人讲话。在路上遇到先生，就得快步上前，站立端正，拱手致敬。先生和自己讲话，那就可以回话；如果没有讲话，那就得快步退下(不影响先生赶路)。

从长者而上丘陵，则必乡[7]长者所视。

跟从长者登上山坡，必定要向着长者观望的目标去看。

登城不指，城上不呼。

登上城墙不要乱指划，在城墙上也不要乱呼叫。

注释

1 **纯**(zhǔn)：古代衣裳鞋帽的镶边。

2 **视**：通“示”。示意。

3 **负剑**：指长者俯身与童子语，有负剑之状。负，背。剑，谓挟之于旁。

4 **辟**：偏也。

5 **咡**(èr)：口旁，口耳之间。

6 **诏**：告诉。

7 **乡**：通“向”。

原文

1.4 将适舍，求毋固。将上堂，声必扬。户外有二屦，言闻则入，言不闻则不入。将入户，视必下。入户奉扃[1]，视瞻毋回。户开亦开，户阖亦阖。有后入者，阖而勿遂。毋践屦，毋踖[2]席，抠[3]衣趋隅。必慎唯诺。

大夫、士出入君门，由闑[4]右，不践阈[5]。

凡与客入者，每门让于客。客至于寝门，则主

译文

将要到别人家去拜访，凡事当求合礼，不可以粗鲁无礼。将要走到堂屋，先得高声探问。室外有两双鞋，又能听到室内的说话声，就可以进入；如果听不到室内的说话声，就不要入内（因为里面可能正在密谋要事）。将要入内，目光一定要看下面。进入室内要恭敬地捧着门闩，不要转头乱张望。门原来是开着的，进去后还让它开着；门原来是关着的，进去后还让它关着。如果后面还有人要来，就不要把门关紧。不要踩着别人的鞋子，不要越过席子去就坐，而应用手提起下裳走到席位下角坐下。必定要谨慎地用“唯”“诺”来答话。

人请入为席，然后出迎客。客固辞，主人肃客而入。主人入门而右，客入门而左；主人就东阶，客就西阶。客若降等[6]，则就主人之阶；主人固辞，然后客复就西阶。主人与客让登，主人先登，客从之；拾级聚足[7]，连步以上。上于东阶，则先右足，上于西阶，则先左足。

帷薄[8]之外不趋，堂上不趋，执玉不趋。堂上接武[9]，堂下布武[10]。室中不翔[11]。并坐不横肱。授立不跪，授坐不立。

大夫、士出入国君的大门，要从门橛的右边走，不要踩踏门槛。

凡是和宾客一同进门，每到门口都得让宾客先进入。但宾客来到寝室门口时，主人就要自请先进去铺设席位，然后再出门迎接宾客。宾客再三谦让，主人敬请宾客入内。主人进门以后在右边走，宾客进门后在左边走；主人走向东阶，宾客走向西阶。宾客的地位较低下，那就跟随主人走向东阶；主人再三谦让，然后宾客再走向西阶。主人和宾客又谦让着登阶，然后由主人先登，宾客跟从着；主宾一级一级地踩着走，后足与前足相合，步步相继地走上去。凡是登东阶的先出右脚，登西阶的就先迈左脚。

在挂有帷幔和帘子的外面不快步行走，在堂上不快步行走，端着玉器时不快步行走。在堂上小步慢走，堂下可以正步快走。在室内不要舒展着双臂行走。和别人坐在一起不要横着膀子。把东西交给站着的人，不要屈膝；把东西交给坐着的人，不要站着。

注释

1 **扃**(jiōng)：从外面关闭门户的门闩。

2 **踖**(jí)：跨足，跨越。

3 **抠**(kōu)：提起。

4 **闑**(niè)：门橛，古代门中央所竖的短木。

5 **阈**(yù)：门槛。

6 **降等**：其等列卑于主人。

7 **拾**(shè)**级聚足**：拾级，逐级登阶。聚足，登台阶时一步一并。

8 **薄:**通“箔”,帘子。

9 **接武:**足迹相接。武,足迹。

10 **布武:**每移足,各自成迹,不相蹑。

11 **翔:**行走时张开双臂。本文指张开双臂。

原文

1.5 凡为长者粪[1]之礼:必加帚于箕上,以袂拘而退,其尘不及长者,以箕自乡而扱[2]之。

奉席如桥衡[3]。请席何乡,请衽何趾。席南乡北乡,以西方为上;东乡西乡,以南方为上。

若非饮食之客,则布席,席间函丈[4]。主人跪正席,客跪,抚席而辞。客彻重席,主人固辞。客践席,乃坐。主人不问,客不先举。将即席,容毋怍[5],两手抠衣,去齐[6]尺。衣毋拨,足毋蹶[7]。

先生书策、琴瑟在前,坐而迁之,戒勿

译文

凡是给长者清扫席前之礼:一是要先将扫帚遮挡着畚箕,再用衣袖遮挡住后退着打扫,不让灰尘弄脏长者,并要对着自己将垃圾扫入畚箕。

捧席子要像桔槔上的横木那样。布设坐席时要请问长者朝着哪个方向,布设卧席时也要请问脚朝什么方向。如果是南北向的设席,就以西方为尊位;如果是东西向的设席,就以南方为尊位。

如果不是请来吃饭的客人,那么在布设坐席时,席位间的距离要大些,彼此可以容纳一丈间隔。主人跪着替客人整理席位时,客人得跪着,用手按着席子辞谢。客人要去掉垫在上面的席子时,主人要一再请他不要除去。客人履席,准备坐下时,主人才能坐下。主人不先发问,客人就不要抢先说话。将要就席时,脸色不要有所变化。双手提起衣裳,离地一尺左右。上衣不要掀动,脚步不要太快。

如果有先生的书本、琴瑟放在前面,就得跪坐着移开它们,切不可跨越过去。不是坐着饮食就尽量往后坐,坐着饮食就尽量往前

越。虚坐尽后，食坐尽前。坐必安，执尔颜。长者不及，毋儳言。正尔容，听必恭。毋剿说[8]，毋雷同。必则古昔，称先王。侍坐于先生，先生问焉，终则对。请业则起，请益则起。父召，无诺；先生召，无诺；唯而起。侍坐于所尊敬，毋余席。见同等不起。烛至，起；食至，起；上客，起。烛不见跋。[9]尊客之前不叱狗。让食不唾。

坐。坐着一定要安稳，并保持自然的神态。长者没有提到的，不要打断并插上其他的话，要端正你的容貌，听讲必定得恭恭敬敬。不要窃取他人之说以为己说，不要与他人雷同而无见识。说话必定以古代的事例为依据，要称引先代圣王的遗训。在先生那儿侍奉陪坐时，先生问话，要等到他讲完后再回答。请教学业要站起来，请先生再进一步讲述时也要站起来。父亲召唤自己时，不能用"诺"来答应；先生召唤时，也不用"诺"；要用"唯"答应，并马上站起来。在自己尊敬的人那儿侍奉陪坐，（要紧挨着坐，）不要留有空余的席位。看见同辈的人不必站立起来。看见端烛的人来到，就得起身；看见端饭食的人来了，也要起身；见到上宾来了，也要起身。晚上点燃后的烛柄不要放在坐席旁，不应让它显露（，不使先生讨厌）。在尊贵的宾客面前不要喝斥狗。主人分给食物时要谦让，但不能同时还流着口水。

注释

1 **粪：**除污秽。

2 **扱(xī)：**郑玄读为"吸"。收取，敛取。

3 **桥衡：**桥，井上桔槔。衡，上下低昂。

4 **丈：**三席为一丈，席之制三尺三寸三分寸之一。王肃以为当为"杖"，古人讲话，用杖指划，故容杖。

5 **怍(zuò)：**脸色变化。

6 **齐(zī)：**裳的下缉（衣边）。

7 **蹶(guì)：**行遽貌。

8 **剿(chāo)说：**取人之说以为己说。剿，通"钞"。

9 此句众说纷纭。译文从孙希旦说，"烛跋"不干净，故不置在席旁而使之露见，恐先生见之而生憎恶，亦所以为敬。烛，火炬。跋，本也。指火炬的柄。

原文

侍坐于君子，君子欠伸、撰[1]杖屦、视日蚤[2]莫[3]，侍坐者请出矣。侍坐于君子，君子问更端，则起而对。侍坐于君子，若有告者曰"少间，愿有复也"，则左右屏而待。毋侧听，毋噭[4]应，毋淫视，毋怠荒。游毋倨，立毋跛，坐毋箕，寝毋伏。敛发毋髢[5]，冠毋免。劳毋袒，暑毋褰[6]裳。

侍坐于长者，屦不上于堂，解屦不敢当阶。就屦，跪而举之，屏于侧。乡长者而屦，跪而迁屦，俯而纳屦。

离坐离[7]立，毋往参焉。离立者不出中间。

译文

在君子那儿侍奉陪坐时，君子打呵欠伸懒腰，或是准备拿起拐杖和鞋子，或是观看时间的早晚，侍坐的人就可以请求告退了。在君子那儿侍奉陪坐时，君子询问到另外一件事，就要起身回答。在君子那儿侍奉陪坐时，如果有前来禀告的人说"稍微占用一点时间，有话要报告"，那么侍坐的人要退避一旁等候。不要侧耳听，不要粗声粗气地答应，不要左右瞟着眼看，不要无精打采。走路时不要做出大摇大摆的傲慢样子，站时不要身体斜靠而用一只脚站立，坐时不要两腿分开像畚箕的样子，睡时不要趴伏在那儿。要收拢起头发不让披垂下来，帽子不要随便脱下。劳作时不要袒衣露体，暑天不要撩起裙子。

在长者那儿侍奉陪坐，穿了鞋不能上堂，脱鞋不能对着台阶。穿鞋时，要跪着拿起鞋子，并退避到一旁再穿上。如果面朝长者穿鞋，那么就得跪着把鞋头转向侧边，俯身穿上鞋子。

若有两人已并坐、并立在那儿，不要再插进去。若有两人并立在那儿，不要从他俩中间穿过。

男女不杂坐，不同椸[8]，不同巾栉，不亲授。嫂叔不通问，诸母[9]不漱[10]裳。外言不入于梱[11]，内言不出于梱。

男女不混杂着坐，不同用一个衣架，不同用面巾、梳子，不亲手传递东西。嫂叔之间不互相问候。不让庶母洗涤内衣。外面的话不传入闺门内，闺门内的话也不传到外面去。

注释

1 **撰**：持，拿。

2 **蚤**：通“早”。

3 **莫**(mù)：同“暮”。

4 **噭**(jiào)：号呼之声。

5 **髢**(dí)：垂发。

6 **褰**(qiān)：提起，撩起。

7 **离**：郑玄说，两也。

8 **椸**(yí)：晾衣服的竹竿。亦指衣架。

9 **诸母**：父之诸妾有子者。

10 **漱**：浣。

11 **梱**(kǔn)：又作“阃”。门限。

原文

女子许嫁，缨[1]。非有大故，不入其门。姑、姊、妹、女子子已嫁而反，兄弟弗与同席而坐，弗与同器而食。父子不同席。

男女非有行媒，不相知名。非受币，不交不亲。故日月以告君[2]，齐

译文

女子订婚后要系上五彩的香缨。不是有重大的变故，不要进入她的住房。姑、姊、妹以及自己的女儿，她们已经出嫁又回家来时，兄弟不能和她们同席而坐，不能和她们同用一个器皿饮食。父和子不要同席。

男女间若没有媒人往来提亲，不能知道彼此的姓名。女方家没有接受聘礼前，双方不交往亲近。所以婚礼都要登记了

戒[3]以告鬼神，为酒食以召乡党僚友，以厚其别也。

取妻不取[4]同姓，故买妾不知其姓，则卜之。寡妇之子，非有见焉，弗与为友。

贺取妻者曰：“某子使某，闻子有客，使某羞[5]。”贫者不以货财为礼，老者不以筋力为礼。

名子者不以国，不以日月，不以隐疾，不以山川。男女异长。男子二十，冠而字。父前子名，君前臣名。女子许嫁，笄而字。

年月日子上报，并且要斋戒后在家庙祭告祖先，还要设酒食邀请乡亲、同事、朋友宴饮，这些都是为了加重男女间的分别。

娶妻不娶同姓女子，所以买妾不知她的本姓，就占卜来决定能否买下。寡妇的儿子，如果未发现他有才能，就不要和他结为朋友。

祝贺娶妻的，要说：“某君派我来，是因为听说你在宴请宾客，所以让我送上一些礼物。”贫穷的人就不必以钱财为礼物，年老的人就不必以劳作体力为礼物。

给孩子取名不能用国名，不能用日月之名，不能用身上暗疾之名，不能用山川之名。男女各有排行。男子长到二十岁，举行冠礼，并要另取字。但是在父亲面前，儿子仍需称名；在君王面前，臣子也仍需称名。女子订婚后，用簪束结头发，也要另取字。

注释

1 **缨：**五彩丝带。郑玄说，许嫁时系缨，以五彩为之，其制未闻。

2 **告君：**孙希旦认为，告闾史、州史、州伯等。说见《礼记集解》。

3 **齐(zhāi)戒：**斋戒。

4 **取：**通“娶”。

5 **羞：**进献。

原文

1.6 凡进食之礼：左殽[1]右胾[2]。食居人之左，羹居

译文

凡是便饭之礼：左边陈放带骨的熟肉，右边陈放大块的切肉。饭食放在人

人之右。脍炙处外，醯酱处内，葱渿[3]处末，酒浆处右。以脯[4]脩[5]置者，左朐[6]右末[7]。客若降等执食兴辞，主人兴辞于客，然后客坐。主人延客祭[8]。祭食，祭所先进，殽之序，遍祭之。三饭，主人延客食胾，然后辩[9]殽。主人未辩，客不虚口[10]。

侍食于长者，主人亲馈，则拜而食；主人不亲馈，则不拜而食。共食不饱，共饭不泽手[11]。

毋抟饭，毋放饭，毋流歠[12]，毋咤食，毋啮骨，毋反鱼肉，毋投与狗骨。毋固获，毋扬饭[13]。饭黍毋以箸。毋嚃羹[14]，毋絮羹[15]，毋刺齿，毋歠醢[16]。客絮羹，主人辞不能亨[17]。客歠醢，主人辞以窭[18]。濡肉齿决，干肉不齿决。毋嘬[19]炙。卒食，

的左边，羹就放在人的右边。细切的烤肉放在外面一些，醋和酱放在里面一些，蒸葱等佐料放在旁边，酒浆这类饮料放在右边。如要陈放肉干牛脯，左边放形状弯曲的，右边放形状挺直的。宾客如果是地位较低的，要端着饭食站起来，致感谢辞，主人也就要站起来说请他安坐饮食一类话，然后宾客才坐定。主人请客人吃饭，自己先祭。祭食物，先祭先吃的东西，以后按照吃食的顺序全祭过一遍。三口饭吃过后，主人请宾客吃大块的切肉，然后再吃带骨的熟肉。主人没有吃完，宾客不漱口（先吃完）。

陪伴长者吃饭，主人亲自取菜肴给自己时，就要拜谢后再吃；主人不亲自取送的，就不必拜谢后再吃。大家一起饮食，不要只顾自己吃饱；大家一起吃饭，不要手上生汗不干净。

不要搓饭团，不要把手中的剩饭放回饭器里，不要喝得满嘴流淌，不要啧啧作声地吃，不要啃骨头，不要把吃过的鱼肉再放回盘器里，不要把骨头扔给狗。不要专门挑一种食物吃，不要簸扬热饭。吃黍米饭不要用筷子（，而要用手）。不要大口喝着羹汤，不要调和羹汤，不要剔牙，不要喝醋酱一类的调料。如果宾客在调和羹汤，主人要道歉，说没能烹调好。宾客在喝醋酱时，主人也要道歉，说食物没准备充足。湿软的肉就用牙齿咬断，干肉用牙齿咬不断（，就用手撕开来吃）。不要

客自前跪，彻饭齐[20]，以授相者。主人兴辞于客，然后客坐。

吞咽烤肉。吃完后，宾客要起身前跪，收拾饭食、酱菜等，并交给在一旁侍候的人。主人要起身请宾客不必动手，然后宾客再坐下。

注释

1 **殽**(yáo)：带骨的肉。

2 **胾**(zì)：切成大块的肉。

3 **渫**(xiè)：蒸葱。

4 **脯**(fǔ)：肉干。

5 **脩**(xiū)：肉干。

6 **朐**(qú)：屈曲的干肉。

7 **末**：从王梦鸥说，或即是“申”，挺直的肉脯。说见《礼记今注今译》。

8 **祭**：指祭食。孔疏说，祭者，君子不忘本，有德必酬之。故得食而种种出少许，置之豆间之地、以报先代造食之人也。这种做法，就是拨出一点饭、菜放在桌上，表示祭食。

9 **辩**：同“遍”。遍及。

10 **虚口**：吃完漱口。

11 **泽手**：汗手，不洁。古人用手抓饭吃，所以手要清洁。

12 **歠**(chuò)：饮。

13 **扬饭**：扬去饭的热气。饭热当待冷，若扬去热气，则为贪快，伤廉。

14 **嚃**(tà)**羹**：囫囵吞咽羹汤。

15 **絮**：调和。

16 **醢**(hǎi)：肉酱。

17 **亨**(pēng)：烹。

18 **窭**(jù)：贫，不足。

19 **嘬**(chuài)：吞食，一口吃下去。

20 **齐**(jī)：通“齑”。指酱菜。

原文

侍饮于长者，酒进则起，拜受于尊所；长者辞，少者反席而饮。长者举未釂[1]，少者不敢饮。

长者赐，少者贱者不敢辞。赐果于君前，其有核者，怀其核。御食于君，君赐余，器之溉者不写[2]，其余皆写。馂[3]余不祭。父不祭子，夫不祭妻。

御同于长者，虽贰不辞。偶坐不辞。羹之有菜者用梜[4]，其无菜者不用梜。

为天子削瓜者副[5]之，巾以絺。为国君者华[6]之，巾以绤。为大夫累[7]之，士疐[8]之，庶人龁之。

译文

陪伴长者饮酒，长者递过酒来，就要站起来，并走到放酒樽的地方先拜后受；长者说不必客气，年轻的再返回席位饮酒。长者举杯没有喝干，年轻的就不可以先喝。

长者有赏赐，后辈、地位低下的僮仆等就不必推辞。如果在国君那儿赐食水果，遇有核的，（不要随地乱吐，）应包裹了放在怀里。在国君那儿侍候吃饭，国君赐给剩下的食物，如果盛器是可以洗涤的，就不必倒出来，可以用原器取食；如果是不可洗涤的，就要先倒到另外的器具中再吃。吃别人剩下的饭食就不必祭食。如果父亲吃儿子的余食，丈夫吃妻子的余食，都不行祭食礼。

陪同长者侍候人家吃饭，如果主人给长者加了一份食物时，也给年轻的加了一份，年轻的就不必推辞。和长者坐在一起，不必由年轻的来说客套话。羹汤有菜的就用筷子，羹汤无菜的就不用筷子。

替天子削瓜者要把瓜分成四瓣，用细麻布盖上。替国君削瓜者要把瓜分成两瓣，用粗麻布盖上。替大夫削瓜者，只削皮裸露着（，不用分开，不用遮盖）。士人削瓜只去掉瓜蒂。庶人连瓜蒂也不切去就连皮咬着吃。

注释

1 **釂**(jiào)：尽爵曰釂，即干杯。

2 **写**(xiè):同“泻”。郑玄说,传已器中乃食之。

3 **馂**(jùn):吃剩的食物。

4 **梜**(jiā):箸,筷子。

5 **副**(pì):郑玄说,析也,分开,剖开。

6 **华**(huā):郑玄说,中裂之,不四析也。

7 **累**(luǒ):倮也,谓不巾覆。即削瓜去皮后,不遮盖。

8 **疐**(dì):同“蒂”。瓜蒂。

原文

1.7 父母有疾,冠者不栉,行不翔,言不惰[1],琴瑟不御,食肉不至变味[2],饮酒不至变貌,笑不至矧[3],怒不至詈。疾止复故。

有忧者侧席而坐,有丧者专席而坐。

水潦降,不献鱼鳖。献鸟者佛[4]其首,畜鸟者则勿佛也。献车马者执策绥。献甲者执胄。献杖者执末。献民虏者操右袂。献粟者执右契。献米者操量鼓[5]。献孰食者操酱齐。献田宅者操书致[6]。

凡遗人弓者:张弓尚[7]筋[8],弛弓尚角[9];右

译文

父母有病,成人不梳理头发,行走不再张臂有精神,不说不敬的话,不弹奏琴瑟,不再多吃肉,饮酒不至于脸红,笑不至于畅怀大笑,怒不至于恶声斥骂。等父母的病痊愈了,再恢复原先的样子。

有忧患的人,适宜设单独的席位居坐;有丧事的人,只设单层的席子居坐。

雨水多的时候,不要用鱼鳖献给人家(,因为不足珍异)。献野鸟的要转过它的头,(防止它啄人,)献驯养过的鸟就不必转过头。献车马的,要手执马鞭、登车绳送上。献铠甲的,要拿着头盔送上。献杖的,要拿着末端送上。献俘虏的,要抓住他的右手(,以防不测)。献粟的,要拿符契的右半送上。献米的,要拿量鼓送上。献熟食的,要先拿酱类和腌菜送上。献田宅的,要拿着房地契约送上。

凡是赠送给人家弓的:已张弦的弓要以弓弦向上,松弦的弓要以弓背向上,右手

手执箫[10]，左手承弣[11]；尊卑垂帨[12]。若主人拜，则客还辟[13]辟拜。主人自受，由客之左，接下承弣，乡与客并，然后受。进剑者左首。进戈者前其鐏[14]，后其刃。进矛戟者前其錞[15]。

拿着弓头末梢，左手托着弓背中间；无论两人尊卑怎样，彼此都得在递交时鞠躬为礼。如果主人下拜，那么宾客要转身避开，要避免主人下拜。如果主人亲自接受赠弓，就从宾客的左手一方接过弓头末梢，再用另一只手托着弓的把手处；主人和宾客要并立朝着同一方向，然后才可以授受弓。递剑给人家的要剑柄向左。递戈给人家的要下端向前，戈刃向后。递矛戟给人家的也要下端向前。

注释

1 **惰：**不正之言。

2 此依孔疏，食少则味不变，多食则口味变也。

3 **矧(shěn)：**齿龈。大笑则见之。

4 **佛：**通"拂"。扭转。

5 **量鼓：**郑玄说，量器名。

6 **致：**王引之说，读为质剂之"质"，两书一札，破而为两，如契券，长者曰质，短者曰剂。

7 **尚：**通"上"。向上。

8 **筋：**弓弦。

9 **角：**弓背。

10 **箫：**弓梢。

11 **弣(fǔ)：**弓中部把手处。

12 **帨(shuì)：**古人腰际的佩巾。

13 **辟：**避。

14 **鐏(zūn)：**戈柄末端的金属套。

15 **錞(duì)：**矛戟柄末端的金属套。

原文

进几杖者拂之。效马效羊者右牵之，效犬者左牵之。执禽者左首。饰羔雁者以缋[1]。受珠玉者以掬。受弓剑者以袂。饮玉爵者弗挥。凡以弓剑、苞苴[2]、箪笥[3]问人者，操以受命，如使之容。

凡为君使者，已受命，君言不宿于家。君言至，则主人出拜君言之辱；使者归，则必拜送于门外。若使人于君所，则必朝服而命之；使者反，则必下堂而受命。

博闻强识而让，敦善行而不怠，谓之君子。君子不尽人之欢，不竭人之忠，以全交也。

礼曰："君子抱孙不抱子。"此言孙可以为王父[4]尸，子不可以为父尸。为君尸者，大夫、士见之，则下之。君知所以为尸者，则自下之；尸必式[5]。乘必以几。

译文

送几、杖的，要擦抹干净。送马、送羊的，要用右手牵着，送狗的就可以用左手牵着。拿鸟送人的，要使鸟头向左。送羊羔、大雁的，要系上彩带装饰。接受别人赠送的珠玉时，要双手捧着。接受弓、剑的，要用袖子来接。用玉杯饮酒的，不要挥动酒杯。凡是被派遣去递送弓剑、苞苴、箪笥的人，要拿着这些东西接受吩咐，要有如使者出使时那样的仪容。

凡是为国君去出使的，已接受了命令，就不敢再留宿家里。凡是国君有命令到来，主人就要出门拜迎君命，并说有劳使者送来；使者回去，也必定要到门外拜送。如果派人到国君那儿去，就必定要穿上朝服再授命给派去的人；使者回来后，必定要下堂接受国君的命令。

见多识广，记忆力强，而且能够谦让，孳孳为善，从不懈怠，这就可称为君子。君子不希望别人全心地喜欢自己，也不希望别人全力为自己效忠，这样才能保持交情长久。

礼书说："君子抱孙不抱子。"这是说，孙子可以充当祭祖时的尸，儿子不可以充当祭父时的尸。为国君充当尸的人，大夫、士见了他，就要下车致敬。如果国君知道那个将要充当尸的人，自己也要下车致敬；而充当尸的人也必定要凭轼回礼。乘车必定要用几垫脚。

注释

1 **缋:**彩带。或指画布。

2 **苞苴**(bāo jū):用苇或茅包裹鱼肉。

3 **箪笥**(dan sì):盛饭用具,圆曰箪,方曰笥。

4 **王父:**祖父。《尔雅·释亲》:“父之考为王父。”

5 **式:**通“轼”。古代车前手扶的横木称为轼,凭轼俯身行礼亦作“轼”。

原文

1.8 齐者不乐不吊。

居丧之礼:毁瘠不形,视听不衰,升降不由阼阶[1],出入不当门隧[2]。居丧之礼:头有创则沐,身有疡则浴;有疾则饮酒食肉,疾止复初。不胜丧,乃比于不慈不孝。五十不致毁,六十不毁,七十唯衰[3]麻在身,饮酒食肉,处于内。

生与[4]来日,死与往日。知生者吊,知死者伤。知生而不知死,吊而不伤。知死而不知生,伤而不吊。

吊丧弗能赙[5],不

译文

斋戒的人不听乐,不吊丧。

居丧之礼:虽因哀伤而消瘦体羸,但不可瘦得皮包骨,视力、听力也不可以衰退;登堂、下堂不从阼阶走,进进出出不走门当中的甬道。居丧之礼:头上有了疮,就可以洗发;身上发痒,也可以洗澡;有病就可以饮酒吃肉,(补充营养,)病痊愈了又要与当初居丧时一样。不能经受住丧事的哀痛而病倒,那就等同于不慈不孝。五十岁,不能极度悲哀伤身;六十岁可以不因悲哀而消瘦;七十岁,只是披麻带孝,能够饮酒吃肉,并且居住在室内。

生者服丧,是在死者死去的第二天开始;死者殡殓,是在死者死去的当日开始。和死者的家属有交情的,就慰问死者家属;和死者直接有交情的,就哀悼死者。和死者家属有交情,但和死者没有交情的,就只慰问而不哀悼。和死者直接有交情,但和死者家属没有交情的,就只哀悼而不慰问。

吊丧,不能出钱物助人治丧的,就不问他

问其所费。问疾弗能遗，不问其所欲。见人弗能馆，不问其所舍。赐人者不曰来取，与人者不问其所欲。

们丧事的花费。探问病人，不能馈赠钱物的，也不要问他需要什么。接见来宾，不能安排他住宿的，就不要问他住在什么地方。送东西给人家的，不要说让他来取去；将要送东西给人家的，也不要问他是否想要。

注释

1 **阼阶**：堂前东阶，主人之阶。郑玄说，阼犹酢也，东阶所以答酢宾客。

2 **隧**：道路。

3 **衰**(cuī)：同"缞"。古时丧服，用粗麻布制成，披于胸前。

4 **与**：从王念孙说，"与"犹"以"也。参见《经义述闻》。

5 **赙**(fù)：送钱物助人办丧事。

原文

1.9 适墓不登垄[1]，助葬必执绋[2]。临丧不笑。揖人必违其位。望柩不歌。入临不翔。当食不叹。邻有丧，舂不相[3]；里有殡，不巷歌。适墓不歌，哭日不歌。送丧不由径，送葬不辟涂潦。临丧则必有哀色，执绋不笑，临乐不叹，介胄则有不可犯之色。故君子戒慎，不失色于人。

国君抚式，大夫

译文

到墓地去不要登上坟头，帮助丧葬的必定要牵引灵车。参与丧事不可以嬉笑。向人作揖必定要离开原位。看到灵柩不能歌唱。进入丧家哭悼，不要张臂走路。对着饭食不应当叹气。邻居有丧事，自己舂米时也不要唱歌；邻里中有丧还未下葬，不在街巷内歌唱。到墓地上不要歌唱，吊丧这天也不歌唱。护送灵车不从小路走，送葬不避开路上的水潦。参与丧事就必定要有悲哀的神情，牵引灵车不能嬉笑，听着哀乐不能叹气，穿戴上盔甲就有不可侵犯的神色（，什么样的事就宜配什么样的仪容）。因此君子要警戒慎重，在人们面前不能失态。

遇见国君手抚车轼俯身行礼，大夫要下

下之。大夫抚式，士下之。礼不下庶人，刑不上大夫。刑人不在君侧。

车致敬。遇见大夫手抚车轼俯身行礼，士人要下车致敬。礼不下施到庶人，刑不上施到大夫。受到刑罚的人不能在国君左右服侍。

兵车不式。武车绥旌[4]，德车[5]结旌。史载笔，士载言。前有水，则载[6]青旌；前有尘埃，则载鸣鸢；前有车骑，则载(飞)[7]鸿；前有士师，则载虎皮；前有挚[8]兽，则载貔貅。行，前朱(鸟)〔雀〕[9]而后玄武，左青龙而右白虎；招摇[10]在上，急缮[11]其怒；进退有度，左右有局，各司其局。

在兵车上不必凭轼行礼。兵车要旌旗招展，乘车要旌旗垂敛。记录王事的史官要携带文具随从，管理外交的士人要携带盟会的文辞随从。队伍在道路上行进，前面有水，就竖起画有青雀的旗子(，告诉后面的人)；前面有尘埃，就竖起画有鸣鸢的旗子；前面有车骑，就竖起鸿雁的旗子；前面有军队，就竖起虎皮；前面有猛兽，就竖起画有貔貅的旗子。军队行阵，前锋是画朱雀为旌旗，后卫是画玄武为旌旗，左方是画青龙为旌旗，右方是画白虎为旌旗；中军用画有北斗七星的旌旗高举在上，以坚定将士们的战斗精神；前进后退有一定的法度，左右各有队伍，各有管束。

父之仇，弗与共戴天。兄弟之仇，不反兵。交游之仇，不同国。

杀父之仇，不共戴天。兄弟的仇人，不必返家取武器(，见了就杀掉)。朋友的仇人，不与他同存于一国。

注释

1 **垄：**坟冢。

2 **绋(fú)：**牵引灵车的大绳。

3 **相：**相和歌，舂(chōng)米时唱。

4 **武车：**即兵车。孔疏说，取其建戈刃，即云兵车；取其威猛，即云武车也。**绥：**舒，展开。

5 **德车：**乘车。孔疏说，谓玉路、金路、象路、木路，四路不用兵，故曰德车。

6 **载**：从王引之说，植立。即树起。

7 **飞**：王引之说，“飞”字涉注文而衍。

8 **挚**：通“鸷”。凶猛。

9 王念孙说，“朱鸟”本作“朱雀”。

10 **招摇**：即摇光，北斗第七星。

11 **急缮**：坚定，坚持。

原文

四郊多垒，此卿、大夫之辱也。地广大，荒而不治，此亦士之辱也。

临祭不惰。祭服敝则焚之，祭器敝则埋之，龟策敝则埋之，牲死则埋之。凡祭于公者，必自彻[1]其俎。

卒哭乃讳。礼不讳嫌名，二名不偏讳。逮事父母，则讳王父母；不逮事父母，则不讳王父母。君所无私讳，大夫之所有公讳。诗书不讳，临文不讳，庙中不讳。夫人之讳，虽质[2]君之前，臣不讳也。妇讳不出门。大功、小功[3]不讳。入竟[4]而问禁，入国而问俗，入门而问讳。

译文

四面边境上筑了许多战垒，这是卿大夫的耻辱。土地广大，荒废而不被治理，这也是士的耻辱。

参与祭礼不可怠慢。祭祀穿的衣服破了，就得烧掉；祭礼用的器物坏了，就得埋掉；占卜用的龟策坏了，也就得埋掉；祭牲死了，也要埋掉。凡是在国君庙里助祭的人，祭毕就得自己撤走俎等祭器（不该让主人动手）。

卒哭祭以后，就要避讳死者的名字。依据礼，不用避开读音相同的名字；两字的名字，只避讳一字。赶上侍奉父母的，就避讳祖父母的名字；没赶上侍奉父母的，就不避讳祖父母的名字。在国君那儿不避家讳，在大夫那儿应避国讳。教学时不避讳，写作时不避讳，庙中祭告辞也不避讳。夫人的名讳，即使在国君面前对答，臣子也不必避讳。妇女的名讳，只限于家内。大功、小功的亲戚不避讳。来到一个地方，要询问当地的禁忌；进入一个国家，要询问该国的风俗；到了别人家里，要询问他们的家讳。

外事以刚日[5]，内事以柔日。凡卜筮日，旬之外曰远某日，旬之内曰近某日。丧事先远日，吉事先近日。曰："为日，假尔泰龟有常[6]，假尔泰筮有常。"卜筮不过三，卜筮不相袭。龟为卜，策[7]为筮。卜筮者，先圣王之所以使民信时日、敬鬼神、畏法令也，所以使民决嫌疑、定犹与[8]也。故曰：疑而筮之，则弗非也。日而行事，则必践之。

在宗庙外举行典礼要用刚日，在宗庙内举行典礼要用柔日。凡是要用卜筮来决定举行典礼的日子，十天以外的称为"远某日"，在十天以内举行的称为"近某日"。丧事先卜远日，吉事先卜近日。卜筮时要说："为卜吉日，凭借你大龟来决定，凭借你大筮做决定。"用卜用筮，都不能超过三次；用卜用筮，不能重复。龟用来卜，策用来筮。卜筮是先代圣王用来使民众相信择定的时日、敬重祭祀的鬼神、畏服法令的，也是用来使民众决断嫌疑、裁定犹豫的。所以说：有怀疑就问卜，问了卜就不再心思不定。已择定日子行事的，就必定要履行。

注释

1 **彻：**通"撤"。撤除，撤离。

2 **质：**质对，对答。

3 **大功、小功：**属五等丧服中，表示较疏远的亲戚关系。

4 **竟：**同"境"。地域，处所。

5 **刚日：**十日有五刚五柔，甲丙戊庚壬五奇为刚，乙丁己辛癸五偶为柔。

6 **假：**凭借，借助。**泰：**极大，大中之大。此为尊重的美称。**有常：**孙希旦说，有常，言其断吉凶不差忒，可凭信也。

7 **策：**郑玄说，别本作"蓍(shī)"。一种多年生的草。

8 **犹与：**犹豫。

原文

1.10 君车将驾，则仆

译文

国君的车将要套车，驾车的仆人要

执策立于马前。已驾，仆展[1]軨[2]，效[3]驾。奋衣由右上，取贰绥[4]，跪乘，执策分辔，驱之，五步而立。君出就车，则仆并辔授绥，左右攘辟。车驱而驺[5]，至于大门，君抚仆之手，而顾命车右[6]就车。门闾、沟渠，必步。

凡仆人之礼，必授人绥。若仆者降等，则受，不然则否。若仆者降等，则抚仆之手，不然，则自下拘之。

拿着鞭子站在马前。套完车，驾车的仆人要仔细察看车身，并试一下车马套得是否牢固。然后拂干净衣服从右边上车，要拿着副绥登车，并跪着乘坐，再手执鞭子，分开马的辔绳，驱马行车，试行了五步就可停下。国君出来乘车时，仆人一手握着辔绳，一手将登车的引手绳递给国君，左右的人都避让。驱车前行，随从的人紧跟急走。来到大门口，国君就按住仆人的手，（让他停车，）并回过头来命令车右上车。经过大门、里门、沟渠等地方时，车右必定要下车步行。

凡是驾车仆人之礼，必定要将上车的引手绳递给乘车者。如果驾车仆人的身份比乘车者低，乘车者就接过来；如果相反，就不能接受。如果驾车仆人的身份比乘车者低，乘车者就要按着他的手，用另一手接过引手绳；如果双方身份相当，就从他的手下直接取过引手绳。

注释

1 **展**：视也。

2 **軨**(líng)：车阑，即车箱前面和左右两面横直交结的栏木。

3 **效**：考，试验。

4 **贰绥**：副绥，驭者登车引手绳。

5 **驺**(zhòu)：通“骤”。急行。

6 **车右**：有勇力的卫士，乘车在右位，故称。

原文

客车不入大门。妇

译文

宾客的车不进入大门。妇人不站立着

人不立乘。犬马不上于堂。故君子式黄发[1]，下卿位[2]，入国不驰，入里必式。君命召，虽贱人，大夫、士必自御[3]之。

介者不拜，为其拜而蓌[4]拜。祥车[5]旷左。乘君之乘车[6]，不敢旷左；左必式。仆御妇人，则进左手，后右手。御国君，则进右手，后左手而俯。国君不乘奇车[7]。

车上不广咳，不妄指。立视五巂[8]，式视马尾，顾不过毂。国中以策彗[9]恤勿[10]驱，尘不出轨。

国君下齐牛，式宗庙。[11]大夫、士下公门，式路马。乘路马，必朝服，载鞭策，不敢授绥，左必式。步路马，必中道。以足蹙[12]路马刍，有诛；齿路马，有诛。

乘车。犬马不能牵上堂。君子乘车，见了年老的人要凭轼行礼，经过卿的朝位要下车步行，进入国境后不疾驶，进入里门一定要凭轼行礼。国君命人来召唤，即使派来的是低贱的人，大夫、士也必定亲自迎接他。

穿上盔甲的人不跪拜，因为他下拜时有盔甲不能屈身，只是蹲一下就算下拜了。下葬时用的魂车空着左方尊位。乘坐国君的车，不敢空着左方尊位；虽处在左位，（但不敢自安，）必须要常凭轼行礼。仆人为妇人驾车，那就要先用左手拿着辔绳，然后用右手驾驶。为国君驾车，就要先用右手拿着辔绳，然后用左手驾车，稍微俯身向着国君。国君不乘奇邪不正的车。

车上不要大声咳嗽，不要胡乱指画。站在车上，目光要看着前方大约轮转五周的地方；凭轼行礼时，目光要看着马尾的地方；回头看时，目光不要超过车毂。进入国中用鞭梢搔摩马，不使马疾驰，尘埃不飞扬出车辙外。

国君乘车，见到祭祀用的牛，就得下车；经过宗庙，就得凭轼行礼。大夫、士乘车，经过国君门口，就得下车；看见为国君驾车的“路马”，要凭轼行礼。凡是驾驭“路马”的，必定要穿朝服，带着马鞭，（但不用来驱赶，）不可将登车引手绳授给人家，要站在左边，必定要凭轼俯身。牵着“路马”走路，必定要走中道正路。用脚踢踏“路马”草料的，就要处罚；估量“路马”年龄的，也要处罚。

注释

1 **故**:郑玄认为,“众篇杂辞”。不连属上下文。**黄发**:高寿者。人初老发白,更老则发黄。

2 **卿位**:卿之朝位,路门之内,门东北面位。

3 **御**:郑玄说,当为“迓”,迎也。

4 **蓌(cuò)**:蹲。

5 **祥车**:即吉车。吉车为平生所乘,葬时用为魂车。

6 **乘车**:君王之次路,王有五路,自乘一,余四路皆从行。

7 **奇车**:众说不一,此依郑玄说,猎(车)、衣(车)之属。即是一类奇邪不正之车。

8 **槸(guī)**:郑玄说,犹规也,谓轮转之度。

9 **策彗**:以带叶竹帚制成的马鞭。

10 **恤勿**:郑玄说,搔摩也。

11 此句或以为当作“国君下宗庙,式齐牛”。

12 **蹙(cù)**:通“蹴”。踢。

曲礼下

原文

2.1 凡奉者当心,提者当带。执天子之器,则上衡;国君,则平衡;大夫,则绥之[1];士,则提之。

凡执主器,执轻如不克[2]。执主器,操币[3]圭璧,则尚[4]

译文

凡是捧东西的要与心胸的位置齐平,提东西的要与系带的腰部齐平。拿天子的器物,就要高过胸口;拿国君的器物,就和胸口平;拿大夫的器物,就低于胸口;拿士人的器物,提到腰际就可以了。

凡是拿着主人的器物,即使拿轻的东西,也要像拿不动的样子(,小心而又恭敬)。拿着主人的器物、币玉,就要左手在上(,右手在下);

左手；行不举足，车轮曳踵。

行走不抬高脚，要像车轮碾地那样拖着脚跟走。

立则磬折，垂佩。主佩倚，则臣佩垂；主佩垂，则臣佩委。执玉，其有藉[5]者则裼[6]，无藉者则袭[7]。

站立要上身微向前倾，就像石磬那模样，让腰中佩玉悬垂下来。主人直立，腰佩倚靠着身体，那么臣子要让腰佩悬垂下来；主人腰佩悬垂下来，那么臣子要让腰佩垂到地上。拿着玉器时，如果是垫着束帛的琥、璜、璧、琮等玉器，就要袒露出里面的衣服；如果是没有垫的圭、璋等玉器，就要披上外衣。

注释

1 **绥之**：郑玄说，绥读为“妥”。妥之，谓下于心。

2 **克**：胜任。

3 **币**：绢帛一类丝织品，古人常用作礼物。

4 **尚**：上。

5 **藉**：指以束帛为垫子。

6 **裼**(xī)：袒露。

7 **袭**：衣上加衣。

原文

2.2 国君不名卿老[1]、世妇[2]。大夫不名世臣[3]、侄娣[4]。士不名家相[5]、长妾[6]。君大夫之子，不敢自称曰“余小子”[7]。大夫、士之子，不敢自称曰“嗣子某”[8]，不敢与世子[9]同名。

君使士射，不能，则辞以疾，言曰：“某有负薪之忧[10]。”

译文

国君对上卿、世妇不称呼他们的名字。大夫对世臣、侄娣不称呼他们的名字。士人对家相、长妾不称呼他们的名字。国君、大夫的儿子，不能自称为“余小子”。大夫、士人的儿子不能自称为“嗣子某”，不能和太子同名。

国君让士人射箭，如果不能射，就要用有病来推托，说：“某人有负薪之病。”侍奉君子，如果不能察言观色来

侍于君子，不顾望而对，非礼也。

对答，就会失礼。

注释

1 **卿老**：上卿。

2 **世妇**：妾之贵者，谓二媵也。

3 **世臣**：家臣中贵者。

4 **侄娣**（dì）：侄，妻之兄女。娣，妻之妹。

5 **家相**：帮助治理家事者。

6 **长妾**：有子之妾。

7 郑玄说，这是“辟（避）天子之子未除丧之名”。

8 郑玄说，这是“辟（避）其君之子未除丧之名”。

9 **世子**：古代天子、诸侯的嫡长子。

10 这是推说自己有担柴之余劳，所以不能射。某，代士人名。忧，劳。

原文

2.3 君子行礼，不求变俗。祭祀之礼，居丧之服，哭泣之位，皆如其国之故，谨（修）〔循〕[1]其法而审行之。

去国三世，爵禄有列于朝，出入有诏于国。若兄弟宗族犹存，则反告于宗后。

去国三世，爵禄无列于朝，出入无诏于国。唯兴[2]之日，从新国之法。

译文

徙居他国的君子，行礼时不可以改变原来的礼俗。祭祀的礼仪、居丧的服制、哭泣死者的位置，都要像自己国内那样，谨慎地遵循那些法度，而且仔细地实行它们。

离开祖国已有三代，但他的族人还有在朝廷上做官的，如果有喜事丧事，应当和原来国家卿大夫往来出入，互相赴告。如果他的宗族兄弟还在，自己有喜事丧事，也应当回去告诉族长的后人。

离开祖国已有三代，他的族人没有在朝廷上做官的，如果有喜事丧事，就不必和原来国家卿大夫往来出入，互相赴告。等到自己做了新国的卿大夫后，才可以依从新国君子已孤不更名；已孤暴贵[3]，不为父作谥[4]。居丧未葬，读丧礼；既葬，读祭礼；丧复常，读乐章。居丧不言乐，祭事不言凶，公庭[5]不言妇女。

的礼仪法度。

君子在父亲过世后不可更换名字；父亲过世后，即使从士人、庶人一下子成了诸侯，也不必为父亲定美谥。居丧时，还没有下葬，要研究丧礼；下葬后，要研究祭礼；丧期结束，恢复正常生活，就可以诵读诗歌。居丧时不谈论乐事，祭礼时不谈论凶事，公庭上不谈论妇女。

注释

1 王念孙说，“修”当是“循”字。

2 **兴：**郑玄说，谓起为卿大夫。

3 **暴贵：**孔疏说，谓士庶起为诸侯，非一等之位也。

4 **谥：**列举死者平生行迹和德行，为他评定称号。

5 **公庭：**国君的庙庭或朝堂之庭。

原文

2.4 振[1]书[2]、端书于君前，有诛。倒策、侧龟于君前，有诛。

龟策、几杖、席盖、重素、袗[3]絺绤[4]，不入公门。苞屦[5]、扱衽[6]、厌冠[7]，不入公门。书方[8]、衰[9]、凶器[10]，不以告，不入公门。

公事不私议。

译文

在国君面前拂去簿书上的灰尘，整理文书，都要处罚。在国君面前弄倒策，弄翻龟，也要处罚。

卜问吉凶的龟策、供老人用的几杖、丧车上用的席盖、像丧服那样的素衣素冠、可以露见身体的单内衣，都不能进入国君宫门。穿丧鞋、戴丧冠、做丧事打扮的，都不能进入国君宫门。条录赠送给死者物件数目的方版、麻衣丧服、丧葬用的明器，都不能进入国君宫门。

凡是公家的事情，不许私下议论。

注释

1 **振**:拂去灰尘。

2 **书**:孔疏说,书,簿领也。即簿册文书。

3 **袗**(zhěn):单衣。

4 **絺绤**(chī xì):此指用细葛布或粗葛布制成的内衣。

5 **苞屦**(bāo jù):用藨(biāo)草做成的草鞋,居丧时穿用。

6 **扱**(chā)**衽**:收敛上衣的前襟插在腰带里。

7 **厌冠**:丧冠,因形状低伏而称厌冠。厌,伏。

8 **方**:方版,古代书写用的木板。

9 **衰**(cuī):同"缞"。麻布丧服。

10 **凶器**:明器。古代随葬器物。

原文

2.5 君子将营宫室,宗庙为先,厩库为次,居室为后。凡家[1]造,祭器为先,牺赋[2]为次,养器为后。无田禄者,不设祭器。有田禄者,先为祭服。君子虽贫,不粥[3]祭器;虽寒,不衣祭服;为宫室,不斩于丘木。

大夫、士去国,祭器不逾竟[4]。大夫寓祭器于大夫,士寓祭器于士。

大夫、士去国,逾竟,为坛[5]位,乡[6]国而哭。素衣,素裳,素冠,

译文

君子将要营建宫室,首先得建造宗庙,其次建造马厩和库房,最后才是建造自己的住房。大夫家中制造器具,首先应是祭器,其次是祭牲的圈牢,最后才是供养人的饮食器具。没有田产俸禄的人,不必设置祭器。有田产俸禄的人,就先置办祭服。君子即使已贫穷,也不能出卖祭器;即使很寒冷,也不能随便穿上祭服;营建宫室,不能砍伐坟上的树木。

大夫、士离开自己的国家,不能携带祭器出境。大夫要把祭器寄存在相同官阶的大夫家里,士就把祭器寄存在相同官阶的士人家里。

大夫、士离开自己的国家,过了国境,就要设一坛位,望着自己国家的方向哭泣。

彻缘[7]，鞮屦[8]，素[9]簚[10]，乘髦马[11]，不蚤[12]鬋[13]，不祭食；不说人以无罪，妇人不当御。三月而复服。

要穿素衣素裳，戴素冠，除去上衣的滚边，穿上没有鞋鼻的皮制鞋，用白色狗皮来覆盖车前栏杆，驾着没剪毛的马，不剪指甲，不剃须发，进餐时不行祭食礼；不向人辩解自己冤屈无罪，不接近妇女。这样生活了三个月后，才可以恢复原来的生活并离去。

大夫、士见于国君，君若劳之，则还辟，再拜稽首；君若迎拜，则还辟，不敢答拜。

大夫、士到国君那儿去觐见，如果国君亲自慰劳他，就得还身避开，要两次跪拜并叩头至地；如果国君来迎接先拜，自己也要还身避开，并且不敢回拜。

大夫、士相见，虽贵贱不敌，主人敬客则先拜客，客敬主人则先拜主人。凡非吊丧，非见国君，无不答拜者。

大夫、士相见，虽然彼此贵贱不相对等，但是主人尊敬客人，就可以先拜客人；客人尊敬主人，就可以先拜主人。凡是不属吊丧、不属进见国君的，没有不回拜的。

大夫见于国君，国君拜其辱[14]。士见于大夫，大夫拜其辱。同国始相见，主人拜其辱。君于士，不答拜也；非其臣，则答拜之。大夫于其臣，虽贱，必答拜之。男女相答拜也[15]。

来聘问的大夫到国君那儿去觐见，国君要拜答他的来访。士人到大夫那儿去拜见，大夫要拜答他的来访。同国之人在初次相见时，主人要拜答对方来访的情谊。国君对于士人，不回拜；如果不是自己的臣下，那就得回拜他。大夫对于自己的家臣，虽然家臣地位卑贱，也必定要回拜他。男女间要相互回拜。

注释

1 **家：**指大夫。

2 **牺赋：**祭牲。此指饲养祭牲的地方。

3 **粥：**同“鬻”。卖。

4 **竟:**同“境”。

5 **坛:**筑构的高台。

6 **乡:**通“向”。

7 **缘:**滚边。

8 **鞮屦**(dī jù):没有鞋鼻的皮制鞋。

9 **素:**指白狗皮。

10 **篾**(mì):同“幭”。车轼上的覆盖物。

11 **髦**(máo)**马:**未经剪剔马毛的马。

12 **蚤**(zhǎo):通“爪”。此作修剪指甲之意。

13 **鬋**(jiǎn):孔疏说,剔治须发也。

14 **拜其辱:**孙希旦说,拜其自屈辱至此。

15 此句说解纷纭。《释文》说,一本作“不相答拜”。皇侃说,“后人加不字耳”。孔疏与郑注也未合。译文依孔疏,男女虽有别,必宜答也。

原文

2.6 国君春田不围泽[1],大夫不掩群,士不取麛[2]卵。

岁凶,年谷不登,君膳[3]不祭肺[4],马不食谷,驰道不除,祭事不县[5]。大夫不食(梁)〔粱〕[6],士饮酒不乐。

君无故[7]玉不去身。大夫无故不彻县。士无故不彻琴瑟。

译文

国君春天田猎,不可以整个儿包围猎场;大夫不可以整个儿地捕取兽群,士人不可以猎取幼兽或鸟卵。

遇上水灾旱灾,年成很差,国君膳食不再杀牲,马就不喂谷物,国君驰车的大道不再除草,祭事也不奏乐。大夫减去加食的稻粱,士人宴请宾客不能用乐招待。

国君不无缘无故让佩玉离身。大夫不无缘无故撤去悬乐。士人不无缘无故去掉琴瑟。

注释

1 **泽:**水边草木丛生之地。

2 **麛**(mí):同“麑”,小鹿。

3 **膳:**美食。

4 **祭肺:**周人看重肺,故食必先祭肺。此“不祭肺”,即指不杀牲。

5 **县:**悬乐。乐有悬钟磬,故称县(悬)。县,同“悬”。

6 **大夫不食粱:**大夫食黍稷,而稻粱为加食。

7 **故:**指灾变、丧疾之类。

原文

2.7 士有献于国君,他日君问之曰:“安取彼?”再拜稽首而后对。

大夫私行出疆,必请,反必有献。士私行出疆,必请,反必告。君劳之,则拜;问其行,拜而后对。

国君去其国,止之曰:“奈何去社稷[1]也?”大夫,曰:“奈何去宗庙也?”士,曰:“奈何去坟墓也?”国君死社稷,大夫死众,士死制[2]。

译文

士人有礼物进献给国君,如有一天国君问他:“从哪里得来这些东西的?”士人先要跪拜叩头,然后再回答。

大夫因私事出国,必定要请示;返回后,必定要进献礼物。士人因私事出国,也必定要请示;返回后,必定要报告。国君慰劳他,就要拜谢;国君问他旅行的情况,就要先下拜,后回答。

国君离开自己的国家去流亡,就劝止他说:“为什么要抛弃自己的社稷呢?”如果是大夫,就对他说:“为什么要抛弃自己的宗庙呢?”是士人,就对他说:“为什么要抛弃自己的祖坟呢?”国君应为社稷而死,大夫应为大众而死,士人应为法制而死。

注释

1 **社稷:**国家。社,土神;稷,谷神。

2 **士死制:**士为国君守护法制,法制被夺则死之。

原文

2.8 君天下,曰“天子”。

译文

君临天下的,就称“天子”。在朝会

朝诸侯，分职[1]授政任功[2]，曰“予[3]一人”。践阼，临祭祀，内事曰“孝王某”，外事曰“嗣王某”。临诸侯，畛[4]于鬼神，曰“有天王某甫[5]”。崩，曰“天王崩”。复[6]，曰“天子复矣”。告丧，曰“天王登假[7]”。措之庙，立之主[8]，曰“帝”。天子未除丧，曰“予小子”。生名之，死亦名之。

天子有后，有夫人，有世妇，有嫔，有妻，有妾。天子建天官，先六大，曰大宰、大宗、大史、大祝、大士、大卜，典司六典。[9]天子之五官，曰司徒、司马、司空、司士、司寇，典司五众。天子之六府，曰司土、司木、司水、司草、司器、司货，典司六职。天子之六工，曰土工、金工、石工、木工、兽工、草工，典制六材。

诸侯，分派职务，授予政事，确定委任时，就称“予一人”。站在主人的地位，主持祭祀时，如果祭祖宗，就称“孝王某”；祭祀天地神祇，就称“嗣王某”。天子来到诸侯国内，向鬼神致祭时，就称“天王某”。天子死，要称“天王崩”。替天子招魂，就称“天子的魂灵回来吧”（不称名）。替天子发讣告，要称“天王登遐”。将天子的灵位附入宗庙，立牌位时要称“帝”。天子还未除去丧服，要称“予小子”。（如果未除丧就已死去，）因生时称“小子王某”，死去也称“小子王某”。

天子有王后、夫人、世妇、嫔、妻、妾。天子设立治天道、事鬼神的官职，先设六大官职，称为大宰、大宗、大史、大祝、大士、大卜，主管六种制度。天子又设立五官，称为司徒、司马、司空、司士、司寇，主管统属的官员。天子设有六个府库，称为司土、司木、司水、司草、司器、司货，主管各类职事。天子设有六种工匠，称为土工、金工、石工、木工、兽工、草工，主管用各种材料制作器物。

注释

1 **分职：**分六官之职。

2 **任功：**孔疏说，谓使人专掌委任之功，若五侯九伯汝实征之也。

3 **予(yú)：**我。

4 **畛**:郑玄说,致也,祝告致于鬼神辞也。

5 **某甫**:指“某”字当用“字”。甫,男子美称,多附缀于表字后。

6 **复**:招魂。招呼死者之魂,使回复体魄,希望再生。

7 **登假**:即登遐,升天之意。假,通“遐”,远。

8 **主**:神主,以木为之,使神依之。即是牌位。

9 郑玄说,此盖殷时制也。以下“五官”“六府”“六工”也都是殷时制也。

原文

2.9 五官致贡曰享。[1]五官之长曰伯,是职方[2]。其摈[3]于天子也,曰“天子之吏”。天子同姓,谓之“伯父”;异姓,谓之“伯舅”。自称于诸侯,曰“天子之老”。于外,曰“公”;于其国,曰“君”。

九州之长,入天子之国,曰“牧”。天子同姓,谓之“叔父”;异姓,谓之“叔舅”。于外,曰“侯”;于其国,曰“君”。

其在东夷、北狄、西戎、南蛮,虽大曰“子”。于内,自称曰“不穀”;于外,自称曰“王老”。

庶方小侯,入天子

译文

五官在年终要向君王呈献各自的成绩,称为“享”。五官中的首长称为“伯”,主管他所治辖地方的政事。他是辅佐天子的,因此就称为“天子之吏”。与天子同姓的诸侯,称为“伯父”;不是同姓的诸侯,称为“伯舅”。他们对其他诸侯自称为“天子之老”。对国外的人就称为“公”,对国内的人就称为“君”。

九州诸侯之长,进入天子的畿内,就称为“牧”。与天子同姓的,就称他为“叔父”;与天子不同姓的,就称他为“叔舅”。对国外的人,称“侯”,对自己国内的人,称“君”。

那些在东夷、北狄、西戎、南蛮地方的诸侯,虽然有的国土也很辽阔,(但是爵位只属子爵,)就称为“子”。对国内的人,他自称为“不穀”;对国外的人,他自称为“王老”。

另外众多的各方小诸侯,进入天子王

之国，曰“某人”。于外，曰“子”，自称曰“孤”。

畿，就称“某人”。对国外的人称为“子”，自称为“孤”。

注释

1 **贡：**进献。**享：**祭献，上供。引申为进献。

2 **职方：**主管所治地方的政事。

3 **摈：**《释文》说，又作“傧”。天于的傧相，夹辅天子。

原文

2.10 天子当依[1]而立，诸侯北面而见天子，曰觐。天子当宁[2]而立，诸公东面，诸侯西面，曰朝。诸侯未及期相见，曰遇；相见于郤地[3]，曰会。诸侯使大夫问于诸侯，曰聘；约信，曰誓；莅牲，曰盟[4]。

诸侯见天子，曰“臣某侯某”。其与民言，自称曰“寡人”。其在凶服，曰“適[5]子孤”。临祭祀，内事，曰“孝子某侯某”；外事，曰“曾孙某侯某”。死曰“薨”。复，曰“某甫复矣”。既葬，见天子，曰“类见”。言谥曰“类”。诸侯使人使于诸侯，使

译文

天子背对着绣有斧文的屏风朝南站立，诸侯朝北面见天子，就称为“觐”。天子站在屏风和门之间，（脸朝南，）诸公脸朝东，诸侯面向西，这样面见天子就称为“朝”。诸侯彼此间没有到约定的日期就相见的，称为“遇”；在边境附近相见的，就称为“会”。诸侯派大夫到另一诸侯国去访问，就称为“聘”；写下约束的言辞作为双方的信用，就称为“誓”；杀牲歃血，向神告誓，就称为“盟”。

诸侯去见天子，就称“臣某侯某”。他和民众说话，就自称为“寡人”。诸侯在居丧时，会见国外的宾客，就称“嫡子孤”。主持祭祀，如果是宗庙内祭祖宗，就称“孝子某侯某”；如果祭天地神祇，就称“曾孙某侯某”。诸侯死，就称为“薨”。招魂，就称“某甫的魂灵回来吧”（，要用字不用名）。继位的诸侯在行过葬礼后去朝见天子，就称为“类见”。诸侯将要下葬，为父亲请谥，就称

者自称曰“寡君之老”。

天子穆穆，诸侯皇皇，大夫济济，士跄跄，庶人僬僬。

为“类”。诸侯派人出使到其他诸侯那儿，使者自称“寡君之老”。

天子的仪容，显示出深远的样子；诸侯的仪容，显示出盛大的样子；大夫的仪容，显示出齐整的样子；士人的仪容，显示出洒脱的样子；庶人的仪容，显示出匆促的样子。

注释

1 **依**(yǐ)**：**通“扆”。户牖之间有斧形装饰的屏风。

2 **宁**(zhù)**：**“宁”的本字。古代宫殿的门、屏之间，为群臣朝见帝王之处。

3 **郤**(xì)**地：**吕大临说，竟（境上之地也）。见《礼记集解》。

4 **莅牲，曰盟：**孔疏说，先凿地为方坎，杀牲于坎上，割牲左耳，盛以珠盘，又取血盛以玉敦，用血为盟；分成，乃歃血而读书。

5 **適**(dí)**：**通“嫡”。

原文

2.11 天子之妃曰后，诸侯曰夫人，大夫曰孺人，士曰妇人，庶人曰妻。公侯有夫人，有世妇，有妻，有妾。夫人自称于天子，曰“老妇”；自称于诸侯，曰“寡小君”；自称于其君，曰“小童”。自世妇以下，自称曰“婢子”。子于父母，则自名也。

列国之大夫，入天子之国，曰“某士”；自称曰

译文

天子的配偶称为“后”，诸侯的就称为“夫人”，大夫的称为“孺人”，士人的称为“妇人”，庶人的称为“妻”。公和侯都有夫人、世妇、妻、妾。公侯夫人对天子自称为“老妇”，对别国诸侯自称为“寡小君”，对自己的国君自称为“小童”。从世妇往下，都自称为“婢子”。子女在父母面前都称自己的名。

各诸侯国的大夫，进入天子的畿内就称他为“某国的士”；自称为“陪臣某”。在别国的人称他为“子”，在本国的人称他为“寡君之老”。出使别国，就自称为“某”。

"陪臣某"。于外曰"子"，于其国曰"寡君之老"。使(者)[1]，自称曰"某"。

2.12 天子不言出。诸侯不生名。君子不亲恶。诸侯失地，名；灭同姓，名。

为人臣之礼，不显谏。三谏而不听，则逃之。子之事亲也，三谏而不听，则号泣而随之。

君有疾饮药，臣先尝之。亲有疾饮药，子先尝之。医不三世，不服其药。

天子出奔，史册不能用"出"字。诸侯生前，史册不称他的名（只称他的爵位）。君子不原谅作恶的天子和诸侯。诸侯亡失自己的国土，就在史册上直书其名；诸侯攻灭自己的同胞，也在史册上直书其名。

作为臣下的依礼就不应该当众指责国君的过错。再三劝谏，国君仍不听取，就离开他出走。子女侍奉父母亲时，再三劝谏仍不听从，就要哭泣号啕，并随从父母（感动他们）。

国君有病需服药，臣下就要先试尝。父母亲有病需服药，子女就要先试尝。行医不是父子相传至三世的，就不服用他所开的药。

注释

1 王念孙说，经文"使"下本无"者"字。

原文

2.13 拟[1]人必于其伦。

问天子之年，对曰："闻之，始服衣若干尺矣。"问国君之年，长，曰："能从宗庙社稷之事矣。"幼，曰："未能从宗庙社稷之

译文

要比较一个人必须置于同类人中（，比如大夫就在大夫一类中比较，士就在士人一类中比较）。

问天子年龄，可以间接回答："听说，已开始穿多长的衣服了。"问国君的年龄，如果国君年已长，可以间接回答："已能主持宗庙社稷的事了。"如果国君还年幼，就回答："还不能主持宗庙社稷的事。"问大夫儿子的年龄，

事也。”问大夫之子，长，曰：“能御矣。”幼，曰：“未能御也。”问士之子，长，曰：“能典[2]谒矣。”幼，曰：“未能典谒也。”问庶人之子，长，曰：“能负薪矣。”幼，曰：“未能负薪也。”

问国君之富，数地以对，山泽之所出。问大夫之富，曰：“有宰[3]食力[4]，祭器衣服不假。”问士之富，以车数对。问庶人之富，数畜以对。

他已年长，就回答：“已能驾驭车马了。”如果还年幼，就回答：“还不能驾驭车马。”问士人儿子的年龄，他已年长，就回答：“已能给宾客传话了。”如果还年幼，就回答：“还不能给宾客传话。”问庶人儿子的年龄，他已年长，就回答：“已能担柴了。”如果还年幼，就回答：“还不能担柴。”

问国君的财富，回答时可以先计算国土的大小，再估量山泽的出产。问大夫的财富，可以回答说：“他有采地，收取民众的赋税作为费用，祭祀时的祭器祭服不用向别人借用。”问士人的财富，可以计算车辆的数目来回答。问庶人的财富，可以计算牲畜的数目来回答。

注释

1 **拟(nǐ)**：比。

2 **典**：主持。

3 **宰**：王念孙说，“宰”当读为“采”，谓有采地也。

4 **食力**：孔疏说，谓食下民赋税之力也。

原文

2.14 天子祭天地，祭四方，祭山川，祭五祀[1]，岁遍。诸侯方祀[2]，祭山川，祭五祀，岁遍。大夫祭五祀，岁遍。士祭其先。

译文

天子祭祀天地之神，祭祀四方之神，祭祀山川之神，祭五祀之神，一年内要全祭遍。诸侯祭祀封国内的山川之神，祭五祀之神，一年内也要全祭遍。大夫祭五祀之神，一年内全祭遍。士人祭祀自己的祖先。

凡是祭祀，有不是自己该祭祀的，就不

凡祭，有其废之，莫敢举也；有其举之，莫敢废也。非其所祭而祭之，名曰淫祀[3]。淫祀无福。天子以牺牛，诸侯以肥牛[4]，大夫以索牛[5]，士以羊豕。支子不祭，祭必告于宗子。

敢进行祭祀；有自己该祭祀的，就不敢废止。不是自己该祭祀的，却去祭祀，就称为"淫祀"。淫祀不会受福。天子祭祀用纯毛的祭牛，诸侯用经过精心饲养的祭牛，大夫可以用临时选择的祭牛，士人用羊、猪祭祀。庶出的子孙不主持祭祀，如果要祭祀，也要先告诉嫡系的子孙。

注释

1 **五祀**：谓春祭户，夏祭灶，季夏祭中霤(liù)，秋祭门，冬祭行。

2 **方祀**：郑玄说，谓祭四望之在其方者，若鲁祭泰山，晋祭河，是也。

3 **淫祀**：过多而滥的祭祀。

4 **肥牛**：孔疏说，系于牢而刍之三月也。

5 **索牛**：孙希旦说，临时简择其好者也。

原文

2.15 凡祭宗庙之礼，牛曰一元[1]大武[2]，豕曰刚鬣[3]，豚曰腯[4]肥，羊曰柔毛，鸡曰翰[5]音，犬曰羹献[6]，雉曰疏趾，兔曰明视；脯曰尹祭[7]，槁鱼曰商[8]祭，鲜鱼曰脡[9]祭；水曰清涤，酒曰清酌；黍曰芗[10]合，粱曰芗萁[11]，稷曰明粢[12]，稻曰嘉蔬；韭曰丰[13]本，盐曰咸鹾；玉曰嘉玉，币曰量币[14]。

译文

凡是祭祀宗庙之礼（牲物有特殊的称号）：牛称为"一元大武"，猪称为"刚鬣"，豚称为"腯肥"，羊称为"柔毛"，鸡称为"翰音"，犬称为"羹献"，雉称为"疏趾"，兔称为"明视"；肉脯称为"尹祭"，干鱼称为"商祭"，鲜鱼称为"脡祭"；水称为"清涤"，酒称为"清酌"；黍称为"芗合"，粱称为"芗萁"，稷称为"明粢"，稻称为"嘉蔬"；韭称为"丰本"，盐称为"咸鹾"；玉称为"嘉玉"，币称为"量币"。

天子死称为"崩"，诸侯死称为"薨"，大夫死称为"卒"，士人死称为"不禄"，庶人死

2.16 天子死曰崩，诸侯曰薨，大夫曰卒，士曰不禄，庶人曰死。在床曰尸，在棺曰柩。羽鸟曰降，四足曰渍[15]。死寇曰兵。

祭王父曰皇祖考，王母曰皇祖妣，父曰皇考，母曰皇妣，夫曰皇辟[16]。生曰父，曰母，曰妻；死曰考，曰妣，曰嫔。寿考曰卒，短折曰不禄。

就直称“死”。死人在床上称为“尸”，在棺内就称为“柩”。飞鸟死去，称为“降”；走兽死去，称为“渍”。死于寇难的就称为死于“兵”。

祭祀祖父称为“皇祖考”，祭祀祖母称为“皇祖妣”，祭祀父亲称为“皇考”，祭祀母亲称为“皇妣”，祭祀丈夫称为“皇辟”。当他们还在世时就分别称为父、母、妻；在他们死后就分别称为考、妣、嫔。长寿而死的也可以称为“卒”，短寿夭折的也可以称为“不禄”。

注释

1 **元**：头。

2 **武**：足迹。

3 **刚鬣**(liè)：豕肥则鬣刚。鬣，兽颈项上的毛。

4 **腯**(tú)：肥壮。

5 **翰**：毛又长又硬。

6 **羹献**：孔疏说，人将所食羹余与犬，犬食之肥，肥则可献于鬼神。

7 **尹祭**：指割切方正可祭。尹，正。

8 **商祭**：用干鱼祭祀。

9 **脡**(tǐng)**祭**：用鲜鱼祭祀。脡，直长条的干肉。

10 **芗**(xiāng)：五谷的香气。亦泛指香。

11 **萁**(jī)：语气助词。

12 **明粢**(zī)：古代祭祀用的谷物。此指稷，其色白。

13 **丰**：茂盛。

14 **量币**：指币帛的长短广狭合制度，也称“制币”。

15 **渍**：郑玄说，相瀸(jiān，浸渍)污而死。

16 **辟**:郑玄说,辟,法也,妻所取法也。或说,辟,主君。

原文

2.17 天子视不上于袷[1],不下于带。国君绥[2]视。大夫衡视。士视五步[3]。凡视,上于面则敖[4],下于带则忧,倾[5]则奸。

君命,大夫与士肄[6]。在官言官,在府言府,在库言库,在朝言朝[7]。朝言不及犬马。辍朝而顾,不有异事,必有异虑。故辍朝而顾,君子谓之固。在朝言礼,问礼对以礼。

大飨[8]不问卜,不饶富。

2.18 凡挚[9],天子鬯[10],诸侯圭,卿羔,大夫雁,士雉,庶人之挚匹[11]。童子委挚而退。

译文

瞻望天子,视线往上不可高于他的交领,往下不可低于腰带。瞻望国君,视线要稍向下。瞻望大夫,可以对面平视。至于士人,视线可以在五步之内自由游移。凡是瞻望他人,视线高于对方的脸部就显得傲慢,低过腰带的又显得似有忧愁,也斜着眼看人的似有奸邪之心。

国君发布的命令,大夫和士人应加以研究学习。(要各随所在,商讨谋议:)在版图文书之处,就商讨版图文书这方面的情况;在宝藏财货之处,就商讨宝藏财货这方面的情况;在车马兵甲之处,就商讨车马兵甲这方面的情况;在君臣议政之处,就商讨政治这方面的情况。在商讨政事的地方,不谈及车马等私事。议政结束,(各自退去,不该回头观望;)如果回头观望,不是另有议政外的事,就是另有不正当的念头。所以这种散朝后的回头观望,君子称为野陋无礼。在朝廷上要讲礼,问话要有礼,对答也要有礼。

依大飨之礼,不用预先卜择日期,(只讲究礼数齐备,)祭器祭品不必完备繁多。

凡是初次相见时用的礼物,天子用鬯酒,诸侯用玉圭,卿用羔羊,大夫用雁,士人用雉,庶人的见面礼物是用鸭子。童子的见面礼物,(不规定为哪一种,)他放下礼物就走(不必行授受之礼)。

在野外军中没有别的见面礼,那么用缨、拾、

野外军中无挚，以缨[12]、拾[13]、矢可也。

妇人之挚：椇、榛、脯、脩[14]、枣、栗。

2.19 纳女于天子，曰“备[15]百姓”；于国君，曰“备酒浆”；于大夫，曰“备埽[16]洒”。

矢都可以。

妇女的见面礼物有：橡子、榛子、肉脯、干肉、枣子、栗子等。

送女儿到天子那儿去，就称说“备百姓”；送女儿到国君那儿去，就称说“备酒浆”；送女儿到大夫那儿去，就称说“备埽洒”。

注释

1 **袷**(jiè)：古人中衣的交领。

2 **绥**(tuǒ)：通“妥”。下垂。

3 **士视五步**：郑玄说，士视，得旁游目五步之中。

4 **敖**：通“傲”。傲慢。

5 **倾**：侧，斜。此指斜视。

6 **肄**：习。

7 郑玄说，官，谓版图文书之处。府，谓宝藏货贿之处。库，谓车马兵甲之处。朝，谓君臣谋政事之处。

8 **大飨**(xiǎng)：明堂之飨帝，宗庙之飨先王，王飨诸侯，两国君王相见而飨，都称大飨。飨，用酒食款待人，亦指祭献。

9 **挚**：同“贽”。初次见人时所送的礼物，以表敬意。

10 **鬯**(chàng)：用郁金香草泡黑黍酿成的酒。

11 **匹**：《尔雅·释鸟》作“鳴”。鸭子。

12 **缨**：亦称“鞅”。马颈上的革带，驾车时用。

13 **拾**(shí)：射韝。即射箭用的皮制套袖。

14 **脩**(xiū)：干肉。

15 **备**：充数。以下这几句都是谦卑之辞，不敢以伉俪期望，仅备妾媵之数而已。

16 **埽**(sǎo)：同“扫(掃)”。

檀弓

导读

《檀弓》也本为一篇，因古时简册繁重而分为上、下两篇。《檀弓上》是《礼记》中的第3篇。《檀弓下》是《礼记》中的第4篇。檀弓是人名，姓檀名弓。此人善于礼，所以立名扬举。

《檀弓》的主要内容是杂记各种行礼规则与佚闻，尤以丧礼为多而详，多记载孔子及弟子居丧、治丧的言行举止。

《檀弓下》记载子游和有子的一段谈话，子游说："礼有微情者，有以故兴物者。有直情而径行者……"人喜则咏、歌、舞，人悲戚则哀痛、捶胸、顿足，礼就是要节制这些情绪化的行为。礼从心起，丧礼旨在表示哀戚之情，对长上是无忘其恩，也是别于禽兽的体现。"祭思敬，丧思哀"，丧礼与其哀不足而礼有余，不若礼不足而哀有余。

本篇中还谈到，墟墓之间有哀的氛围，宗庙之中有敬的气氛。这是礼义所形成的道德习俗风气。儒家认为祭祀天地、神灵，使百姓有所崇拜和畏惧，可起到慑服作用。祭祀祖先，可分辨逝者亲族的亲、疏、远、近，教育人民不忘祖先创业之艰，可起到"民兴于仁""教民相爱"的作用。

《礼记》中讨论丧礼、丧服和祭祀的有10多篇，丧葬祭祀的礼节繁复冗杂，都是为了达到"慎终追远""民德归厚"的目的。此篇中有些琐屑礼文规则，今已不可取。

檀弓上

原文

3.1 公仪仲子[1]之丧，檀弓[2]免[3]焉。仲子舍其孙而立其子。檀弓曰："何居[4]？我未之前闻也。"趋而就子服伯子于门右，曰："仲子舍其孙而立其子，何也？"伯子曰："仲子亦犹行古之道也。昔者文王舍伯邑考而立武王，微子舍其孙腯而立衍也。夫仲子亦犹行古之道也。"子游问诸孔子。孔子曰："否。立孙。"

事亲有隐[5]而无犯，左右就养无方[6]，服勤至死，致丧三年。事君有犯而无隐，左右就养有方，服勤至死，方丧三年。事师无犯无隐，左右就养无方，服勤至死，心丧[7]三年。

译文

公仪仲子家里有丧事，檀弓头上着"免"去他家吊丧。仲子舍弃自己的嫡孙却立庶子为丧主。檀弓说："这是什么原因呢？我先前从没有听说这样的事。"于是他赶紧走到门右边主人的兄弟子服伯子那儿，说："仲子舍弃自己的嫡孙却立庶子为丧主，是什么原因呢？"伯子说："仲子也不过是执行古人的道理。从前文王舍弃伯邑考而立武王，微子舍弃自己的嫡孙腯而立庶子衍。仲子也不过是执行古人的道理罢了。"子游曾向孔子问起过这件事。孔子说："不该这样。应当立嫡孙为丧主。"

侍奉父母，不称扬他们的过失，也不犯颜指责，在他们的左右侍候，操劳服侍到他们去世，再极哀戚地守丧三年。侍奉国君要犯颜直谏，不隐瞒他的过失，在他的左右侍奉并各司其职，操劳服侍到他去世，再比拟父亲那样守丧三年。侍奉老师，不能犯颜指责，但不隐瞒他的过失，在他的左右侍候，操劳服侍到他去世，再像给父亲守丧那样哀痛地守丧三年(但不必穿丧服)。

注释

1 **公仪仲子：**郑玄说，盖鲁同姓，仲子是"字"，其名未闻。

2 **檀弓**：春秋时鲁国人，姓檀名弓。郑玄说，“礼记编者以其善于礼，故著姓名以显之”。所以此篇称《檀弓》。

3 **免**(wèn)：通“絻”。古代一种丧饰，去冠用布包裹发髻。

4 **居**：郑玄说，齐鲁之间语助也。即语气助词，无义。

5 **隐**：谓不称扬其过失也。

6 **无方**：无定所。方，地方，区域。

7 **心丧**：指古时老师死后，弟子不穿丧服，只在心里悼念。

原文

3.2 季武子成寝，杜氏之葬在西阶之下，请合葬焉，许之。入宫而不敢哭。武子曰：“合葬非古也。自周公以来，未之有改也。吾许其大，而不许其细，何居？”命之哭。

3.3 子上之母死而不丧。门人问诸子思曰：“昔者子之先君子丧出母乎？”曰：“然。”“子之不使白也丧之，何也？”子思曰：“昔者吾先君子无所失道。道隆则从而隆，道污则从而污[1]。伋则安能？为伋也妻者，是为白也母；不为伋也妻者，是不为白

译文

季武子新建一座住宅，杜氏的墓葬正在那住宅的西阶下面，杜氏后人请求迁出合葬，季武子答应了这一要求。杜氏后人进入新宅迁墓时不敢哭泣。季武子说：“合葬不是古人的礼俗。但从周公以来，却一直这样做，而没有改变过。我既然已答应他们迁墓这样的大事，如果不允许那些细小的哭泣之事，这又算什么道理呢？”于是叫杜氏后人尽管哭。

孔子的曾孙子上的母亲离婚后死了，子上没有戴孝。门徒向子思问起这件事，说：“从前，您的父亲(孔鲤)不是给离婚的母亲戴过孝吗？”子思说：“是的。”又问道：“您不让孔白(子上)戴孝，是什么原因呢？”子思说：“从前，我的父亲并没有失礼的地方。依礼该隆重的就跟着隆重，依礼该降减的就跟着降减。我怎么能做到呢？如果她是我的妻子，这人也就是孔白的母亲；如果她已不再是我的妻子，这人也就不再是孔白的母

也母。”故孔氏之不丧出母,自子思始也。

亲了。”所以孔氏家不为离婚的母亲戴孝,是从子思开始的。

注释

1 **污**:郑玄说,犹杀也。减杀,削减,减少。

原文

3.4 孔子曰:“拜而后稽颡[1],颓[2]乎其顺也。稽颡而后拜,颀[3]乎其至也。三年之丧,吾从其至者。”

孔子既得合葬于防,曰:“吾闻之,古也墓而不坟。今丘也,东西南北之人也,不可以弗识也。”于是封之,崇四尺。孔子先反,门人后。雨甚,至。孔子问焉,曰:“尔来何迟也?”曰:“防墓崩。”孔子不应。三,孔子泫然流涕,曰:“吾闻之,古不修墓!”

孔子哭子路于中庭。有人吊者,而夫子拜之。既哭,进使者而问故。使者曰:“醢之矣!”遂命覆醢。

译文

孔子说:“先跪拜,然后再磕头,这是为合乎先宾后己的顺序。先磕头,然后再跪拜,这是表示悲痛至极。三年守丧,我依从后一种做法。”

孔子已得到机会将父母亲合葬在防,说:“我听说,古代的墓地是不堆高积土的。如今我孔丘是奔波四方的人,不可以不做个标识。”于是就在墓上堆加积土,高四尺。孔子先回家,门徒还在修墓。下了一阵大雨,门徒们回来了。孔子问他们,说:“你们为什么来迟了?”他们回答说:“防地的墓坍塌了。”孔子没有答话。门徒们一连说了三次,孔子流下了眼泪,说:“我听说过,古人是不在墓上加高积土的啊!”

孔子在正室前的庭里为子路死难而痛哭。有人来慰问,孔子就以主人的身份拜客。哭过后,唤进赴告的使者,问子路死难时的情状。使者说:“死时被剁成了肉酱!”孔子就叫人把家里的肉酱倒掉(不忍心再吃了)。

注释

1 **稽颡**(qǐ sǎng)：以额触地的敬礼。颡，额。

2 **颓**：恭顺的样子。

3 **颀**(kěn)：恻隐的样子。

原文

3.5 曾子曰："朋友之墓有宿草而不哭焉。"

子思曰："丧三日而殡，凡附于身者必诚必信，勿之有悔焉耳矣。三月而葬，凡附于棺者必诚必信，勿之有悔焉耳矣。丧三年，以为极，亡则弗之忘矣。故君子有终身之忧，而无一朝之患。故忌日不乐。"

3.6 孔子少孤，不知其墓。殡于五父[1]之衢，人之见之者皆以为葬也；其慎[2]也，盖殡也。问于郰[3]曼父[4]之母，然后得合葬于防。

译文

曾子说："朋友的墓上已有了隔年生的草，就不必再哭了。"

子思说："人死后三天进行殡殓，凡是附随尸体入殓的东西，处理时必定要真诚信实，不要留有遗憾。三个月下葬，凡是附随在棺内下葬的东西，处理时也必定要真诚信实，也不要留有遗憾。丧期虽然以三年作为极限，但是亲人死后就再也不会忘记他们了。所以君子有一辈子的哀思，却没有一天敢让父母的遗体蒙受伤害。因此在忌日不奏乐。"

孔子小时，父亲就已去世，他不知道父亲的墓地在哪里。母亲死后，孔子就在五父的大路上进行殡礼，人们见了都以为是出葬；但又看到他拉的是灵车，是举行殡礼时的装饰。孔子问过郰曼父的母亲，然后才能使母亲与父亲合葬在防地。

注释

1 **五父**(fǔ)：地名，在今山东曲阜东南。

2 **慎**：用绳子拉灵车至殡所。

3 **郰**(zōu)：地名。

4 **曼父**(fǔ):人名。父,男子之美称。亦指对老年男性的尊称。

原文

3.7 邻有丧,舂不相。里有殡,不巷歌。丧冠不緌[1]。

有虞氏瓦棺。夏后氏堲[2]周。殷人棺椁。周人墙[3]置翣[4]。周人以殷人之棺椁葬长殇,以夏后氏之堲周葬中殇、下殇,以有虞氏之瓦棺葬无服之殇。

夏后氏尚黑,大事敛用昏,戎事乘骊,牲用玄。殷人尚白,大事敛用日中,戎事乘翰,牲用白。周人尚赤,大事敛用日出,戎事乘騵[5],牲用骍[6]。

译文

邻居有丧事,舂米也不歌唱。邻里有殡殓事,不要在街巷里歌唱。戴丧冠,不要让帽带结好后的剩余部分垂下来。

有虞氏用陶器制成的棺。夏后氏又烧土制作砖,砌在瓦棺的四周。殷人用木材制作的棺和椁。周人又在灵柩外面围上屏障,加上棺饰。周人用殷人的棺椁来葬十六岁到十九岁的殇子,用夏后氏那种四周砌砖的瓦棺来葬八岁到十五岁的殇子,用有虞氏那种瓦棺来葬不满八岁的殇子。

夏后氏崇尚黑色,办丧事、入殓都在黄昏时,战事要驾黑马,祭牲要用黑色的。殷人崇尚白色,办丧事、入殓都在中午时,战事要驾白马,祭牲也用白色的。周人崇尚赤色,办丧事、入殓都在日出时,战事要驾赤马,祭牲也要用赤色的。

注释

1 **緌**(ruí):帽子上或旗杆顶上的缨子。

2 **堲**(jí):烧土为砖。

3 **墙**:围着灵柩的屏障。

4 **翣**(shà):此指棺饰,如扇状,用来障蔽灵车、灵柩。

5 **騵**(yuán):腹部白色、其他部位红色的马。

6 **骍**(xīng):毛皮是红色的(马、牛等)。

檀弓下

原文

4.8 曾子曰:“晏子可谓知礼也已,恭敬之有焉。”有若曰:“晏子一狐裘三十年,遣车一乘,及墓而反。国君七个[1],遣车七乘;大夫五个,遣车五乘。晏子焉知礼?”曾子曰:“国无道,君子耻盈礼焉。国奢,则示之以俭;国俭,则示之以礼。”

译文

曾子说:“晏子可以说是懂得礼了,他有谦恭的心意,又有肃敬的行为。”有若说:“晏子一件狐裘穿了三十年,给亲人送葬只用一辆遣车,到墓地葬毕就回家。据礼节,陪葬国君的牲体有七个,遣车有七辆;陪葬大夫的牲体有五个,遣车有五辆。晏子怎么能算懂得礼呢?”曾子说:“国君无道,君子耻于把礼文的细节都做到。国人奢侈,就用节俭来启示他们;国人节俭,就用礼仪来启示他们。”

注释

1 **个:**包。凡包牲都取下体,每一牲取三体,前胫折取臂臑(nào,前肢),后胫折取骼;三段为一包,每遣车一乘,就载一包。

原文

4.9 国昭子之母死。问于子张曰:“葬及墓,男子妇人安位?”子张曰:“司徒敬子之丧,夫子相:男子西乡[1],妇人东乡。”曰:“噫! 毋!”曰:“我丧也,斯[2]沾[3]。尔专之。宾为宾焉,主

译文

齐大夫国昭子的母亲死了,他问子张:“送葬到墓地后,男子妇人该就什么位置?”子张说:“司徒敬子的丧事,是孔夫子帮助行丧礼的:男子脸朝西,妇人脸朝东。”国昭子说:“唉,可不必依循旧礼!”又说:“我办丧事,必定有许多人来观看。你当专门负责此事。是宾客就归到宾客一边,是主人就归到主人一边,我家里的妇人既已跟从男子同在主人

为主焉,妇人从男子皆西乡。”

穆伯之丧,敬姜昼哭;文伯之丧,昼夜哭。孔子曰:“知礼矣。”

文伯之丧,敬姜据其床而不哭,曰:“昔者吾有斯子也,吾以将为贤人也。吾未尝以就公室。今及其死也,朋友诸臣未有出涕者,而内人皆行哭失声。斯子也,必多旷于礼矣夫!”

季康子之母死,陈亵衣。敬姜曰:“妇人不饰,不敢见舅姑。将有四方之宾来,亵衣何为陈于斯?”命彻之。

有子与子游立,见孺子慕者。有子谓子游曰:“予壹不知夫丧之踊也,予欲去之久矣。情在于斯,其是也夫!”子游曰:“礼有微[4]情者,有以故[5]兴物[6]者。有直情而径行者,戎狄之道也。礼道则不然。人喜则斯陶,陶斯咏,

一边的位置上就都脸朝西。”

穆伯去世,他的妻子敬姜守丧时只在白天啼哭;敬姜的儿子文伯去世,她守丧时白天黑夜都啼哭。孔子说:“她真懂得礼了。”

文伯死了,敬姜靠在他的床上不哭,说:“从前我有这儿子时,我认为他将成为一个有才德的人。我从来没有到他办事的地方去过。如今他死了,我没有见到朋友众臣为他落泪,而妻妾却为他痛哭失声。这孩子必定早就有很多地方荒废礼了。”

季康子的母亲死了,小殓前在房中陈列殓衣时将内衣也陈列出来了。敬姜说:“妇人不加修饰,不敢去见公公婆婆。何况将有四方宾客来吊丧,为什么要把内衣也陈列在这儿呢?”于是叫人将内衣收起来。

有子和子游站在一起,看见一个小孩哭着找父母。有子对子游说:“我实在不懂得丧礼中跳跃的道理,我早就想废除这一规定了。丧礼中的哀情就和在这儿哭着找父母的孩子一样,只要像这孩子啼哭就可以了!”子游说:“礼有各种减杀哀情的规定(,使人不至于过分悲哀);礼又有各种触发哀情的物件(,使人睹物思哀不至于怠忘)。如将哀情直率地表现在行动举止上,是不开化地方的做法。如果依礼而行就该这样。

咏斯犹[7]，犹斯舞；(舞斯愠，)[8]愠斯戚，戚斯叹，叹斯辟，辟斯踊矣！品节斯，斯之谓礼。人死，斯恶之矣；无能也，斯倍[9]之矣。是故制绞[10]衾，设蒌[11]翣，为使人勿恶也。始死，脯醢之奠；将行，遣而行之，既葬而食之，未有见其飨之者也。自上世以来，未之有舍也，为使人勿倍也。故子之所刺于礼者，亦非礼之訾[12]也。”

人遇到高兴的事情就开心，开心就要歌唱，歌唱就会摇动身体，摇动身体就会手舞足蹈起来；而人不高兴就会悲戚，悲戚就会叹息，叹息了还不够就会捶胸，捶胸不够就会跳跃了！品类节制这些情绪行为，就称为礼。人死了，就被人讨厌了；死者已无能为力，就被人背弃了。因此要制作殓尸用的束带、被子，设置灵车上用的盖子、扇状屏障，就用种种遮掩使人们不讨厌死者。人刚死，就用肉脯肉酱祭奠他；将要出葬，又有遣奠来送行，下葬后还有各种祭祀，但是从未见过鬼神来享用。然而从上古以来，从来没有废弃这种做法，是为了使人不背弃死者。所以你所批评的情况，不足为礼仪的疵病。”

注释

1 **乡**：通“向”。这是指送葬时男子站在羡道(从地面斜向通入圹里的通道)边脸朝西，妇人站在另一边脸朝东。

2 **斯**：通“澌”，尽也。

3 **沾**：郑玄说，读为觇，视也。

4 **微**：杀，减杀。

5 **故**：孙希旦说，谓有为为之也。

6 **物**：指衰、绖诸类。

7 **犹**：郑玄说，当为“摇”。

8 依《释文》“舞斯愠”为衍文。

9 **倍**：通“背”，背弃。

10 **绞**：本指用两股以上的条状物扭结成的绳索。此指殓时裹束尸体身上衣被的布条。

11 蒌(liǔ)：通“柳”。装饰棺车的帷盖。

12 訾(cī)：通“疵”，疾病，缺点。

原文

吴侵陈，斩祀杀厉[1]；师还[2]出竟[3]，陈大宰嚭[4]使于师。夫差谓行人仪曰：“是夫也多言，盍尝问焉？师必有名，人之称斯师也者，则谓之何？”大宰嚭曰：“古之侵伐者，不斩祀，不杀厉，不获二毛[5]。今斯师也，杀厉与？其不谓之杀厉之师与？”曰：“反尔地，归尔子，则谓之何？”曰：“君王讨敝邑之罪，又矜[6]而赦之，师与有无名乎？”

颜丁善居丧：始死，皇皇焉，如有求而弗得；及殡，望望焉，如有从而弗及；既葬，慨焉如不及其反而息。

子张问曰：“《书》云：‘高宗三年不言，言乃欢。’有诸？”仲尼曰：

译文

吴国入侵陈国，砍伐陈国祠社的树木，杀害有疾病的陈国人；然后又很快退兵出境，陈国的太宰嚭出使到吴军。吴王夫差对行人仪说：“此人能说会道，为什么不试问他一下？凡是出师伐人必有名义，众人称我们这次出师，会称什么名义呢？”太宰嚭说：“古代侵伐别人的军队，不砍伐祠社的树木，不杀害患病者，不俘获鬓发已斑白的人。如今你们的这些军队，杀害了患病的人了吧？那不就可以称为杀病人的军队了吧？”夫差又问：“如果归还你们的土地，又归还你们被俘的子女，那么又会怎么说呢？”太宰嚭回答道：“贵国的君王出师讨伐敝国的罪过，又同情敝国而赦免我们，难道还可以用师出无名来议论吗？”

鲁国的颜丁居丧时很得体：亲人刚死时，他彷徨不安的样子，就像祈求亲人能死而复生而又没有得到；到殡时，他再三瞻望的样子，就像要随从先人而又不能赶上；下葬后，他怅惘的样子，就像先人的灵魂来不及跟着他回家去，他就边走边停地等待着。

子张问孔子：“《书》上说：‘殷代高宗居丧，三年不说话，等到他除服后说话了，大家

“胡为其不然也？古者天子崩，王世子听于冢宰三年。”

都很高兴。’真有这回事吗？”仲尼说：“为什么不这样呢？古代天子去世，王太子就听从冢宰摄政三年（当然可以不对臣下说话了）。”

注释

1 **厉：**郑玄说，疫病。

2 **还(xuán)：**通“旋”，随即，立刻。

3 **竟：**同“境”。

4 洪迈等人认为，“大宰嚭”和下文的“行人仪”错简，应互换。译文仍依原文。

5 **二毛：**鬓发斑白，指老人。

6 **矜：**同情，怜悯。

原文

4.16 孔子过泰山侧，有妇人哭于墓者而哀。夫子式而听之。使子路[1]问之，曰：“子之哭也，壹似重有忧者。”而[2]曰：“然。昔者吾舅死于虎，吾夫又死焉，今吾子又死焉。”夫子曰：“何为不去也？”曰：“无苛政。”夫子曰：“小子识之：苛政猛于虎也！”

4.21 齐大饥，黔敖为食于路，以待饿者而食之。有饿者蒙袂辑屦[3]，贸贸然[4]来。黔敖左奉食，右执饮，曰：“嗟来食[5]！”

译文

孔子路过泰山脚下，有一个妇女在墓前哭得非常悲哀。夫子俯身扶轼，关心地听着。他又派子路去问她，说：“您这样啼哭，实在像连着有几件伤心事似的。”于是妇女说：“是啊。从前我的公公被老虎咬死，我的丈夫也被老虎咬死，如今我的儿子又死于虎口。”夫子说：“为什么不离开这儿呢？”妇人说：“这儿没有暴政。”夫子对学生说：“你们要好好记着：暴政比老虎还凶猛啊！”

齐国有严重饥荒，黔敖路边做饭，等候饥民来给他们吃。有一个饥民用袖子蒙着脸，困乏地拖着鞋，垂头丧气的走来。黔敖左手端着饭，右手拿着汤，说：“喂，过来吃吧！”这个饥民抬起眼看了一下黔敖，

扬其目而视之，曰："予唯不食嗟来之食以至于斯也！"从而谢焉，终不食而死。曾子闻之，曰："微[6]与！其嗟也可去，其谢也可食。"

说："我正因为不吃那怜悯施舍的饭食，才落到这地步！"黔敖听了后就向他道歉，但这饥民最终还是不愿意吃，后来就饿死了。曾子听到这事后说："这恐怕不对吧！那种嗟呼的叫声，可以让人不吃离去，但有那样的道歉，也就可以吃了。"

注释

1 **子路：**或作"子贡"。

2 **而：**乃，于是。

3 **辑屦(jù)：**拖着鞋子。辑，敛也。拖着不使脱落。屦，麻、葛等制成的单底鞋。

4 **贸贸然：**依陈澔说，垂头丧气之貌。郑玄认为，目不明之貌。

5 郑玄说，嗟来食，虽闵而呼食之，非敬辞也。

6 **微：**非，不是。

王制

导读

《王制》是《礼记》中的第5篇。《王制》篇名由篇首“王者之制禄爵”缩简而成。其著作年代与作者,历来有异说。《史记》载:“文帝时,使博士诸生作王制。”《公羊传》载:“西汉文、宣帝时。”研究认为以上两说比较可信。汉文帝为更新政教,命博士制作礼书,符合历史实际。有人认为是孔子遗书,或出自孟子后学,或成于秦汉之际。其实《王制》由汉文帝博士所作,与出于先秦孟子之后学,并不一定矛盾。因为汉文帝时期的诸子博士中,确实有《孟子》的博士。只是汉文帝博士所作《王制》,不一定是原创,也可能是从原来《礼记》中整理选录的旧作。

《王制》内容记载古代帝王治理天下的各种制度,包括班爵、禄田、任官、巡狩、朝聘、教学、养老、国用、丧祭、职方十事。有研究认为,这些天子之礼,加入了诸子时代的理想因素,未必能在当时实行。《王制》似乎与儒家政教结合较紧密。《王制》与《白虎通》多有相合之处,陈寅恪认为《白虎通》“三纲六纪”之说,与《王制》是一脉相承的。推而言之,不妨将《王制》视作是古代儒家的“理想国”蓝图。冯友兰认为《王制》所拟政治制度,一部分是汉初政治制度的反映,如天子建国、诸侯分封。对于秦汉以前的诸侯割据制度,则继承多于批判。

原文

5.1 王者之制禄爵:公、

译文

王者制定俸禄爵位的方法,分公、

侯、伯、子、男，凡五等。诸侯之上大夫卿、下大夫、上士、中士、下士，凡五等。

天子之田方千里，公、侯田方百里，伯七十里，子、男五十里。不能五十里者，不合于天子，附于诸侯，曰附庸[1]。天子之三公之田视公、侯，天子之卿视伯，天子之大夫视子、男，天子之元士[2]视附庸。

制：农田百亩。百亩之分[3]，上农[4]夫食[5]九人，其次食八人，其次食七人，其次食六人，下农[6]夫食五人。庶人在官者，其禄以是为差也。

诸侯之下士视上农夫，禄足以代其耕也。中士倍下士，上士倍中士，下大夫倍上士，卿四大夫禄，君十卿禄。次国之卿三大夫禄，君十卿禄。小国之卿倍大夫禄，君十卿禄。

侯、伯、子、男，共五等。诸侯的上大夫或卿、下大夫、上士、中士、下士，共五等。

天子的禄田方圆千里，公、侯的禄田方圆百里，伯的禄田方圆七十里，子、男的禄田方圆五十里。如果方圆不足五十里，就不直辖于天子，而附属于诸侯，称为“附庸”。天子的三公，他们的禄田比照公、侯，天子的卿就比照伯，天子的大夫就比照子、男，天子的元士就比照附庸。

颁禄规定：农田以一百亩为一单位。一百亩地供养人数的比率是，上等肥沃的农田可养活九人，二等的农田养活八人，三等的农田养活七人，四等的农田养活六人，五等贫瘠的农田养活五人。凡是在官府做事的平民，他们的俸禄依据这种情况来区分等差。

大国诸侯的下士俸禄比照上等田能供养九人的情况，足以能弥补他因服公务不能耕种的损失。中士的俸禄是下士的一倍，上士的俸禄又是中士的一倍，下大夫又是上士的一倍，卿的俸禄是大夫的四倍，国君的俸禄是卿的十倍。中等国家的卿的俸禄是大夫的三倍，国君的俸禄是卿的十倍。小国的卿的俸禄是大夫的一倍，国君的俸禄是卿的十倍。

中等国家的上卿，他的卿位相当于大国的中卿，中卿相当于大国的下卿，下卿相当于大国的上大夫。小国的上卿，他的卿位

次国之上卿，位当大国之中，中当其下，下当其上大夫。小国之上卿，位当大国之下卿，中当其上大夫，下当其下大夫。其有中士、下士者，数[7]各居其上之三分。

相当于大国的下卿，中卿就相当于大国的上大夫，下卿就相当于大国的下大夫。（至于士的职位，）中等国家、小国的中士、下士，他们只相当于上一等国家的第三位士的职位（比如中等国家的中士相当于大国的下士，小国的中士相当于中等国家的下士）。

注释

1 **附庸**：郑玄说，小城曰附庸；附庸者，以国事附于大国，未能以其名通也。

2 **元士**：上士。称“元”，是为了区别于诸侯之士。

3 **分**：比率。

4 **上农**：指肥饶的农田。

5 **食**(sì)：养活，供养。

6 **下农**：指贫瘠的农田。

7 **数**：礼数。引申为等差，等级。

原文

5.2 凡四海之内九州，州方千里，州建百里之国三十，七十里之国六十，五十里之国百有二十，凡二百一十国。名山大泽不以封，其余以为附庸闲田[1]。八州，州二百一十国。天子之县[2]内，方百里之国九，七十里之国二十有

译文

四海之内共有九州，每州方圆千里，每州内建方圆百里的国家三十个，方圆七十里的国家六十个，方圆五十里的国家一百二十个，共有二百一十个国家。名山大川不分封给诸侯，其余的土地可以作为诸侯的附庸，或用作供给没有封地的士人俸禄的闲田。这样的州有八州，每州有二百一十个国家。另一州是天子的畿内，其中方圆百里的国家有九个，方圆七十里的国家有二十一个，方圆五十里的国家有六十三个，共有九十三

一，五十里之国六十有三，凡九十三国。名山大泽不以朌[3]，其余以禄士以为闲田。凡九州，千七百七十三国，天子之元士、诸侯之附庸不与。

个国家。名山大川也不分封给公卿大夫，其余的土地就用作供给没有封地的士人俸禄的闲田。九州共计为一千七百七十三个国家，天子的元士、诸侯的附庸不算在内。

注释

1 **闲田：**古代君王于分封后所剩余的田地。

2 **县：**指王畿，天子所居之地。

3 **朌**（bān）**：**分给，颁赐。

原文

5.3 天子百里之内以共官[1]，千里之内以为御[2]。千里之外设方伯，五国以为属，属有长；十国以为连，连有帅；三十国以为卒，卒有正；二百一十国以为州，州有伯。八州，八伯，五十六正，百六十八帅，三百三十六长。八伯各以其属，属于天子之老[3]二人，分天下以为左右，曰二伯[4]。千里之内曰"甸"；千里之外曰"采"，曰"流"。

天子三公、九卿、

译文

天子用百里之内的田赋收入供给没有采地的官员俸禄，用千里之内的田赋收入作自己日常生活费用。在王畿千里之外，设方伯，五国为一"属"，属有"属长"；十国作为一"连"，连有"连帅"；三十国作为一"卒"，卒有"卒正"；二百一十个国作为一"州"，州有"方伯"。八州，共有八个方伯，五十六个卒正，一百六十八个连帅，三百三十六个属长。八个方伯各自统辖自己的属下，直属于天子之老二人，分天下为左右两部分，这两人便是左右二伯。千里以内供给天子日常生活费用的地方称"甸"；千里以外，近的地方称为"采"，远的地方称为"流"。

天子以下有三公、九卿、二十七大夫、八十一元士。大国有三卿，都由天子直接任命；下大夫五人，上士二十七人。中等国二十七大夫、八十一元士。大国三卿，皆命于天子；下大夫五人，上士二十七人。次国三卿，二卿命于天子，一卿命于其君；下大夫五人，上士二十七人。小国二卿[5]，皆命于其君；下大夫五人，上士二十七人。

天子使其大夫为三监，监于方伯之国，国三人。天子之县内诸侯，禄也；外诸侯，嗣也。

制：三公一命卷[6]，若有加，则赐也，不过九命。次国之君不过七命。小国之君不过五命。大国之卿不过三命，下卿再命。小国之卿与下大夫一命。

家也有三卿，二卿由天子直接任命，一卿由国君任命；下大夫五人，上士二十七人。小国有二卿，都由国君任命；下大夫五人，上士二十七人。

天子派自己的大夫作为三监，在各方伯的国内加以监察，每一国有三个人。天子王畿内的诸侯，由封地供给俸禄；王畿以外诸侯的封地，（不仅供给俸禄，）而且子孙可以世代承继。

命服的规定：三公，属最高一级命服，是衮衣，如果还有再高的，就只能算是赐服（不属命服）。大国的国君的命服虽可再加，但不能超过九命。中等国家的国君，不超过七命。小国的国君，不超过五命。大国的卿，不超过三命，下卿不超过二命。小国的卿和下大夫都只有一命。

注释

1 **共官：**此依孙希旦说，以共（供）百官无采地者之禄。郑玄说，谓此地之田税所给也；官，其文书财用也。

2 **御：**与帝王相关的。此指帝王的日常生活费用。

3 **老：**古时公卿大夫的尊称。

4 自陕以东，周公主之；自陕以西，召公主之；分主天下之侯国。八伯为八州之伯，二伯为天下之伯。

5 郑玄以为，小国亦三卿，一卿命于天子，二卿命于其君，此文似误脱耳。

6 **卷**（gǔn）**：**通“衮”。古代帝王或三公穿的绣有龙纹的礼服。

原文

5.4 凡官民材[1]，必先论之。论辨，然后使之。任事，然后爵之。位定，然后禄之。爵人于朝，与士共之。刑人于市，与众弃之。是故公家不畜刑人，大夫弗养，士遇之涂弗与言也。屏之四方，唯其所之，不及以政，亦弗(故)〔欲〕[2]生也。

5.5 诸侯之于天子也，比年[3]一小聘[4]，三年一大聘[5]，五年一朝[6]。

5.6 天子五年一巡守。岁二月东巡守，至于岱宗，柴而望祀山川。觐诸侯，问百年者就见之。命大师陈诗，以观民风。命市纳贾[7]，以观民之所好恶、志淫好辟。命典礼，考时月，定日，同律、礼乐、制度、衣服，正之。山川神祇有不举者为不敬，不敬者君削以地。宗庙有不顺者为不孝，不孝者君绌[8]以爵。变礼易乐

译文

凡是选用庶民中的人才做官，必须先考评他的才德情况。评定以后，然后让他担任一些事务来测试。担任过一些事务后，然后给他授予品位。品位确定后，然后再供给俸禄。评定品位要在朝廷和士人前公开举行。判决罪行要在集市，和众人一起鄙弃他。因此公家不收容犯罪的人，大夫不养育犯罪的人，士在路上遇见犯罪的人也不和他说话。要把犯罪的人驱逐出境，不论他到什么地方，都不能给权利，表示不再想让他活在世上。

诸侯对待天子，每年一次小聘问，每三年一次大聘问，每五年一次朝见天子。

天子每五年有一次巡守。这一年在二月向东巡守到泰山，燔柴祭祀上帝，又遥望名山大川行祭。接见诸侯国国君，并慰问高寿者，去他的住处看望。又命大师陈列所采集的当地民歌民谣，用来观察民众的风俗。命令管理集市的官员报告当地的物价，用来观察民众的所好所恶、志趣是否奢华邪僻。命令典礼的官员校订当地的季节、月份、每天的时辰，统一律法，使礼乐、文物制度、衣服样式都合标准。有不举行山川神祇礼拜的，就属不敬；有不敬的，就要削夺那一国君的封地。宗庙祭祀，如果使昭穆次序紊乱或失去祭祀之时，就属不孝；有

者为不从，不从者君流。革制度衣服者为畔[9]，畔者君讨。有功德于民者，加地进律[10]。五月南巡守，至于南岳，如东巡守之礼。八月西巡守，至于西岳，如南巡守之礼。十有一月北巡守，至于北岳，如西巡守之礼。归假于祖祢[11]，用特。

不孝的，就要使国君的爵位降级。改变礼仪和音乐，就属不服从；有不服从的，就要放逐那个国君。变革制度、服饰，就属叛逆；有叛逆的，要讨伐那个国君。如果有功德施予民众的，就加封土地，加赐田禄。这一年的五月，向南巡守，到达南岳，就像向东巡守的礼仪一样。八月向西巡守，到达西岳，就像向南巡守的礼仪一样。十一月向北巡守，到达北岳，就像向西巡守的礼仪一样。巡守完回到京师，要用特选的一头牛告祭父祖之庙。

注释

1 **官民材：**指庶民之材者，出于乡学而官之者也。

2 王念孙说，“故”当为“欲”字。

3 **比年：**每年。

4 **小聘：**由大夫出使聘问。聘，问候。通问致意。

5 **大聘：**由卿出使聘问。

6 **朝：**由国君亲自朝见天子。

7 **贾**(jià)**：**今作“价”，价值，价格。

8 **绌**(chù)**：**通“黜”。降级。

9 **畔：**通“叛”。背叛，叛逆。

10 **律：**从王梦鸥说，为“禄”。因“律”“禄”声近而误。

11 **假**(gé)**：**至，到。**祢**(nǐ)**：**已死父在宗庙中立主之称；生称父，死称考，入庙称祢。

原文

5.7 天子将出，类[1]乎上帝，宜[2]乎社，造[3]乎祢。诸侯将出，宜乎社，造乎祢。

译文

天子将要出巡，要告祭天帝，告祭地神，告祭宗庙。诸侯将要出行，要告祭地神，告祭宗庙。

天子无事，与诸侯相见，曰朝。考礼、正刑、一德，以尊于天子。天子赐诸侯乐[4]，则以柷[5]将之；赐伯、子、男乐，则以鼗[6]将之。诸侯，赐弓矢然后征，赐铁钺[7]然后杀，赐圭瓒[8]然后为鬯[9]。未赐圭瓒则资[10]鬯于天子。天子命之教，然后为学。小学在公宫南之左，大学在郊。天子曰辟雍，诸侯曰頖[11]宫。

天子将出征，类乎上帝，宜乎社，造乎祢，禡[12]于所征之地。受命于祖，受成于学。出征执有罪，反，释奠[13]于学，以讯[14]馘[15]告。

天子在没有祭祀和战争的时候和诸侯相见，称为“朝”。彼此考论礼仪，正定刑法，专一道德，以尊崇天子。天子赏赐诸侯整套的乐器，先拿柷作代表物赠送；赏赐伯、子、男，就先拿鼗作代表物赠送。诸侯在得到天子赏赐的弓矢后，才可以征伐叛逆；在得到天子赏赐的铁钺后，才可以用诛杀的刑罚；在得到天子赏赐的玉爵后，才可以自己酿造秬鬯的酒。如没有得到天子赏赐的玉爵，诸侯要用鬯酒，就得从天子那儿取来。天子命令诸侯施行教化，然后各诸侯国才可以设立学校。小学在国君宫室南方的左边，大学在郊外。天子设立的大学，称为辟雍；诸侯设立的，称为頖宫。

天子将出发征讨，要告祭天帝，告祭地神，告祭宗庙，到达征讨的地方要举行禡祭。出发征讨前还要在祖庙中祷告受命，在大学里决定战争谋略。出征后抓获有罪的人，回来后要在大学里进行祭祀先师的释奠礼，并报告抓获俘虏的情况。

注释

1 **类**：通“禷(lèi)”，祭天。

2 **宜**：谓适宜的事，引申为用事，即祭。

3 **造**：祭名，祭于祖也。

4 **乐**：乐悬，指整套的礼器。

5 **柷**(zhú)：古击乐器，将奏乐时，先击之。

6 **鼗**(táo)：小鼓，摇之以止乐，状如今日之拨浪鼓。

7 **钛钺**(fǔ yuè):又作“斧钺”,古代行刑用的斧子。
8 **圭瓒**(zàn):玉爵。
9 **鬯**(chàng):黑黍酿造的香酒。
10 **资**:供给。
11 **頖**(pàn):同“泮”。
12 **祃**(mà):古代军中祭名。出兵前祭祀,为战争祈祷。
13 **释奠**:郑玄说,设荐馔而酌奠,不迎尸也。
14 **讯**:指抓获后要讯问的俘虏。
15 **馘**(guó):杀死俘虏后,割取左耳。

原文

5.8 天子、诸侯无事,则岁三田。一为干豆[1],二为宾客,三为充君之庖[2]。无事而不田,曰不敬。田不以礼,曰暴[3]天物。天子不合围,诸侯不掩群。天子杀则下大绥[4],诸侯杀则下小绥,大夫杀则止佐车[5],佐车止则百姓田猎。獭祭鱼[6],然后虞人入泽梁。豺祭兽,然后田猎。鸠化为鹰,然后设罻罗[7]。草木零落,然后入山林。昆虫未蛰,不以火田。不麛,不卵,不杀胎,不殀[8]夭[9],

译文

天子、诸侯在没有祭祀和战争时就每年打猎三次。首先将猎物制成干肉,盛放豆中祭祀用,其次用来请宾客,再次是供日常食用。没有祭祀和战争时不打猎,就称为不敬。打猎时不依从礼仪,就称为暴殄天物。天子打猎不四面包围,(捕尽杀绝;)诸侯打猎不可成群捕杀。天子射杀野兽后,要放下指挥用的大旗;诸侯射杀野兽后,要放下指挥用的小旗;大夫射杀野兽后,要让协助捕猎的佐车停下来;佐车停下来后,百姓再进行打猎。正月獭祭鱼以后,掌管山泽的官员就可以进入沼泽河流中设置器具捕鱼。九月豺祭兽以后,就可以打猎。八月鸠化为鹰以后,就可以张设罗网捕鸟。九月草木零落以后,就可以进山林去砍伐树木。昆虫还没有蛰伏时,不能焚草肥田。打猎时不能捕杀幼兽,不取鸟卵,不杀刚怀胎的母兽,不杀刚出生不覆巢。

的禽兽，不倾覆巢穴。

注释

1 **豆**：古代盛肉器皿。
2 **庖**：厨房，此指日常食用。
3 **暴**：虐害。
4 **大绥**：天子田猎所建之旌旗，用以指挥。
5 **佐车**：指打猎时协助驱赶野兽的车。
6 以下多用《月令》中文句，参见该篇注释。
7 **尉(wèi)罗**：捕鸟的网。
8 **夭(yāo)**：断杀，杀死。
9 **夭(ǎo)**：初生的禽兽。

原文

5.9 冢宰[1]制国用，必于岁之杪。五谷皆入，然后制国用。用地小大，视年之丰耗。以三十年之通制国用[2]，量入以为出[3]。祭用数之仂[4]。丧三年不祭，唯祭天地社稷为越绋[5]而行事。丧用三年之仂。丧祭，用不足曰暴，有余曰浩。祭，丰年不奢，凶年不俭。国无九年之蓄，曰不足；无六年之蓄，曰急；无三年之蓄，曰国非

译文

冢宰制定国家的财用预算，必定在年终时。要在五谷等收获后，才能制定国家明年的财用预算。制定时要依据国土的大小，视年成的好坏，再用三十年的平均数作为参考来预算国家的财用，要量入为出。一年中祭祀的费用，应是三十年平均数的十分之一。遇到父母去世三年的祭祀，虽然不亲自去赴祭，但祭祀天地和社稷之神，不为丧祭所拘限，还是要举行。丧葬费用，应是三年平均数的十分之一。丧葬、祭祀，费用不够称为“暴”，有余就称为“浩”。祭祀时，丰年不可以奢侈，荒年不可以苟简。国家的财用，如果没有九年的积蓄，就称为不充裕；如果没有六年的积蓄，就称为窘急；如果没有三

其国也。三年耕，必有一年之食；九年耕，必有三年之食。以三十年之通，虽有凶旱水溢，民无菜色[6]，然后天子食，日举[7]以乐。

年的积蓄，就可以说这样的国家已不成其为国了。耕种三年，必能确保一年的食用；耕种九年，必能确保三年的食用。用三十年的平均数来调剂盈亏而分配预算，那么即使遇有饥荒和水旱灾，民众不致挨饿、出现饥民的脸色；如此，天子的饮食就可以每天杀牲盛馔，并且进餐时可演奏音乐。

注释

1 **冢宰：**或称太宰，总理国事。

2 这是指预度三十年之所入，以岁之丰凶通融相较，而酌用其中数（平均数），制定国家财用计划。

3 **量入以为出：**量每年所入之中数，以定所出之数，而常留其中的四分之一，那末三十年中可留有十年之蓄，而无患不足。

4 **仂（lè）：**十取一为仂。

5 **越绋（fú）：**指不为丧事所限制。越，逾越。绋，拉棺车的绳子。

6 **菜色：**食菜之色，指饥民的脸色。

7 **举：**谓杀牲盛馔而食。

原文

5.10 天子七日而殡，七月而葬。诸侯五日而殡，五月而葬。大夫、士、庶人三日而殡，三月而葬。三年之丧，自天子达。庶人县封[1]，葬不为雨止，不封不树。丧不

译文

天子死后七天，开始移棺至殡宫，七个月后下葬。诸侯死后五天，开始移棺至殡宫，五个月后下葬。大夫、士、庶人死后三天，开始移棺至殡宫，三个月后下葬。三年的丧期，上自天子下达庶人（，都是一样的）。庶人悬棺下葬，葬时不能因为下雨而停止，不堆土筑坟头，不种上树。居丧时不做守孝外的事，上自天子下达庶人（，都是一样的）。办丧事，要依

贰事，自天子达于庶人。丧从死者，祭从生者。支子不祭。

5.11 天子七庙：三昭三穆[2]，与大祖之庙而七。诸侯五庙：二昭二穆，与大祖之庙而五。大夫三庙：一昭一穆，与大祖之庙而三。士一庙。庶人祭于寝。

从死者的身份地位来进行；行祭祀，要依从主持祭祀人的身份地位来进行。不是嫡系的子孙，不能主持祭祀。

天子有七座宗庙：三座昭庙，三座穆庙，加上太祖的庙共七座。诸侯有五座宗庙：二座昭庙，二座穆庙，加上太祖的庙共五座。大夫有三座宗庙：一座昭庙，一座穆庙，加上太祖的庙共三座。士只有一座宗庙。庶人没有宗庙，就在嫡子起居之处祭祀。

注释

1 **县(xuán)封**：谓不筑墓道，将棺材直接吊入墓穴埋葬。县，同“悬”。

2 **昭、穆**：此指宗庙次序，始祖庙居中，以下父子（祖、父）递为昭穆，左为昭，右为穆。

原文

5.12 天子诸侯宗庙之祭，春曰礿，夏曰禘，秋曰尝，冬曰烝。

天子祭天地，诸侯祭社稷，大夫祭五祀[1]。

天子祭天下名山大川，五岳视[2]三公，四渎[3]视诸侯。诸侯祭名山大川之在其地者。天子、诸侯祭因国之在其地而无主后者。

天子犆[4]礿，祫[5]禘、

译文

天子诸侯的宗庙祭祀，春祭称为礿，夏祭称为禘，秋祭称为尝，冬祭称为烝。

天子祭祀天地，诸侯祭祀社稷，大夫祭祀五祀。

天子祭祀天下的名山大川，祭五岳就比照为三公宴飨时行九献，祭四渎就比照为诸侯宴飨时行七献。诸侯可以祭祀在他国境内的名山大川。天子、诸侯还要祭祀自己境内已经灭亡而又没有子孙继承的古国祖先。

天子的礿祭是单独的祭祀，其余的禘祭、尝祭、烝祭都是合祭。诸侯进行了礿祭

祫尝、祫烝。诸侯礿则不禘，禘则不尝，尝则不烝，烝则不礿。诸侯礿犆，禘一犆一祫，尝祫，烝祫。

就不再行禘祭，行过禘祭就不再行尝祭，行过尝祭就不再行烝祭，行过烝祭就不再行礿祭。诸侯的礿祭是单独的祭祀，禘祭是一年独祭而一年合祭，尝祭是合祭，烝祭也是合祭。

注释

1 **五祀：**金木水火土五行之神。

2 **视：**孙希旦说，视，谓用其献数，及其俎、簋、笾、豆之数也；上公九献，侯伯七献。

3 **四渎**(dú)**：**江、河、淮、济为四渎。

4 **犆**(tè)**：**同“特”。此指单独祭一庙，或祖或祢。

5 **祫**(xiá)**：**古代天子诸侯宗庙祭礼之一。集合远近祖先的神主于太祖庙大合祭。

原文

5.13 天子社稷皆大牢。诸侯社稷皆少牢。大夫、士宗庙之祭，有田则祭，无田则荐。庶人春荐韭，夏荐麦，秋荐黍，冬荐稻；韭以卵，麦以鱼，黍以豚，稻以雁。祭天地之牛角茧栗[1]，宗庙之牛角握，宾客之牛角尺。诸侯无故不杀牛，大夫无故不杀羊，士无故不杀犬豕，庶人无故不食珍。

译文

天子祭祀社稷之神都用牛羊猪三牲太牢。诸侯祭祀社稷之神都用羊猪少牢。大夫、士人的宗庙祭祀，有田地的就祭宗庙，无田地的就行荐礼。庶人行荐礼，春天荐献韭，夏天荐献麦，秋天荐献黍，冬天荐献稻；荐献韭时就配上蛋，荐献麦时就配上鱼，荐献黍时就配上小猪，荐献稻时就配上雁。祭祀天地用的牛，要用刚长出牛角的；祭祀宗庙用的牛，要用牛角才长到一握的；宴飨宾客用的牛，就可用牛角是一尺的。诸侯不是大祭飨就不宰杀牛，大夫不是祭飨就不杀羊，士人不是祭飨就不杀犬豕，庶人不是荐礼就不吃珍美的食物。平日的食物不要超过祭祀的牲牢。平日的衣服不要超过庶羞不逾牲。燕衣不逾祭服。寝不逾庙。

5.14 古者公田借[2]而不税，市廛[3]而不税，关讥[4]而不征，林麓川泽以时入而不禁。夫圭田[5]无征。用民之力，岁不过三日。田里不粥[6]，墓地不请。

祭服。平日起居的地方不要超过宗庙的殿堂。

古代借民力去助耕公田，就不取他们私田的税；集市的贸易场所，（只收贸易场所的租税，）不收贸易所得税；各处关口只是稽查出入往来的人员，不收关税；丛林山麓、江河湖泊地区，只要按时进入砍伐、捕鱼，也不禁止。自卿至士用来供祭祀用的圭田，也不收税。国家使用民众的劳力一年不超过三天。公家分给的田地房屋不准私自买卖，不得申请购置墓葬区之外的地方作为墓地。

注释

1 **茧栗：**孙希旦说，此谓牛角初出，若蚕茧、栗实然。

2 **借：**借助，借用。

3 **廛(chán)：**市场中卖物、储物的房舍或地方。

4 **讥：**查问，稽查。

5 **圭田：**古代卿大夫士供祭祀用的田地。

6 **粥：**通“鬻”，卖。

原文

5.15 司空执度度地，居民山川沮泽[1]，时四时，量地远近，兴事任力。凡使民，任老者之事，食壮者之食。

凡居民材，必因天地寒暖燥湿。广谷

译文

司空执掌测量土地，安置民众到山野河川沼泽等适宜居住的地方，测定各地四季不同的气候，量度距离远近，兴起劳役，任用民力（，营建城郭宫室来居住）。凡是使用民力，（即使是少壮的，）也只给老年人所能胜任的事，但是饮食供应仍按少壮人的标准。

凡是安置民众居处的，必须根据民众的材质，必须依据天气的寒暖、地势的燥湿。宽广

大川异制，民生其间者异俗，刚柔、轻重、迟速异齐，五味异和，器械异制，衣服异宜。修其教，不易其俗；齐其政，不易其宜。

的谷地和大河流具有不同的地理情况，民众生活在其间就有不同的习俗：刚柔、轻重、迟速的性情各有不同，口味会不同，器具形制不同，衣服也不同。应该修治他们的教化，而不去改变他们的习俗；应该整治礼乐刑政，而不去改变他们生计的便利。

中国戎夷五方之民，皆有性也，不可推移。东方曰夷，被发文身，有不火食者矣。南方曰蛮，雕题[2]交趾，有不火食者矣。西方曰戎，被发衣皮，有不粒食者矣。北方曰狄，衣羽毛穴居，有不粒食者矣。中国、夷、蛮、戎、狄，皆有安居、和味、宜服、利用、备器。

中原和戎夷等边远地区的五方民众，都各有不同的习性，不可互换。东方的边远民族称为夷，他们披发文身，还有不用火烧熟吃的。南方的边远民族称为蛮，他们额上刻花纹，两脚趾相向着行走，也有不用火烧熟吃的。西方的边远民族称为戎，他们披发穿兽皮，有不吃五谷的。北方的边远民族称为狄，他们用羽毛做衣服，住在洞穴里，也有不吃五谷的。中原、夷、蛮、戎、狄，都有安逸的住处、可口的调味、适宜的服饰、便利的生活、齐备的器具。

五方之民，言语不通，嗜欲不同。达其志，通其欲；东方曰寄，南方曰象，西方曰狄鞮，北方曰译。

五方的民众，言语不通，嗜欲不同。（这就由翻译的人，）传达他们的志趣，沟通他们的想法；在东方就称这种翻译的人为“寄”，南方称为“象”，西方称为“狄鞮”，北方称为“译”。

凡居民，量地以制邑，度地以居民；地邑民居，必参相得也。无旷土，无游民，食节事

凡是安置民众，先要测量地形地势来决定城邑的建造，度量土地的面积来决定安置民众的数量；地形地势、城邑大小、民众的多少，三者必须要互相配合适宜。要能够没有荒废的土地，没有游荡懒散的人，饮食有节

时，民咸安其居，乐事劝功，尊君亲上，然后兴学。

制，做事依据农时，民众都认为自己的住处很安逸，喜爱工作，勤勉立业，尊重国君，爱戴上司，如此就可兴办学校。

注释

1 **居：**安置。**沮：**湿润。

2 **题：**额头。

原文

5.16 司徒修六礼以节民性，明七教以兴民德，齐八政以防淫，一道德以同俗，养耆老以致孝，恤孤独以逮不足，上贤以崇德，简[1]不肖以绌恶。

命乡简不帅[2]教者以告。耆老皆朝于庠，元日习射上功，习乡上齿，大司徒帅国之俊士与执事焉。不变，命国之右乡简不帅教者移之左[3]，命国之左乡简不帅教者移之右，如初礼。不变，移之郊[4]，如初礼。不变，移之遂[5]，如初礼。不变，屏之远方[6]，终

译文

司徒修习六礼来节制民众的性情，明辨七教来提高民众的道德，整治八政来防止制度的混乱，统一行为规范来共同营造良好的风俗，供养老人来促进民众的孝心，救济孤独残疾的人来顾及那些有缺陷的弱者，尊重贤能的人来推崇德行，选出淘汰邪恶的人来贬斥邪恶。

命令乡老、乡大夫选出不服从教导的人报告给司徒。又要选一个好日子，乡里的老人都到乡里的学校来集会，学习射礼，射箭以成绩为重；学习乡饮酒礼，就以年龄辈分为重；大司徒要率领国内才能优秀的俊士来参与这种活动，并担任执事人员。如果那些不服从教导的人仍旧没有改变，就命令国的右乡选出这些人迁移到左乡，而命令国的左乡选出这些人迁移到右乡，（希望换了新环境，能有所改变，）并且行的也是最初的习射、习乡饮酒的礼。如果还是没有改变，就将这些人迁移到乡外的“郊”去，行礼仍像初次一样。如果又没有改变，

身不齿[7]。

命乡论秀士，升之司徒，曰选士；司徒论选士之秀者，而升之学，曰俊士。升于司徒者不征于乡，升于学者不征于司徒，曰造士。

乐正崇四术，立四教，顺先王《诗》《书》《礼》《乐》以造士。春秋教以《礼》《乐》，冬夏教以《诗》《书》。王大子、王子、群后[8]之大子、〔公〕[9]卿大夫、元士之適子，国之俊选，皆造焉。

凡入学以齿。将出学，小胥[10]、大胥[11]、小乐正[12]简不帅教者以告于大乐正，大乐正以告于王。王命三公、九卿、大夫、元士皆入学。不变，王亲视学。不变，王三日不举，屏之远方，西方曰棘，东方曰寄；终身不齿。

就再将这些人迁移到更远的"遂"去，行礼也像初次那样。如果仍没有改变，就将这些人驱赶到远方，终身不被录用。

命乡老、乡大夫考论才德出众的人，推荐给司徒，这些人就称为"选士"；司徒再考论选士中的优秀者，并推荐到国学，就称为"俊士"。推荐到司徒那儿的选士，就可以免去乡里的服役；推荐到国学里去的俊士，就可以免去国内的服役；选士和俊士也称为"造士"。

国学里的总教官要提倡诗、书、礼、乐四术，设立这四门课程，是为了遵从先王流传下的典籍《诗》《书》《礼》《乐》来造就人才。春秋二季就教《礼》《乐》，冬夏二季就教《诗》《书》。王太子、王子、诸侯们的太子、公卿大夫和元士的嫡子、国内的俊士和选士，都送到国学里来学习。

凡是进入国学的，就以年龄长幼为序（，不以身份地位高低为序）。将要结束学业时，小胥、大胥、小乐正要选出那些不服从教导的人向大乐正汇报，由大乐正再向君王汇报。于是君王命令三公、九卿、大夫、元士都到学校去，重新习礼去感化这些人。如果他们没有改变，君王就亲自去国学视察。如果他们还是没有改变，君王就三天内进餐时不奏乐，并将这些人驱赶到远方，去西方的就称为"棘"，去东方的就称为"寄"；他们终身将不被录用。

注释

1 **简**:选择。

2 **帅**:遵循。

3 王有六乡,国之左右各有三乡。

4 **郊**:乡界之外。

5 **遂**:远郊之外。

6 **远方**:郑玄说,九州之外。

7 **齿**:收录,录用。

8 **群后**:诸侯。

9 王念孙说,"卿"上当有"公"字。

10 **小胥**:掌学士之征令。

11 **大胥**:掌学士之版。

12 **小乐正**:大乐正的副手。

原文

5.17 大乐正论造士之秀者以告于王,而升诸司马,曰进士。司马辨论官材。论进士之贤者以告于王而定其论,论定,然后官之;任官,然后爵之;位定,然后禄之。

大夫废其事,终身不仕,死以士礼葬之。

有发[1],则命大司徒教士以车甲。

凡执技,论力,适四

译文

大乐正考论造士中的优秀者向君王汇报,并推荐到司马那儿,这样的人就称为"进士"。司马要考辨观察他们才能的高下,可以担任什么官职。要考论进士中的贤能者向君王汇报,并且作出决定;在最终决定后,就授予官职;授予官职后,就可以确定爵位;爵位确定后,就可以发给俸禄。

大夫因不胜任而被免官后,终身不再做官的,死后就依照士人的礼仪来下葬。

遇有作战出兵时,君王就命令大司徒用兵车、盔甲等军事知识来教习国学里的士子。

(至于造士以外的人才,)凡是凭借技

方，裸股肱，决射御。凡执技以事上者，祝、史、射、御、医、卜及百工。凡执技以事上者，不贰事，不移官[2]，出乡不与士齿。仕于家者，出乡不与士齿。

艺谋生的人，只看他的勇力怎样(，不论他的德行如何)。如有什么事，就派他们到四方去，并要裸露上身，用射箭驾车的技术来决定他们的能力。凡是凭借技能来侍奉主人的，有祝、史、射、御、医、卜和各种工匠。凡是这些凭借技能来侍奉主人的人，不能兼作其他的职业，也不能改换行业，离开本乡到其他地方去，否则就不能和士人论年辈。在大夫家里做家臣的人，离开本乡后也不能和士人论年辈。

注释

1 **有发**：有战事而出兵。

2 **官**：职业，行业。

原文

5.18 司寇正刑明辟[1]，以听[2]狱讼。必三刺[3]。有旨无简[4]，不听。附从轻，赦从重。

凡制五刑，必即天论[5]；邮罚丽于事[6]。

凡听五刑之讼，必原父子之亲，立君臣之义，以权之；意论轻重之序，慎测浅深之量，以别之；悉其聪明，致其忠爱，以尽之。疑狱，泛与众共之；众疑，赦

译文

司寇正定刑书，明断罪法，受理诉讼。要处死罪犯必须实行三级审讯制度。如果有犯罪意图动机，但没有实际的犯罪行为，就不论罪。非主谋而附从他人犯罪的，就从轻处理；曾被宽赦而又罪犯的，从重处理。

凡是制定轻重五等的刑罚，必须要考虑到天伦关系；责罚判罪必须要依附于事实。

凡是审理五等罪刑的案件，必须要体谅父子间的亲情关系，确立君臣间的道义，来进行权衡；要思量案件的情节轻重，慎重地推测罪行浅深的分量，以区别对待；要尽自己的聪明才智，奉献自己的忠君爱民之心，以尽心竭力办案。如果是疑难案件，可以公开与民众

之。**必察小大之比以成之。**

成狱辞，史以狱成告于正[7]，正听之。正以狱成告于大司寇，大司寇听之棘木[8]之下。大司寇以狱之成告于王，王命三公参听之。三公以狱之成告于王，王三又[9]，然后制刑。凡作刑罚，轻无赦。刑者，侀[10]也；侀者，成也，一成而不可变。故君子尽心焉。

商讨；如果民众有疑惑，（不能裁决的，）就可以赦免被告。必须要详察罪行的轻重，比照律文的规定来定罪。

案件判决辞已定，"史"要把判决情况向"正"汇报，由"正"再审理案件。"正"再将判决辞向大司寇汇报，大司寇把罪案提到自己的公堂上再亲自审理。大司寇要将判决辞向君王汇报，君王命三公参与审理。三公要将判决辞向君王汇报，君王三次提出宽宥罪犯，然后裁定刑罚。凡是已裁定刑罚，即使罪刑很轻，也需执行而不赦免。刑，就是侀；侀，就是成，一经成为事实就不可再改变了。（罪刑一经裁决也就不可改变了，）所以君子在这方面要尽心审理。

注释

1 **明辟**：孔疏说，明断罪法。辟，罪。

2 **听**：审理。

3 **三刺**：孔疏说，刺，杀也，谓欲杀犯罪之人，三问之也。

4 **简**：诚也。即指诚实之状。

5 郑玄说，"必即天论"当作"必则天伦"。

6 **邮**：通"尤"，过失。**罚**：责。**丽**：附着，依附。

7 **史**：掌文书的司寇吏。**正**：掌狱讼的官员。

8 **棘木**：外朝之卿位也。因种有棘木而称。

9 **又**：通"宥"。宽宥。

10 **侀**(xíng)：同"型"。本指铸器的模型，引申为定型，完成。

原文

析言破律，乱名改作，执左道[1]以乱政，杀。作淫声、异服、奇技、奇器以疑众，杀。行伪而坚、言伪而辩[2]、学非而博、顺非而泽[3]以疑众，杀。假于鬼神、时日、卜筮以疑众，杀。此四诛者，不以听。凡执禁以齐众，不赦过。

有圭璧(金)〔宗〕[4]璋，不粥于市。命服命车，不粥于市。宗庙之器，不粥于市。牺牲，不粥于市。戎器，不粥于市。用器不中度，不粥于市。兵车不中度，不粥于市。布帛精粗不中数[5]，幅广狭不中量，不粥于市。奸色[6]乱正色，不粥于市。锦文珠玉成器，不粥于市。衣服饮食，不粥于市。五谷不时，果实未孰，不粥于市。木不中伐，不粥于市。禽兽鱼鳖不中杀，

译文

凡是剖析文句，曲解法律，变乱名称，更改制度，挟异端邪道来惑乱政事的，要杀。凡是创作淫靡之音，穿戴奇异服饰，作奇技，用奇器来惑乱民心的，要杀。凡是行为诡伪而又坚持不改，言语诈伪却又显得有条有理，学非正道却见闻甚广，顺从差错却善用文饰来惑乱民心的，要杀。借鬼神、时日、卜筮来惑乱民心的，要杀。这四种人是该杀的人，不需再审理。凡是执行禁令，目的是统一民心，如有过失不能赦免。

凡是圭璧琮璋等尊贵物品，不准在市场上出售。命服、命车，不准在市场上出售。宗庙祭器，不准在市场上出售。牺牲，不准在市场上出售。兵器，不准在市场上出售。用器不合规格的，不准在市场上出售。兵车不合规格的，不准在市场上出售。布帛精粗不合规定的升数，幅度广狭不合规定的尺寸，不准在市场上出售。布帛不是正色而去扰乱正色的，不准在市场上出售。锦文、珠玉等华丽器物，不准在市场上出售。衣服、食品，不准在市场上出售。还未到时的五谷，还未成熟的水果，不准在市场上出售。还未成材就被砍伐的树木，不准在市场上出售。禽兽鱼鳖未长大被捕杀的，不准在市场上出售。关口上执

不粥于市。关执禁以讥，禁异服，识异言。

行禁令加以稽察，禁止穿奇装异服，并辨识不同的言语（以防奸伪）。

注释

1 **左道：**邪道，邪术。

2 **辩：**有条有理。

3 **泽：**文饰，掩饰。

4 王引之说，“金”当作“宗”，“宗”为“琮”之假借字。圭璧琮璋，为聘礼所谓四器。

5 **数：**指升数。古代布八十缕为一升。升数多则布细，少则布粗。

6 **奸色：**不正之色，如不红不绿等。

原文

5.19 大史典礼，执简记[1]，奉讳恶[2]。

天子齐戒[3]受谏。司会以岁之成质于天子[4]。冢宰齐戒受质。大乐正、大司寇、市，三官以其成从质于天子。大司徒、大司马、大司空齐戒受质。百官各以其成质于三官。大司徒、大司马、大司空以百官之成质于天子。百官齐戒受质。然后休老劳农。成岁事，制国用。

译文

太史主管一切礼仪，执掌文书，并向天下进奏先王讳名以及忌日。

天子斋戒后接受劝谏。司会将一年的治政成绩奏请天子评断。冢宰斋戒，协助天子评断政绩。大乐正、大司寇、市官，这三位官员各以自己的成绩附在司会的报告那儿也奏请天子评断。大司徒、大司马、大司空要斋戒以后再执行评断。他们统属的百官各以自己的成绩呈请这三位官员评断。大司徒、大司马、大司空又将百官的成绩转请天子评断。百官斋戒，听候天子的评断。然后举行养老的宴会，举行慰劳农民的集会。至此已完成一年的政事，并开始制定国家明年的计划。

注释

1 **简记:**记事的竹简、策书。

2 **讳恶:**郑玄说,讳,先王名;恶,忌日。

3 **齐(zhāi)戒:**斋戒。齐,通"斋"。

4 **司会:**是冢宰的部属。**质:**评断,考核。

原文

5.20 凡养老,有虞氏以燕礼[1],夏后氏以飨礼[2],殷人以食礼[3]。周人修而兼用之[4]。五十养于乡,六十养于国[5],七十养于学,达于诸侯。八十拜君命,一坐再至,瞽亦如之。九十使人受。

五十异粻[6],六十宿肉[7],七十贰膳[8],八十常珍。九十饮食不离寝,膳饮从于游可也。

六十岁制。七十时制。八十月制。九十日修,唯绞、紟、衾、冒[9],死而后制。

五十始衰。六十非肉不饱。七十非帛不暖。八十非人不暖。九十虽

译文

凡是养老,有虞氏用燕礼,夏后氏用飨礼,殷人用食礼。周人依循前人并兼用燕礼、飨礼、食礼。五十岁的老人可以供养在乡学,六十岁可以供养在国中的小学,七十岁就供养在大学,这种养老之礼从天子至诸侯国都实行。八十岁时拜谢国君赏赐时,只需一跪再磕头;双目失明的人也是这样拜谢。九十岁时就让人代为接受国君的赏赐。

五十岁的老人可以吃较精细的粮,六十岁可以常备有肉食,七十岁可以有双份佳肴,八十岁可以常吃珍贵的食品。九十岁的老人饮食不离居室,如出游就随其所在供给饮食。

六十岁的老人要每年都制作棺木一类须较长时间才能办好的丧具。七十岁的老人要每季都制作一些较难置办的丧具。八十岁的老人要每月都制作一些较容易置办的丧具。九十岁的老人要每日都制作一些。只有绞、紟、衾、冒等丧具,在死后再制作。

五十岁开始衰老。六十岁不吃肉就不能吃饱。七十岁没有丝棉就身上不暖和。八十

得人不暖矣。

五十杖于家。六十杖于乡。七十杖于国。八十杖于朝。九十者，天子欲有问焉，则就其室，以珍从。

七十不俟朝[10]。八十月告[11]存。九十日有秩[12]。

五十不从力政[13]。六十不与服戎。七十不与宾客之事。八十齐[14]丧之事弗及也。

五十而爵。六十不亲学。七十致政，唯衰麻为丧。

岁就要取暖于他人。九十岁时就连有人也不暖和了。

五十岁的老人可以在家中用杖。六十岁的老人可以在乡里用杖。七十岁的老人可以在国内用杖。八十岁的老人可以在朝廷上用杖。九十岁的老人，天子想要请教他，那就得到他家里去，并带去新鲜的食物。

大夫七十岁就可以不在朝廷上侍候。八十岁时，天子每月要派人来问候。九十岁时，天子每天要送他食物。

五十岁的老人可以不再服力役。六十岁的老人不再服兵役。七十岁的老人不参加宾客应酬。八十岁的老人就不再参与丧祭(只要披戴孝服就可以了)。

大夫五十岁可以封爵位。六十岁时就不必再至国学受业。七十岁时就告老退休，遇有丧事，只要披戴孝服(其他就不必全依礼节去办了)。

注释

1 **燕礼**:设宴在寝，其礼最轻，升堂行一献礼毕，坐而饮酒至醉。

2 **飨礼**:设宴于朝，体荐而不食，爵盈而不饮，立而不坐，依尊卑为献，其礼最隆重。

3 **食礼**:有饭有肴，虽设酒而不饮，其礼以饭为主，故称食礼。

4 **修**:遵循。**兼用之**:春夏用虞之燕礼，夏之飨礼，秋冬则用殷之食礼。

5 **国**:指国中的小学。

6 **粻**(zhāng):粮食。

7 **宿肉**:谓常隔日备之，不使求而不得。

8 **膳**:食之善者。

9 参见《檀弓》篇。

10 **不俟(sì)朝：**孔疏说，不俟朝者，朝君之时，入门至朝位，君出揖之即退，不待朝事毕也。俟，等待。

11 **告存：**存问，问候，慰问。

12 **秩：**常。指使人以常膳致之。

13 **力政：**力役，劳役。

14 **齐：**通“斋”。斋事，即指祭事。

原文

5.21 有虞氏养国老于上庠，养庶老于下庠。夏后氏养国老于东序，养庶老于西序。殷人养国老于右学，养庶老于左学。周人养国老于东胶，养庶老于虞庠[1]，虞庠在国之西郊[2]。

有虞氏皇[3]而祭，深衣而养老。夏后氏收[4]而祭，燕衣[5]而养老。殷人冔[6]而祭，缟衣而养老。周人冕而祭，玄衣而养老。

凡三王养老皆引年[7]。八十者，一子不从政[8]。九十者，其家不从政。废疾非人不养者，一人不从政。父母之丧，三年不从政。齐衰、大功之丧，三月不从政。将徙于诸侯，三月不从政。自

译文

有虞氏时代，在上庠供养国老，在下庠供养庶老。夏后氏时代，在东序供养国老，在西序供养庶老。殷人在右学供养国老，在左学供养庶老。周人在东胶供养国老，在虞庠供养庶老，虞庠在国的西郊。

有虞氏时代要戴上皇冠后祭祀，要穿上深衣后养老。夏后氏时代戴上收冠祭祀，穿上便服就可以养老。殷人戴冔冠祭祀，穿上白衣养老。周人戴冕冠祭祀，穿上黑衣养老。

凡是夏殷周三代君王养老，都要按户校定年龄。八十岁的老人，可以留一子不赴征召。九十岁的老人，其家里的人可以不赴征召。家有残疾人，没有人照顾不能生活的，可以留一人不赴征召。有父母丧事的，三年不赴征召。有齐衰、大功丧事的，三月内不赴征召。将要迁居到别的诸侯国去的，三月内不赴征召。

诸侯来徙家，期不从政。

从别的诸侯国迁居来的，一年不赴征召。

注释

1 **上庠、东序、右学、东胶：**均指国之大学。**下庠、西序、左学、虞庠：**均指国之小学。**国老：**依王闿运说，指国子师。**庶老：**依王闿运说，指造士师。

2 **西郊：**依孙志祖说，当是“四郊”。

3 **皇：**又写作“翌”，是画有羽饰的冠。

4 **收：**夏代的冠名。

5 **燕衣：**陈澔说，黑衣也，君与群臣燕饮之服，即诸侯日视朝之服也。

6 **冔(xǔ)：**殷代冠名。

7 **引年：**引户校年，即按户校定年龄。

8 **政(zhēng)：**通“征”。此指公务的征召。

原文

5.22 少而无父者谓之孤，老而无子者谓之独，老而无妻者谓之矜[1]，老而无夫者谓之寡。此四者，天民之穷而无告者也，皆有常饩[2]。瘖、聋、跛、躃[3]、断者、侏儒、百工，各以其器[4]食之。

5.23 道路，男子由右，妇人由左，车从中央。父之齿随行，兄之齿雁行，朋友不相逾。轻任并，重任分。(班)〔斑〕白〔者〕[5]不提挈。

译文

年幼无父的人称为“孤”，年老无子女的人称为“独”，年老无妻的人称为“矜”，年老无丈夫的称为“寡”。这四种人，都是世上贫穷而得不到安慰的人，应经常接济他们粮食。哑巴、聋子、跛子、不能走路的人、手脚残疾的人、侏儒、各种残疾的手艺人，都要根据各人的技艺才能而供养他们。

在道路上，男子从右边走，妇人从左边走，车从中间行驶。和父亲年龄相当的，就跟随他后边行走；和兄长的年龄相当的，可以并行但稍后他几步；同辈朋友，行走不超越对方。轻的担子可以合并起来挑，重的担子可以帮助别人分开来挑。头发斑白的老人不应该再让他提挈着东西行走(，应有人君子耆老不徒行。庶人耆老不徒食。

为他代劳)。身份是士大夫的老人不徒步行走(,外出必乘车)。身份是庶人的老人,不让他吃饭时没肉吃。

5.24 大夫祭器不假[6]。祭器未成,不造燕器。

大夫不向别人借用祭器。祭器还没有制成,就不再制作平常生活中的用器。

注释

1 **矜:**通“鳏”。年老无妻的人。

2 **饩(xì):**粮食。

3 **躃(bì):**亦作“躄”,腿残疾,不能行走。

4 **器:**才能,本领。

5 **班白:**石经作“斑白者”。

6 **假:**借。

原文

5.25 方一里者,为田九百亩。方十里者,为方一里者百,为田九万亩。方百里者,为方十里者百,为田九十亿[1]亩。方千里者,为方百里者百,为田九万亿[2]亩。

自恒山至于南河,千里而近。自南河至于江,千里而近。自江至于衡山,千里而遥。自东河至于东海,千里而遥。自东河至于西河,千里而近。

译文

方圆一里的土地,可以划分成九百亩田。方圆十里的土地,就是一百个一方里的土地,可以划分成九万亩田。方圆百里的土地,就是一百个十方里的土地,可以划分成九十个“十万”亩田。方圆一千里的土地,就是一百个百方里的土地,可以划分九万亿亩田。

从恒山至于南面的黄河,将近千里。从黄河南至于长江,也将近千里。从长江至于衡山,约在千里以上。从东河至于东海,也约在千里以上。从东河至于西河,将近千里。从西河至于西域沙漠地带,约在千里以上。西边不算沙漠以外的地方,南自西河至于流沙，千里而遥。西不尽流沙，南不尽衡山，东不尽东海，北不尽恒山，凡四海之内，断长补短，方三千里，为田八十万亿一万亿亩[3]。方百里者，为田九十亿亩，山陵、林麓、川泽、沟渎、城郭、宫室、涂巷，三分去一，其余六十亿亩。

边不算衡山以南的地方，东边不算东海以外的地方，北边不算恒山以北的地方，总计四海之内，截长补短，是方圆三千里，有田八十一万亿亩。方圆百里的国家，虽有田九百万亩，但是其中的山陵、森林、河湖、沟渎、城郭、宫室、道路等，约占三分之一，其余剩下的就为六百万亩。

注释

1 **亿：**郑玄说，今之十万。因此九十亿亩，即九十个十万，为九百万亩。

2 **万亿：**郑玄说，今之万万。因此“田九万亿亩”，即九万万亩。

3 孔疏说，当云“八十一万亿亩”。

原文

5.26 古者以周尺八尺为步，今以周尺六尺四寸为步。古者百亩，当今东田[1]百四十六亩三十步。古者百里，当今百二十一里六十步四尺二寸二分。

5.27 方千里者，为方百里者百。封方百里者三十国，其余方百里者七十。又封方七十里者六十，为方百里者二十九，方十里者四十。其余方百里者四十，方十里者六十。

译文

古代用周代的尺作单位，八尺为一步，如今把周尺的六尺四寸作为一步。古代一百亩田，相当于现在的一百四十六亩三十步。古代的一百里，相当于现在的一百二十一里六十步四尺二寸二分。

方圆千里的面积，可有一百个方圆百里的地方。如果分封方圆百里的国家三十个，其余剩下方圆百里的地方七十个。如果又分封方圆七十里的国家六十个，等于方圆百里的二十九个，再加上方圆十里的地方四十个。余下方圆百里的国家四十个，方圆十里的六十个。如果再分封方圆五十里的国家一百二十个，

又封方五十里者百二十，为方百里者三十。其余方百里者十，方十里者六十。名山大泽不以封，其余以为附庸闲田。诸侯之有功者，取于闲田以禄之；其有削地者，归之闲田。

天子之县内方千里者，为方百里者百。封方百里者九，其余方百里者九十一。又封方七十里者二十一，为方百里者十，方十里者二十九。其余方百里者八十，方十里者七十一。又封方五十里者六十三，为方百里者十五，方十里者七十五。其余方百里者六十四，方十里者九十六。

即等于方圆百里的三十个。余下方圆百里的十个，方圆十里的六十个。名山大川不用作封地，再剩余的就作为诸侯的附庸或闲田。诸侯中有功的，就取闲田的禄赋奖赏他；诸侯中有削减封地的，就归并到闲田中去。

天子的王畿内，方圆千里的面积，等于一百个方圆百里的地方。分封方圆百里的国家九个，余下方圆百里的国家九十一个。又分封方圆七十里的国家二十一个，等于方圆百里的十个，再加上方圆十里的二十九个。余下方圆百里的八十个，方圆十里的七十一个。如果再分封方圆五十里的国家六十三个，等于方圆百里的十五个，方圆十里的七十五个。余下方圆百里的地方六十四个，方圆十里的地方九十六个。

注释

1 **东田**：孙希旦说，东田，东方之田也，汉初儒者皆齐、鲁人，自据其地言之，故曰东。

原文

5.28 诸侯之下士禄食九人，中士食十八人，上士食三十六人，下大夫食七十二人，卿食二百八十八人，君食

译文

诸侯的下士所得俸禄可以养活九个人，中士的俸禄可以养活十八个人，上士的俸禄可以养活三十六个人，下大夫可以养活七十二个

二千八百八十人。次国之卿食二百一十六人，君食二千一百六十人。小国之卿食百四十四人，君食千四百四十人。次国之卿，命于其君者，如小国之卿。天子之大夫为三监，监于诸侯之国者，其禄视诸侯之卿，其爵视次国之君，其禄取之于方伯之地。方伯为朝天子，皆有汤沐之邑[1]于天子之县内，视元士。

诸侯世子世国，大夫不世爵。使以德，爵以功。未赐爵，视天子之元士，以君其国。诸侯之大夫，不世爵禄。

5.29 六礼：冠、昏、丧、祭、乡、相见。

七教：父子、兄弟、夫妇、君臣、长幼、朋友、宾客。

八政：饮食、衣服、事为[2]、异别[3]、度、量、数、制[4]。

人，卿可以养活二百八十八人，国君可以养活二千八百八十个人。中等国家的卿可以养活二百一十六人，国君可以养活二千一百六十人。小国的卿可以养活一百四十四人，国君可以养活一千四百四十人。中等国家的卿，由国君任命的，俸禄就比照小国的卿。天子的大夫做三监，是对诸侯国加以监察，他们的俸禄比照诸侯的卿，而爵位比照中等国家的国君，他们的俸禄从方伯的土地上取得。方伯为了朝拜天子，在天子的王畿内都设有斋戒沐浴的地方，比照天子的元士。

诸侯的太子能世袭封国，大夫不能世袭爵位；让他做大夫是因为有德，封他为诸侯爵位是因为有功。在还没有赐予爵位时，诸侯的太子就等同于天子的元士，并以元士的身份统治封国。诸侯的大夫，爵位和俸禄都不世袭。

六礼：冠礼、婚礼、丧礼、祭礼、乡饮酒礼、士相见礼。

七教：父子、兄弟、夫妇、君臣、长幼、朋友、宾客等人伦关系的教导。

八政：饮食方式、衣服制度、百工技艺、器械异同、长度单位、容量单位、计数方法、布帛规格。

注释

1 **汤沐之邑:**天子赐予诸侯的位于王畿之内、供住宿和斋戒沐浴的封邑。

2 **事为:**百工之技艺。

3 **异别:**不同,区别。此指五方械器有异同。

4 **制:**此指布帛的广狭和长短。

月令

导读

《月令》是《礼记》中的第6篇。《月令》为“周人作”。郑玄云“吕不韦所撰”,近人考辨认为比较可信。郑玄《三礼目录》谓《月令》本《吕氏春秋》十二月记之首章,是礼家好事者抄录过来的,其中官名时事都不合周法。又有说《礼记》中的《月令》本为《周书·月令》,只是进行了适时的改编。

《月令》讲一年的时令,按十二个月次记录各月天象特征,并说明政令、祭祀、行礼等事宜。《月令》历法不是简单的记年月日,其于一年十二月,分春、夏、秋、冬四季,分别应五行中的木、火、金、水,每季又分孟、仲、季三月。每月之下记其星、其日、其帝、其神、其虫、其音、其律、其数、其味、其臭、其祀、其祭。取一年中居中一日为中央土,再记其以上天象特征。这可以说是以十二律为经、五行为纬构成的一种天人模式。《月令》历法不是凭空杜撰,而是战国时代天文、农业实践经验的结晶。(参见王锦民著《古学经子》第176页,华夏出版社2008年。)

《月令》除记历法外,还记载了明堂制度。而《月令》的明堂制度只能说是某种预设的政治理想,不能视为战国时的实际情况。

东汉末,蔡邕将《月令》从《礼记》中取出,单独作《月令章句》十二卷。自此,《月令》成一专门之学。

原文

6.1 孟春之月[1]，日在营室[2]，昏参[3]中，旦尾[4]中。其日甲乙。其帝[5]大皞[6]，其神句芒[7]。其虫[8]鳞。其音角，律中大蔟[9]。其数八[10]。其味酸，其臭膻。其祀户，祭先脾。

东风解冻，蛰虫始振[11]，鱼上冰，獭祭鱼，鸿雁来。

天子居青阳左个[12]；乘鸾[13]路[14]，驾仓[15]龙[16]，载青旂；衣青衣，服仓玉；食麦与羊，其器疏以达。

是月也，以立春。先立春三日，大史谒[17]之天子曰："某日立春，盛德在木。"天子乃齐。立春之日，天子亲帅三公、九卿、诸侯、大夫，以迎春于东郊。还[18]反，赏公卿、诸侯、大夫于朝；命相布德和令[19]，行庆[20]施惠[21]，下及兆民；庆赐遂行，毋有不当。乃命

译文

孟春正月，太阳的位置在营室，黄昏时参星在南方天中，拂晓时尾星在南方天中（春天在五行中属木，天干中的甲乙也属木），因此春之日天干为甲乙。春之帝是太皞，春之神是句芒。春之虫是鳞虫。春之音是五音中的角音，气候与律管相应于大蔟。数是由"土"加"木"为八。口味为酸，气味为膻。（户在建筑物中属五行里的木，脾在内脏中也属五行里的木，）因此春天祭祀对象是户，祭品以脾脏为上。

东风解冻，冬眠的蛰虫开始活动，鱼也从水底游近水上的冰层，獭捕取了鱼放在水边，就像举行鱼祭，鸿雁从南方飞来。

天子居住在明堂东部青阳堂的左室；出外乘坐有鸾铃的车，驾有苍龙马，载有青色的旂旗；要穿青色衣服，佩带青色的佩玉；要以麦和羊为主要食物，用的器皿都要粗疏而且是容易透气的。

这一月，定立春节气。在立春前三天，大史拜见天子，禀告说："某日立春，天地生育的盛德在五行中的木位。"于是天子就斋戒。立春这天，天子亲自率领三公、九卿、诸侯、大夫到东郊去举行祭祀，迎接春帝太皞。礼毕回来，天子在朝中赏赐公卿、诸侯、大夫；命令三公发布恩德之令，奖赏善事，接济贫穷，往下普及至民众；实行褒扬赏赐，不

大史守典奉法，司天日月星辰之行，宿[22]离[23]不贷[24]，毋失经纪，以初为常。

应有不当之处。于是又命大史遵守六典，奉行八法，从事天文、日月星辰运行的测算，要使运行的位置度数以及轨道测算没有一点差错，要使一切都像往常一样。

注释

1 **孟春之月：**正月，春天第一个月。

2 **营室：**室宿，二十八宿之一，今属飞马座。

3 **参：**参里，今在猎户座。

4 **尾：**尾星，今在天蝎座。

5 **帝：**古人以为宇宙万物的主宰者为帝。

6 **大皞(tài hào)：**又作"太皞"。上古五帝之一。五帝配五行，大皞为春之帝。

7 **句(gōu)芒：**木神。

8 **虫：**泛指动物，有鳞虫、甲虫、毛虫、羽虫、倮虫之分。鱼为鳞虫，在五行中又属木，故为春之虫。

9 **大蔟(tài còu)：**十二律之一。蔟，亦作"簇"。

10 指天地之数，"木"五行生成次序数目为"木三"，而"地"为"土五"，相加数为"八"。

11 **振：**振作，奋起。

12 **个：**明堂的东西南北中五部分，除中部外，其余四部分各有左中右三室，左室称左个，右室称右个，中室也称太庙。

13 **鸾：**通"銮"，古代的一种车铃。

14 **路：**也作"辂"，车。

15 **仓：**通"苍"，青色。

16 **龙：**高大的马。《周礼·夏官·廋人》："马八尺以上为龙。"

17 **谒：**进见，拜见。一般用于下对上、幼对长，或作谦辞。

18 **还(huán)：**归，返。

19 **和令：**王引之说，宣令。

20 **庆：**奖赏。

21 **惠**:谓恤其不足也。
22 **宿**:日之所在。
23 **离**:月之所历。
24 **贷**(tè):通"忒"。失误,误差。

原文

是月也,天子乃以元日[1]祈谷于上帝。乃择元辰[2],天子亲载耒耜,措之(于参)〔参于〕[3]保介[4]之御间;帅三公、九卿、诸侯、大夫,躬耕帝藉[5]。天子三推,(三)公五推[6],卿、诸侯九推。反,执爵于大寝,三公、九卿、诸侯、大夫皆御,命曰"劳酒"。

是月也,天气下降,地气上腾,天地和同,草木萌动。王命布农事,命田[7]舍东郊,皆修封疆,审端(经)〔径〕[8]术;善相丘陵、阪[9]险[10]、原[11]隰[12],土地所宜、五谷所殖[13],以教道[14]民,必躬亲之。田事既饬,先定准直,农乃不惑。

是月也,命乐正入学

译文

这一月,天子要在第一个辛日为祈求五谷丰收进行祭天之礼。于是选择亥日,天子亲自装载耒耜,放到车右和驾车人之间,率领三公、九卿、诸侯、大夫在藉田亲自耕种。天子行推耜入土礼是推三下,公推五下,卿、诸侯要推九下。回来后,天子就在大寝举行宴请,三公、九卿、诸侯、大夫都参与,称为"劳酒"。

这一月,天之气下降,地之气升腾,天之气和地之气交相混同,草木萌动生机。天子命令布置农事,命令主管农事的官住在东郊,把井田的疆界全部整修,并且视察、修正田间小道和沟洫;要好好考察丘陵、险坡、高低的地形,各种土地所适宜耕种的作物、五谷种植的方法,都要教给农民,引导他们,必须要亲自去教他们做。田地修整完毕,先确定均匀平直的种植方法,农民就不会迷惑了。

这一月,要命令乐正入国学教练舞蹈。要修订一年的祭祀的典则。命令祭祀山林川泽不能用雌的作为祭牲。禁止习舞。乃修祭典。命祀山林川泽，牺牲毋用牝。禁止伐木。毋覆巢，毋杀孩虫、胎夭、飞鸟，毋麛毋卵。毋聚大众，毋置城郭。掩骼[15]埋胔[16]。

伐木。不准捣毁鸟巢，不准杀死有益的幼虫、在胎内或已出生的幼兽、刚学飞的幼鸟，不准捕杀小兽，不准掏取鸟卵。不要聚合大众，（以免影响耕种，）也不要在这月筑置城郭。如见枯骨腐肉应掩埋掉。

是月也，不可以称兵，称兵必天殃。兵戎不起，不可从我始。毋变天之道，毋绝地之理，毋乱人之纪。

这一月，不可以兴兵杀伐，兴兵杀伐必定遭到天殃。因此不应该兴兵杀伐，更不可以由我方挑起战争。不要改变天道，不要断绝地理，不要搅乱人纪。

孟春行夏令，则〔风〕雨（水）[17]不时，草木蚤[18]落，国时有恐[19]；行秋令，则其民大疫，猋[20]风暴雨总至，藜莠蓬蒿并兴；行冬令，则水潦为败，雪霜大挚[21]，首种不入。

如果在正月孟春发布夏天的命令，那么风雨就不按时而至，草木过早凋落，国家时常有火灾的恐慌；如果发布秋天的命令，那么民众就会有大瘟疫，旋风暴雨交相侵袭，藜莠蓬蒿丛生；如果发布冬天的命令，那么就会洪水泛滥，雪霜严重，头番种子没法种下。

注释

1 **元日**：此月第一个辛日。

2 **元辰**：亥日。

3 王引之说，“于参”当作“参于”。

4 **保介**：车右，指护卫的勇力之士。

5 **帝藉**：郑玄说，为天神借民力所治之田也。

6 王念孙说，“三公五推”本作“公五推”。

7 **田**：田畯(jùn)，古代主管农业的官。

8 据孔疏引文，“经”当作“径”。径，小路。**术**(suì)：通“遂”，小沟。

9 **阪**：同“坂”，山坡。

10 **险**:山形似重甑也。

11 **原**:广平的地面。

12 **隰**(xí):低下的湿地。

13 **殖**:种植。

14 **道**:通“导”。引导。

15 **骼**:骨枯。

16 **胔**(zì):肉未烂尽的骨殖。亦泛指尸体。

17 王念孙说,“雨水”本作“风雨”。

18 **蚤**:通“早”。

19 **有恐**:郑玄说,指火灾的恐慌。

20 **猋**(biāo):通“飙”。暴风,旋风。

21 **挚**:谓伤折。

原文

6.2 仲春之月,日在奎[1],昏弧中[2],旦建星[3]中。其日甲乙。其帝大皞,其神句芒。其虫鳞。其音角,律中夹钟[4]。其数八。其味酸,其臭膻。其祀户,祭先脾。

始雨水。桃始华。仓庚鸣,鹰化为鸠。

天子居青阳大庙;乘鸾路,驾仓龙,载青旂;衣青衣,服仓玉;食麦与羊,其器疏以达。

译文

仲春二月,太阳的位置在奎宿,黄昏时井宿在南方天中,拂晓时斗宿在南方天中。春之日天干为甲乙。春之帝是太皞,春之神是句芒。春之虫是鳞虫。春之音是五音中的角音,气候与律管相应于夹钟,数是由“土”加“木”为八。口味为酸,气味为膻。春天祭祀对象是户,祭品以脾脏为上。

这是雨水的节气。桃树开始开花。黄鹂鸣叫,鹰变形为布谷鸟。

天子居住在明堂东部青阳堂的大庙;出外乘坐有鸾铃的车,驾有苍龙马,载有青色的旌旗,要穿青色衣服,佩带青色的佩玉;要以麦和羊为主要食物,用的器皿都要粗疏而且是容易透气的。

是月也，安萌牙，养幼少，存[5]诸孤。择元日，命民社。命有司省囹圄，去桎梏[6]，毋肆掠[7]，止狱讼。

这一月，草木安然萌芽，要特别养护幼童小儿，抚恤遗孤。选择第一个甲日，命民众举行社祭。要命司法官员减少牢中的囚徒，除掉脚镣手铐。不肆意拷问犯人，止息民众的诉讼。

是月也，玄鸟至。至之日以大牢祠于高禖[8]，天子亲往，后妃帅九嫔御[9]。乃礼天子所御[10]，带以弓韣[11]，授以弓矢于高禖之前。

这一月，燕子飞来了。燕子飞来的那天要用牛羊豕太牢祭祀尊贵的主婚嫁的禖神，天子要亲自前往参加，后妃率领全体宫眷同去。于是向已怀孕的宫眷行礼，在尊贵的禖神前面把弓套交她带着，又授她弓箭（希望她能生男孩）。

注释

1 **奎**：二十八宿之一，今属仙女座。

2 唐石经《月令》作“昏东井中”。东井，即二十八宿之井宿，今属双子座。郑玄认为，弧在“舆鬼”南。“舆鬼”即二十八宿之鬼宿。

3 **建星**：郑玄说，建星在南斗上。

4 **夹钟**：十二律之一。

5 **存**：抚恤。

6 **桎梏**（zhì gù）：脚镣手铐。古代用来拘系罪人的刑具。在足曰桎，在手曰梏。

7 **掠**：笞，拷打。

8 **高禖**（méi）：高，尊贵。禖，禖神，指先帝始制为嫁娶之礼者，即伏羲。

9 **御**：郑玄说，谓从往侍祠。

10 **天子所御**：郑玄说，谓今有娠者。

11 **韣**（dú）：弓套。

原文

是月也，日夜分，雷乃发

译文

这一月，白天黑夜的时间已渐平

声，始电。蛰虫咸动，启户始出。先雷三日，奋（木）[1]铎以令兆民曰：“雷将发声，有不戒其容止[2]者，生子不备，必有凶灾！”日夜分，则同度量，钧衡石，角斗甬，正权概。[3]

是月也，耕者少舍，乃修阖扇[4]，寝庙毕备。毋作大事以妨农（之）[5]事。

是月也，毋竭川泽，毋漉[6]陂池，毋焚山林。天子乃鲜[7]羔开冰，先荐寝庙。上丁，命乐正习舞，释菜[8]；天子乃帅三公、九卿、诸侯、大夫，亲往视之。仲丁，又命乐正入学习（舞）〔乐〕[9]。

是月也，祀不用牺牲，用圭璧，更皮币。

仲春行秋令，则其国大水，寒气揔[10]至，寇戎来征；行冬令，则阳气不胜，麦乃不熟，民多相掠；行夏令，则国乃大旱，暖气早来，虫螟为害。

分，可以听见雷声，开始见到闪电。冬眠的蛰虫全蠕动了，开始爬出洞来。在打雷前三天，要摇动木舌铃号令万民说：“将要打雷了，有不检点私生活的人，生下的孩子将残缺不全，父母也必定遭受凶灾！”日夜长短平分，可以校正各种度量衡。

这一月，耕作的人稍得闲暇，于是就修理门户窗扇，将自己的居室、奉祀先人的祖庙修缮齐备。不要兴起兵役等事以妨害农事。

这一月，不要戽干江河湖泊捉鱼，也不要使陂池干涸，不要焚烧山林。天子就献小羊来祭司寒之神而开冰，要先在寝庙举行荐礼。在第一个丁日，命令乐正教练舞蹈，举行祭祀先师的释菜之礼；天子就率领三公、九卿、诸侯、大夫，亲自前往国学去视察。在第二个丁日，又命乐正往国学练习乐舞。

这一月，祭祀不用牺牲，改用圭璧，又用皮币来替换。

如果在二月仲春去发布秋天的命令，那么国内将有大水灾，寒气一起迫来，敌寇来侵犯边境；如果发布冬天的命令，那么阳气不能胜过阴气，麦子就不结穗，（会出现饥荒，）民众多有互相掠夺的情况；如果发布夏天的命令，那么国内就会有大旱灾，暑气早来，虫螟将成为灾害。

注释

1 依王引之说,“铎”上无“木”字。

2 **容止:**此指私生活。

3 郑玄说,同、角、正,皆谓平之也。丈尺曰度,斗斛曰量。三十斤曰钧,秤上曰衡,百二十斤曰石。甬,今斛也。秤锤曰权。概,平斗斛者。此四句即是校正度量衡的意思。

4 **阖(hé)扇:**门户用木做的称为阖,用竹苇做的称为扇。

5 依王念孙说,“农”下衍一“之”字。

6 **漉:**使干涸。

7 郑玄说,“鲜”当为“献”,声之误也。

8 **释菜:**古代读书人入学时用蘋蘩之类祭祀先师先圣的一种典礼。

9 依郑注,“舞”当为“乐”。乐兼舞与声而言。

10 **揔(zǒng):**同“总”。

原文

6.3 季春之月,日在胃[1],昏七星[2]中,旦牵牛[3]中。其日甲乙。其帝大皞,其神句芒。其虫鳞。其音角,律中姑洗[4]。其数八。其味酸,其臭膻。其祀户,祭先脾。

桐始华,田鼠化为鴽[5],虹始见,萍始生。

天子居青阳右个;乘鸾路,驾仓龙,载青旂;衣青衣,服仓玉;食

译文

三月季春,太阳的位置在胃宿,黄昏时七星在南方天中,拂晓时牛宿在南方天中。春之日天干为甲乙。春之帝是太皞,春之神是句芒。春之虫是鳞虫。春之音是五音中的角音,气候与律管相应于姑洗。数是由“土”加“木”为八。口味为酸,气味为膻。春天祭祀对象是户,祭品以脾脏为上。

桐树开始开花,田鼠变形为鹌鹑,彩虹开始出现,浮萍开始生出来。

天子居住在明堂东部青阳堂的右室;出外乘坐有鸾铃的车,驾有苍龙马,载有青色的旌旗;要穿青色衣服,佩带青色的佩玉;要以麦和羊为主要食物,用的器皿都要粗疏而

麦与羊，其器疏以达。

是月也，天子乃荐鞠衣于先帝。命舟牧覆舟，五覆五反，乃告舟备具于天子焉，天子始乘舟。荐鲔[6]于寝庙，乃为麦祈实。

是月也，生气方盛，阳气发泄，句[7]者毕出，萌[8]者尽达，不可以内。天子布德行惠，命有司发仓廪，赐贫穷，振乏绝；开府库，出币帛，周天下；勉诸侯，聘名士，礼贤者。

是月也，命司空曰："时雨将降，下水上腾。循行国邑，周视原野，修利堤防，道达沟渎，开通道路，毋有障塞。田猎罝罘[9]、罗网[10]、毕[11]翳[12]，喂兽之药，毋出九门[13]。"

且是容易透气的。

这一月，天子要向先帝献上黄桑色的礼服（，祈求养蚕的福祥）。命主管船只的人翻看船只，要翻过去检查船底又反过来检查船面，要反复检查五次（都没有问题），才向天子报告船只没有一点漏水地方，天子才开始乘船。又要用小鱼在宗庙中祭献，并祈祷麦子结实丰收。

这一月，生气正盛，阳气发散，拳曲的嫩芽、芒尖的嫩芽都发出来了，（应该施散财物，施予恩惠，）不可以吝啬闭藏。天子广布恩德广施恩惠，命令主管的官吏打开粮仓，分赐给贫困穷苦的人，救济粮食缺少、无粮的人；又打开储藏钱财的府库，拿出币帛，普施恩惠于天下；勉励诸侯，招聘名士，礼遇贤能的人。

这一月，命令司空，说："雨季即将来临，地下的水开始往上涌起，要赶紧巡视全国各地，仔细地视察原野的形势，修整堤防，疏通沟渎，开通道路，不应有堵塞。同时，捕捉鸟兽用的器具、杀害野兽用的毒药，都不准携带出城门。"

注释

1 **胃：**二十八宿之一，今在白羊座。

2 **七星：**即里宿，二十八宿之一，今在摩羯座。

3 **牵牛：**牛宿，二十八宿之一，今在长蛇座。

4 **姑洗(xiǎn)：**十二律之一。

5 **鴽(rú)：**鹌鹑类的小鸟。

6 **鲔(wěi)：**似鳣而小，今称鲟鱼。

7 **句(gōu)：**草木的芽苗弯曲。

8 **萌：**草木的芽苗挺直。

9 **罝罘(jū fú)：**捕兽之网。

10 **罗网：**捕鸟之网。

11 **毕：**长柄的小网。

12 **翳(yì)：**指射者用来掩蔽自己的器具。

13 **九门：**指天子皇城的九处城门。

原文

是月也，命野虞无伐桑柘。鸣鸠拂其羽，戴胜降于桑，具曲[1]植[2]籧[3]筐[4]。后妃齐戒，亲东乡躬桑，禁妇女毋观，省妇使，以劝蚕事。蚕事既登，分茧称丝效功，以共郊庙之服，无有敢惰。

是月也，命工师[5]，令百工，审五库之量：金、铁、皮、革、筋、角、齿、羽、箭、干[6]、脂、胶、丹、漆，毋或不良。百工咸理，监工日号："毋悖于时[7]，毋或作为淫巧以荡上心！"

译文

这一月，命令看守田野及山林的官吏不准砍伐桑柘的树条(，因它们的叶子可以喂蚕)。斑鸠拂动着自己的羽毛，戴胜鸟也都停留在桑林里，这时开始准备蚕薄、搁蚕薄的木架、箩筐。后妃要斋戒，然后亲自去采摘桑叶，而且要面向东方迎着时气；禁止妇女过分地化妆打扮，减少妇女的针线制作这类事，从而勉励她们专心养蚕一事。蚕事完成后，就分配蚕茧去缫丝，要称量所缫丝的轻重多少来考核功效，以用来供制作祭神祭祖的礼服，不许偷懒懈怠。

这一月，命令工师要让他手下的百工审查五库的储藏质料和数量：金、铁、皮、革、筋、角、齿、羽、箭、干、脂、胶、丹、漆，不要质量不好的。然后百工都来从事各种制作，监工每天要号令："制作器物不能悖逆时序，也不能制作过分奇巧的器物来动摇君心，使其生出

是月之末，择吉日大合乐，天子乃率三公、九卿、诸侯、大夫亲往视之。

是月也，乃合累牛[8]腾马[9]游牝于牧；牺牲驹犊，举[10]书其数。命国难[11]，九门磔[12]攘[13]，以毕春气。

季春行冬令，则寒气时发，草木皆肃，国有大恐；行夏令，则民多疾疫，时雨不降，山林不收；行秋令，则天多沈阴，淫雨蚤降，兵革并起。

奢侈的念头！"

这一月的月末，要选择吉日，举行大规模的乐舞，天子要率领三公、九卿、诸侯、大夫亲往参观。

这一月，要汇合良种的公牛公马，并让母牛母马散放到牧场上，由它们交配；生下来的小牛小马以及将来作祭祀用的牛羊，都要记载数量。要命令全国举行傩祭，在九个城门处砍碎牲体，驱除祸恶，从而结束春天的疫气。

如果在三月季春发布冬天的命令，那么寒气会时常发作，草木都会萎缩凋落，国内就有大水大火的惊恐；如果发布夏天的命令，那么民众就多疾病，雨水不能按时降落，山林高地没有收成；如果发布秋天的命令，那么就多阴沉的天气，雨季会提早来到，战争会纷起。

注释

1 **曲(qū)**：蚕薄(bó，通"箔"，养蚕之器)，一种以竹篾或苇子等编成的养蚕器具。

2 **植**：用来悬挂蚕薄和箩筐的柱子。

3 **籧(jǔ)**：圆形筐。

4 **筐**：方形的箩筐。

5 **工师**：百工之长。

6 **干**：诸器所用的木材。

7 **毋悖于时**：百工作器各有其时，不能悖逆，如制弓就得"春液角，夏治筋，秋合三材，冬奠体"之类。

8 **累(léi)牛**：通"縲"，交配期的公牛。

9 **腾马**:公马。

10 **举**:生育。此指生下马驹牛犊。

11 **难**(nuó):通“傩”。驱除恶鬼邪魔疫厉之祭。

12 **磔**(zhé):分裂牲体以祭神。

13 **攘**:除祸。

原文

6.4 孟夏之月,日在毕[1],昏翼[2]中,旦婺女[3]中。其日丙丁。其帝炎帝,其神祝融。其虫羽。其音徵,律中中吕[4]。其数七。其味苦,其臭焦。其祀灶,祭先肺。

蝼蝈[5]鸣,蚯蚓出,王瓜[6]生,苦菜[7]秀。

天子居明堂左个;乘朱路,驾赤骊,载赤旂;衣朱衣,服赤玉;食菽与鸡,其器高以粗。

是月也,以立夏。先立夏三日,大史谒之天子曰:“某日立夏,盛德在火。”天子乃齐。立夏之日,天子亲帅三公、九卿、大夫以迎夏于南郊。还反,行赏,

译文

四月孟夏,太阳的位置在毕宿,黄昏时翼宿在南方天中,拂晓时婺女星在南方天中。夏之日天干为丙丁。夏之帝是炎帝,夏之神是祝融。夏之虫是羽虫。夏之音是五音中的徵音,气候与律管相应于中吕。数是(由“火”的生数二,加上“土”的生数五)合为七。口味为苦,气味为焦。夏天祭祀的对象是灶,祭品以肺为上。

青蛙鸣叫,蚯蚓出土,黄瓜已生,苦菜开花。

天子居住在明堂的左室;出外乘坐大红颜色的车,驾有红马,载有红色的旌旗;要穿红衣服,佩带红色的佩玉;要以豆类和鸡为主要食物,用的器皿都要高而且粗糙。

这一月定立夏节气。在立夏前三天,太史拜见天子,禀告说:“某日立夏,天地的盛德在五行中的火位。”于是天子就斋戒。在立夏这天,天子亲自率领三公、九卿、大夫到南郊去举行祭祀,迎接夏帝炎帝。礼毕回来,天子大行赏赐,用土地和爵位进封诸侯,实行褒扬赏赐,无不欢欣喜悦。于是命令乐师练习合

封诸侯，庆赐遂行，无不欣说。乃命乐师习合礼乐，命太尉赞桀俊，遂贤良，举长大，行爵出禄，必当其位。

是月也，继长增高，毋有坏隳[8]。毋起土功，毋发大众，毋伐大树。

奏礼乐；命令太尉推荐有才能的人，进举有贤德的人，推举高大有勇力的人，按他们的爵位授以俸禄，使爵禄和德才相称。

这一月，生物都在继续生长增高，不该有毁坏的行为。不要大兴土木工程，不要征发大众，不要砍伐大树。

注释

1 **毕**：二十八宿之一，今在金牛座。

2 **翼**：二十八宿之一，今分属巨爵座和长蛇座。

3 **婺女**：二十八宿之一，今在宝瓶座。

4 **中吕**：十二律之一。

5 **蝼蝈**(lóu guō)：依郑玄说，是青蛙。

6 **王瓜**：众说不一，归有光以为即今之黄瓜。参见《礼记集解》。

7 **苦菜**：植物名，茎叶嫩时均可食，略带苦味，故名。

8 **隳**(huī)：通"隳"。毁坏。

原文

是月也，天子始絺[1]，命野虞出行田原，为天子劳农劝民，毋或失时；命司徒巡行县[2]鄙[3]，命农勉作，毋休于都。

是月也，驱兽毋害五谷，毋大田猎。农乃登麦，天子乃以彘尝麦，先荐寝庙。

译文

这一月，天子开始换上夏天的衣服，命令主管田野山林的官吏出行到各处田原上，替天子慰劳农民，勉励民众，不要失去耕作的大好时机；命令司徒巡行各地，让各地的农官勉力去做指导，不要停留在都邑里。

这一月，要驱赶野兽家畜，不让它们毁坏庄稼，但也不可以举行大规模的打猎。农官献上新麦，天子就配用猪，先献给寝庙（，作为尝新麦之礼）。

是月也，聚畜百药。靡草死，麦秋至。断薄刑，决小罪，出轻系。蚕事〔既〕[4]毕，后妃献茧，乃收茧税，以桑为均，贵贱长幼如一，以给郊庙之服。

是月也，天子"饮酎[5]"，用礼乐。

孟夏行秋令，则苦雨[6]数来，五谷不滋，四鄙入保；行冬令，则草木蚤枯，后乃大水，败其城郭；行春令，则（蝗虫）〔虫蝗〕[7]为灾，暴风来格[8]，秀草不实。

这一月，要聚蓄各种药物（，供医事用）。荠菜一类的野生植物都已死了，麦子成熟的时候来到了。要决断罪刑轻的、罪行小的，释放短期拘留的罪犯。蚕事已结束，后妃们举行献茧礼。于是收取茧税，依据各人所用桑叶的数量匀摊其应献出蚕茧的数量，贵贱长幼都一样，用来供给祭天祭祖的礼服制作。

这一月，天子在宗庙举行"饮酎"的盛会，并用礼乐伴奏。

如果在四月孟夏去发布秋天的命令，那么苦雨就连绵不断，五谷不能滋长，（四境有寇盗侵犯，）民众都躲避在城堡里；如果发布冬天的命令，那么草木早枯，然后就有大水灾，冲毁城郭；如果发布春天的命令，那么虫害成灾，暴风袭来，草木不能结果。

注释

1 **𫄨：**指暑天穿的衣服。

2 **县：**古称帝王所居之地，即王畿为县。

3 **鄙：**小邑，公卿大夫之采邑，王子弟所食邑。

4 王念孙说，各本皆脱"既"字。

5 **酎**(zhòu)**：**重(chóng)酿之酒，经两次以至多次复酿的醇酒。

6 **苦雨：**久下不断使人受累厌恶的雨。

7 王引之说，当为"虫蝗"，此言"虫蝗"犹上言"虫螟"。

8 **格：**至，到。

原文

6.5 仲夏之月，日在东井[1]，昏亢[2]中，旦危[3]中。其日丙丁。其帝炎帝，其神祝融。其虫羽。其音徵，律中蕤宾[4]。其数七。其味苦，其臭焦。其祀灶，祭先肺。

小暑至，螳螂生，(䴗)〔鵙〕[5]始鸣，反舌[6]无声。

天子居明堂太庙；乘朱路，驾赤骝，载赤旂；衣朱衣，服赤玉；食菽与鸡，其器高以粗。养壮佼[7]。

是月也，命乐师修鞀[8]鞞鼓[9]，均琴瑟管箫，执干戚戈羽，调竽笙篪簧[10]，饬[11]钟磬柷敔[12]。命有司为民祀山川百源，大雩[13]帝，用盛乐；乃命百县雩祀百辟、卿士有益于民者，以祈谷实。农乃登黍。

译文

五月仲夏，太阳的位置在井宿，黄昏时亢宿在南方天中，拂晓时危宿在南方天中。夏之日天干为丙丁。夏之帝是炎帝，夏之神是祝融。夏之虫是羽虫。夏之音是五音中的徵音，气候与律管相应于蕤宾。数是合为七。口味为苦，气味为焦。夏天祭祀的对象是灶，祭品以肺为上。

小暑节气来到，螳螂生长，伯劳开始鸣叫，百舌鸟不叫了。

天子居住在明堂的大庙；出外乘坐大红颜色的车，驾有红马，载有红色的旌旗；要穿红衣服，佩带红色的佩玉；要以豆类和鸡为主要食物，用的器皿都要高而且粗糙。选择身体高大、壮健有力的养起来。

这一月，命乐师整修各种小鼓大鼓，清理琴瑟管箫乐器，试用文舞武舞的道具，调和吹奏的管乐，揩拭打击的乐器。命令典礼的官员为民众向山川百源祈祷，举行求雨祭礼，要用盛大的音乐；同时又命令各地的官民举行求雨雩祭，祭祀古代那些对民众有功德的百官卿士，如后稷之类，从而祈求五谷丰收。这时，农官献上新成熟的黍。

注释

1 **东井：**井宿。

2 **亢：**二十八宿之一，今在室女座。

3 **危**:二十八宿之一,今分属宝瓶座与飞鸟座。

4 **蕤**(ruí)**宾**:十二律之一。

5 惠栋校宋本作“鶪”。鶪(jú),伯劳。

6 **反舌**:依郑玄说,是百舌鸟。

7 **壮佼**:孔疏说,“壮”谓容体盛大,“佼”谓形容佼好。王念孙以为,“佼”通“狡”。“壮狡”,犹言壮健。

8 **鼗**(táo):拨浪鼓。

9 **鞞**(pí)**鼓**:用于祭祀,大鼓旁之小鼓。

10 **篪**(chí)**簧**:篪,七孔的横笛。簧,小型的笙。

11 郑玄说,“修”“均”“执”“调”“饬”者,治其器物,习其事之言。

12 **柷**(zhù)**敔**(yǔ):柷,木制打击乐器,奏乐开始时击打。敔,古代打击乐器。奏乐将终时,击之使演奏停止。

13 **雩**(yú):求雨之祭。

原文

是月也,天子乃以雏尝黍,羞[1]以含桃[2],先荐寝庙。令民毋艾[3]蓝以染,毋烧灰,毋暴[4]布。门闾[5]毋闭,关市毋索。挻[6]重囚,益其食。游牝别群[7],则絷腾驹;班[8]马政。

是月也,日长至,阴阳争,死生分。君子齐戒,处必掩身,毋躁。止声色,毋或进。薄滋味,毋致和;节耆[9]欲,定心

译文

这一月,天子就配用小鸡尝黍,又进献上樱桃,都要先荐献给寝庙作为尝新之礼。命令民众不要割蓝草来染布,不要烧灰来煮布,不要晒布。不要关闭门闾,不要去搜索关市。宽缓重囚的刑罚,增加他们的食物。不再让散放在外面的已怀孕的母牛母马同群,把公马系在另外的地方;公布养马的办法。

这一月,白天变得最长,阴气与阳气互争互夺,(阴气杀物,阳气生物,)正是万物死生的分界。君子斋戒,居处时必定不可裸露身体,不可急躁。要停止声色娱乐,不要追求它们。要口味淡薄,不讲究调和;要节

气。百官静事毋刑[10]。以定晏阴[11]之所成。鹿角解，蝉始鸣，半夏生，木堇荣。

制嗜欲，平定心气。百官要静谋职事，不妄动刑罚。这些做法都为了要稳定阴阳的分野。这时，鹿将要脱角，蝉开始鸣叫，半夏药草生长，木堇花盛开。

是月也，毋用火南方。可以居高明，可以远眺望，可以升山陵，可以处台榭。

这一月，不要在南方用火(，因为会妨害阴气的成长)。人们可以居住在高爽明亮的地方，可以远眺遥望，可以上山陵避暑，可以待在高敞的台榭上。

仲夏行冬令，则雹冻伤谷，道路不通，暴兵来至；行春令，则五谷晚熟，百螣[12]时起，其国乃饥；行秋令，则草木零落，果实早成，民殃于疫。

如果在五月仲夏去发布冬天的命令，那么就有冰雹冻伤谷物，道路会阻塞不通，盗贼前来攻劫；如果发布春天的命令，那么五谷晚熟，各种虫灾不断发生，国家就会发生饥荒；如果发布秋天的命令，那么草木就会凋零，果实就会早熟，民众就将遭受时疫的祸殃。

注释

1 **羞：**进献。

2 **含桃：**樱桃。

3 **艾(yì)：**通“刈”。割。

4 **暴(pù)：**同“曝”，晒。

5 **门闾：**孙希旦说，关门，宫门，皆门也；巷门曰闾。

6 **挺：**缓也。

7 **别群：**指牝牡分群。

8 **班：**班告，布告周知。

9 **耆(shì)：**通“嗜”，喜好。

10 郑玄注，罪罚之事不可以闻。又郑玄注，今《月令》“刑”为“径”。

11 依王引之说，“晏”同“阳”字，晏阴，即阳阴。

12 **螣(tè)：**食苗叶之虫。

原文

6.6 季夏之月，日在柳[1]，昏火[2]中，旦奎中。其日丙丁。其帝炎帝，其神祝融。其虫羽。其音徵，律中林钟[3]。其数七。其味苦，其臭焦。其祀灶，祭先肺。

温风始至，蟋蟀居壁，鹰乃学习[4]，腐草为萤。

天子居明堂右个；乘朱路，驾赤骝，载赤旂；衣朱衣，服赤玉；食菽与鸡，其器高以粗。命渔师伐蛟、取鼍、登龟、取鼋。命泽人纳材苇。

是月也，命四监，大合百县之秩刍[5]，以养牺牲；令民无不咸出其力，以共皇天上帝、名山大川、四方之神，以祠宗庙社稷之灵，以为民祈福。

是月也，命妇官染采，黼黻文章[6]必以法故，无或差贷；黑黄仓赤，莫不质良，毋敢诈伪；以给郊庙祭祀之服，以为旗

译文

六月季夏，太阳的位置在柳宿，黄昏时火星在南方天中，拂晓时奎宿在南方天中。夏之日天干为丙丁。夏之帝是炎帝，夏之神是祝融。夏之虫是羽虫。夏之音是五音中的徵音，气候与律管相应于林钟。数是合为七。口味为苦，气味为焦。夏天祭祀的对象是灶，祭品以肺为上。

暖风开始吹来，蟋蟀迁居在墙缝里，雏鹰开始学习飞翔，腐草里生出萤火虫。

天子居住在明堂的右室；出外乘坐大红颜色的车，驾有红马，载有红色的旌旗；要穿红衣服，佩带红色的佩玉；要以豆类和鸡为主要食物，用的器皿都要高而且粗糙。命令主管捕鱼的官吏擒蛟捉鼍，登龟取鼋。命令主管湖荡的官吏收缴可以供编织用的蒲苇。

这一月，命令监督山、林、川、泽的官吏，征收各地常应缴纳的草料，用来饲养祭祀用的牺牲；命令民众人人都要出力，来供给对皇天上帝、名山大川、四方神祇的祭祀，以祭祀宗庙社稷的神灵，这样来为民众求福。

这一月，命令掌管妇女劳作的人从事染色彩绘，各种色彩的调配，必须按照老的习惯，不能有一点差错。黑黄青红，各色必用真材实料，不准有一点混杂诈伪；

章，以别贵贱等（给）〔级〕[7]之度。

这些是用来供给祭祀上天、宗庙的礼服制作，并用来做成旗帜，用来区别贵贱等级的不同。

注释

1 **柳：**二十八宿之一，今在长蛇座。

2 **火：**火星，五行星之一。

3 **林钟：**十二律之一。

4 **学习：**学练飞翔。

5 **秩刍：**秩，常。刍，牲口吃的草。

6 **黼（fǔ）黻（fú）文章：**白、黑相配称黼，黑、青相配称黻，青、赤相配称文，赤、白相配称章。

7 孙希旦说，"给"当作"级"，祭服旗章，贵贱皆有等级。

原文

是月也，树木方盛。乃命虞人入山行木，毋有斩伐。不可以兴土功，不可以合诸侯，不可以起兵动众。毋举大事以摇养气，毋发令而待[1]，以妨神农之事也。水潦盛昌，神农将持功，举大事则有天殃。

是月也，土润溽暑，大雨时行。烧薙[2]行水，利以杀草，如以热汤，可以粪田畴，可以美土

译文

这一月，树木正长得最旺盛。于是命令掌管山泽的官吏进山去巡查林区，不准有砍伐树木的情况出现。不可以大兴土木，不可以会合诸侯，不可以兴师动众。不要征派民众做这些事情，而摇动长养之气；不要发布悖乱时节的命令，从而妨碍神农所管的农事。这时雨水正盛，神农将要借此雨水而让庄稼长得丰实，征派民众做这些事情，就会遭到上天的祸殃。

这一月，土地湿润，天气潮湿闷热，大雨时常来到。将以前割下的野草合起来焚烧，雨水浸泡这些焚烧后的草，利于除草，加上太阳晒得烂草田中的水，如同热水一样，就可以用来为田地施肥，使土壤肥沃。

疆[3]。

季夏行春令，则谷实鲜[4]落，国多风咳，民乃迁徙；行秋令，则丘隰水潦，禾稼不熟，乃多女灾[5]；行冬令，则风寒不时，鹰隼蚤鸷，四鄙入保。

如果在六月季夏去发布春天的命令，那么谷实就会散落，国内民众就会多患风寒咳嗽，民众就会迁徙流离；如果发布秋天的命令，那么高地低地都会常遭水淹，庄稼不能成熟，妊孕多败；如果发布冬天的命令，那么热天也会时有风寒，鹰隼之鸟早就开始搏杀，四面边境会时遭敌寇侵犯，民众纷纷逃入城堡内。

6.7 中央土，其日戊己。其帝黄帝，其神后土。其虫倮[6]。其音宫，律中黄钟[7]之宫。其数五。其味甘，其臭香。其祀中霤，祭先心。

一年中的中央属土行，它的天干是戊己。中央之帝是黄帝，中央之神是后土。中央之虫是倮虫。中央之音是五音中的宫音，气候与律管相应于黄钟。数为五。口味为甘，气味为香。中央祭祀的对象是中霤，祭品以心脏为上。

天子居大庙大室；乘大路，驾黄骊，载黄旂；衣黄衣，服黄玉；食稷与牛，其器圜以闳。

天子居住在明堂正中央的大庙的大室；出外乘坐大路车，驾有黄色的马，载有黄色的旌旗；要穿黄色衣服，佩带黄色的佩玉；要以稷和牛为主要食物，用的器皿要圆而且宽大。

注释

1 《吕氏春秋》作“毋发令以干时”。译文从此，“干时”，即与时节悖逆。

2 **薙**(tì)**：**割草。

3 **疆：**凡土之磊块难耕者称为疆。

4 **鲜：**少。

5 **女灾：**陈澔说，妊孕多败。即女子怀孕后流产。

6 **倮**(luǒ)**：**倮虫，指身上没有羽毛鳞甲的动物，也用来指人。

7 **黄钟：**十二律之一。

原文

6.8 孟秋之月，日在翼，昏建星中，旦毕中。其日庚辛。其帝少皞，其神蓐收。其虫毛。其音商，律中夷则[1]。其数九。其味辛，其臭腥。其祀门，祭先肝。

凉风至，白露降，寒蝉鸣，鹰乃祭鸟，用始[2]行戮。

天子居总章左个；乘戎路，驾白骆，载白旂；衣白衣，服白玉；食麻与犬，其器廉以深。

是月也，以立秋。先立秋三日，大史谒之天子曰："某日立秋，盛德在金。"天子乃齐。立秋之日，天子亲帅三公、九卿、诸侯、大夫以迎秋于西郊。还反，赏军帅武人于朝。天子乃命将帅选士厉兵，简练[3]桀俊，专任有功以征不义，诘诛暴慢以明好恶，顺彼远方。

译文

七月孟秋，太阳的位置在翼宿，黄昏时斗宿在南方天中，拂晓时毕宿在南方天中。秋之日天干为庚辛。秋之帝是少皞，秋之神是蓐收。秋之虫是毛虫。秋之音是五音中的商音，气候与律管相应于夷则。数是由"土"加"金"为九。口味为辛，气味为腥。秋天祭祀的对象是门，祭品以肝脏为上。

凉风吹来，白露出现，寒蝉鸣叫，鹰捕杀鸟后陈列在大泽的四面就像祭鸟一样，开始杀戮。

天子居住在总章的左室；出外乘坐兵车，驾有白马，载有白旗；要穿白衣服，佩带白色的佩玉；要以麻和犬为主要食物，用的器皿都要有棱角而且要深。

这一月定立秋节气。在立秋前三天，大史拜见天子，禀告说："某日立秋，天地的盛德在五行中的金位。"于是天子斋戒。在立秋这天，天子亲自率领三公、九卿、诸侯、大夫到西郊去举行祭祀，迎接秋帝少皞。礼毕回来，天子在朝廷上赏赐军帅武士。天子就命令将帅挑选士卒，磨砺兵器，选取并训练有才能有勇力的人，专门任用有战功的人来征伐不义，责罚暴虐民众悖慢上司的人，辨明好恶，然后使远方的民众能够顺服。

注释

1 **夷则:**十二律之一。

2 **用始:**《吕氏春秋》作“始用”。

3 **简练:**选择而练习之。

原文

是月也,命有司修法制,缮囹圄,具桎梏,禁止奸,慎罪邪,务[1]搏[2]执。命理[3]瞻伤、察创、视折、审断。[4]决狱讼,必端平;戮有罪,严断刑。天地始肃,不可以赢[5]。

是月也,农乃登谷。天子尝新,先荐寝庙。命百官始收敛,完堤防,谨壅塞,以备水潦;修宫室,坏[6]墙垣,补城郭。

是月也,毋以封诸侯、立大官;毋以割地、行大使、出大币。

孟秋行冬令,则阴气大胜,介虫败谷,戎兵乃来;行春令,则其国乃旱,阳气复还,五谷无实;行夏令,则国多火灾,寒热不节,民多疟疾。

译文

这一月,命令有关方面的官吏严明法制,修缮监狱,准备镣铐,禁止奸邪的行为,慎重地加以判罪,进行杀戮或拘禁。命令掌管监狱的官吏去视察那些受刑后有伤、创、折、断的罪犯。判决案件,必定要正直公平;杀戮有罪的人,必须严谨地判刑。天地间正值气候肃杀,不可以懈怠。

这一月,农官献上新谷。天子要品尝新谷,先要荐献给寝庙。命令百官开始行收敛的政事,修筑好堤防,谨防堵塞,从而防备大水泛滥;要修缮宫室,增筑墙垣,修筑城郭。

这一月,不可以封诸侯,立大官;不可以割地给人、派遣出使、赏赐重币。

如果在七月孟秋发布冬天的命令,那么阴气太盛,甲虫会毁坏庄稼,敌寇就会入侵;如果发布春天的命令,那么国家就会干旱,阳气会复返,五谷不能结实;如果发布夏天的命令,那么国内就多火灾,寒热失去调节,民众多患疟疾。

注释

1 **务:**从事。

2 **搏:**戮,杀戮。

3 **理:**治狱之官。

4 蔡邕说,皮曰伤,肉曰创,骨曰折,骨肉皆绝曰断。

5 **赢:**郑玄说,懈怠。

6 **坏:**疑作"坯",通"培"。增筑。

原文

6.9 仲秋之月,日在角[1],昏牵牛中,旦觜觿[2]中。其日庚辛。其帝少皞,其神蓐收。其虫毛。其音商,律中南吕[3]。其数九。其味辛,其臭腥。其祀门,祭先肝。

盲风[4]至,鸿雁来,玄鸟归,群鸟养羞[5]。

天子居总章大庙;乘戎路,驾白骆,载白旂;衣白衣,服白玉;食麻与犬,其器廉以深。

是月也,养衰老,授几杖,行糜[6]粥饮食。乃命司服,具饬衣裳,文绣有恒,制有小大,度有(长)短〔长〕[7]。衣服有量,必循其故;冠带有

译文

八月仲秋,太阳的位置在角宿,黄昏时牛宿在南方天中,拂晓时觜宿在南方天中。秋之日天干为庚辛。秋之帝为少皞,秋之神是蓐收。秋之虫是毛虫。秋之音是五音中的商音,气候与律管相应于南吕。数为九。口味为辛,气味为腥。秋天祭祀的对象是门,祭品以肝脏为上。

疾风刮来,鸿雁向南飞去,燕子也南归,群鸟养大可成美味食物。

天子居住在总章大庙;出外乘坐兵车,驾有白马,载有白旗;要穿白衣服,佩带白色的佩玉;要以麻和犬为主要食物,用的器皿都要有棱角而且要深。

这一月,要护养衰老的人,授给几和杖,赐给糜粥,调节他们的饮食。于是命令掌管服装的官吏,要将祭服全部整饰,上衣的绘画和下裳的刺绣都应有一定规定,衣服的大小长短都有一定的制度。朝服燕服以及其他衣服都有一定的大小长短,必定要

常。乃命有司申严百刑，斩杀必当，毋或枉桡；枉桡[8]不当，反受其殃。

遵循成法；冠带也有一定的规格。于是还命令有关官员重申法令，使属下慎重地使用各种刑罚，有斩杀必定要判刑得当，不可以枉法乱断，（如有枉法乱断情况，）司法官吏要反受祸殃。

是月也，乃命宰祝循行牺牲，视全具，案刍豢[9]，瞻肥瘠，察物色，必比类[10]；量小大，视长短，皆中度。五者备当，上帝其飨。天子乃难[11]，以达秋气；以犬尝麻，先荐寝庙。

这一月，就命令大宰大祝要巡查祭祀用的牺牲，视察它们的毛色是否纯、肢体是否完整，所食的草谷等饲料是否充足，牺牲的肥瘦情况，颜色是黄是黑，必比附阳祀阴祀而用它们；要度量它们的大小长短，务必都要求合乎标准。（毛色、肥瘦、颜色、大小、长短）五方面都合适，上帝才享用。天子要举行傩祭，从而通达秋气。天子用犬相配来品尝麻，要先荐献给寝庙。

注释

1 **角**：二十八宿之一，今在室女座。

2 **觜觿**(zī xī)：即觜宿，二十八宿之一，今在金牛座。

3 **南吕**：十二律之一。

4 **盲风**：疾风。

5 **羞**：美味的食物。

6 **縻**：碎，烂。

7 王念孙说，"长短"本作"短长"。

8 **枉桡**(náo)：违法曲断。桡，冤屈、委屈。

9 **刍豢**(chú huàn)：刍指养牛羊，又指吃草的牲口。豢指养犬豕，又指吃谷物的牲畜。

10 **必比类**：指若阳祀用黄色牺牲，阴祀用黑色牺牲，必各比于其类。

11 **难**(nuó)：指傩祭。

原文

是月也，可以筑城郭，建都邑，穿窦窖[1]，修囷仓[2]。乃命有司趣[3]民收敛，务畜菜，多积聚。乃劝种麦，毋或失时；其有失时，行罪无疑。

是月也，日夜分，雷〔乃〕始收（声）[4]，蛰虫（坏）〔坯〕户；杀气浸盛，阳气日衰，水始涸。日夜分，则同度量，平权衡，正钧石，角斗甬。

是月也，易关市，来商旅，纳货贿，以便民事。四方来集，远乡皆至，则财不匮。上无乏用，百事乃遂。凡举大事，毋逆（大）〔天〕数[5]，必顺其时，慎因其类。

仲秋行春令，则秋雨不降，草木生荣，国乃有恐；行夏令，则其国乃旱，蛰虫不藏，五谷复生；行冬令，则风灾数起，收雷先行，草木蚤死。

译文

这一月，可以筑城郭，建都邑，挖地洞，修粮仓。要命令有关官吏催促民众收藏谷物，储存干菜，凡是可以作为过冬的都要多多储备。要勉励民众种麦，不要失去时机；如果有误失时日的，必受惩罚无疑。

这一月，白天黑夜的时间等分，不再有雷声，准备蛰藏的昆虫增添洞口的泥土；肃杀的阴气渐渐兴盛，阳气日益衰弱，水开始干涸。白天黑夜的时间等分，那么正可以校正各种度量衡的器具。

这一月，要宽缓关口的稽查和市场的税收，从而招徕各处的商人旅客，收购他们带来的货物，便利民众的生活日用。四方的人都前来集会，远方的人也都来到，那么财用就不会匮乏。国君不缺乏财用，那么各事都能办成功。凡是要有兴兵动众的大事，不能违逆天道，必须顺时令行事，并要慎重地依据各类不同情况行事。

如果在八月仲秋发布春天的命令，那么秋天就不下雨，草木重又开花，国内就常有火灾的恐惧；如果发布夏天的命令，那么国内就会干旱，昆虫不再蛰藏，五谷重又发芽；如果发布冬天的命令，那么风灾常起，雷声提早响起，草木会早死。

注释

1 **窦窖**(dòu jiào):挖地圆曰窦,方曰窖。

2 **囷**(qūn)**仓**:储放稻草谷物的地方。圆曰囷,方曰仓。

3 **趣**(cù):催促。

4 王引之说,本作“雷乃始收”,古人多以“乃始”二字连文。

5 **大数**(shù):依《吕氏春秋》作“天数”。天数,即天道。

原文

6.10 季秋之月,日在房[1],昏虚[2]中,旦柳中。其日庚辛。其帝少皞,其神蓐收。其虫毛。其音商,律中无射[3]。其数九。其味辛,其臭腥。其祀门,祭先肝。

鸿雁来宾,爵[4]入大水为蛤,鞠[5]有黄华,豺乃祭兽戮禽。

天子居总章右个;乘戎路,驾白骆,载白旂;衣白衣,服白玉;食麻与犬,其器廉以深。

是月也,申严号令,命百官贵贱无不务内,以会天地之藏,无有宣[6]出。乃命冢宰,农事备收,举五谷之要[7],藏帝藉之收

译文

九月季秋,太阳的位置在房宿,黄昏时虚宿在南方天中,拂晓时柳宿在南方天中。秋之日天干为庚辛。秋之帝为少皞,秋之神是蓐收。秋之虫是毛虫。秋之音是五音中的商音,气候与律管相应于无射。数为九。口味为辛,气味为腥。秋天祭祀的对象是门,祭品以肝脏为上。

鸿雁就像宾客一样停留着未去,雀入大海化成了蛤,秋菊开有黄花,豺杀兽而围陈之如祭,之后又杀兽而食。

天子居住在总章的右室;出外乘坐兵车,驾有白马,载有白旗;要穿白衣服,佩带白色的佩玉;要以麻和犬为主要食物,用的器皿都要有棱角而且要深。

这一月,要重申孟秋时的收敛号令,命令百官不论贵贱都从事收缴的工作,从而配合天地即将进入冬藏的时节,不能再有散出的情况。于是又命令冢宰,在农作物全部收齐后,登记租税收入的数量,将藉

于神仓[8]，祗敬必饬。

是月也，霜始降，则百工休。乃命有司曰："寒气总至[9]，民力不堪，其皆入室！"上丁，命乐正入学习吹。

是月也，大飨帝，尝，牺牲告备于天子。合诸侯，制[10]百县，为来岁受[11]朔日，与诸侯所税于民轻重之法、贡职之数，以远近土地所宜为度，以给郊庙之事，无有所私。

田所收的归藏在神仓，要格外恭敬严肃。

这一月，开始降霜，各种工匠就休息了。于是命令有关官吏，说："寒气凝聚袭来，民众体力不能忍受，让他们都离开田地回到屋内去吧！"第一个丁日，命令乐正到国学里教练吹乐。

这一月，要举行大享五帝和遍祀群神的尝祭，向天子报告所用牺牲至此时已完备。天子命令各诸侯和畿内的众县官，颁布新年的朔日，同时，诸侯国内向民众征税的轻重、贡献物品的多寡，应依据距离的远近和土地出产的情况而订出制度，而贡品是用来供给祭神祭祖的，不能私自占有。

注释

1 **房**：二十八宿之一，今在天蝎座。

2 **虚**：二十八宿之一，今在宝瓶座、小马座。

3 **无射**(yì)：十二律之一。

4 **爵**(què)：通"雀"。

5 **鞠**：通"菊"。菊花。

6 **宣**：露。

7 **要**(yào)：指租赋所入之数。要，数也。

8 **神仓**：贮藏粢盛以供祭祀的仓廪。

9 **总至**：陈澔说，凝聚而至也。

10 **制**：合。

11 **受**：授。

原文

是月也，天子乃教于田猎，以习五戎[1]，班马政[2]；命仆及七驺咸驾[3]，载旌旐[4]，授车以级，整设于屏外。司徒搢扑[5]，北面〔以〕[6]誓之。天子乃厉饰[7]，执弓挟矢以猎，命主祠祭禽于四方。

是月也，草木黄落，乃伐薪为炭。蛰虫咸俯在(内)〔穴〕[8]，皆墐其户。乃趣狱刑，毋留有罪。收禄秩之不当[9]、供养之不宜[10]者。

是月也，天子乃以犬尝稻，先荐寝庙。

季秋行夏令，则其国大水，冬藏殃败，民多鼽嚏[11]；行冬令，则国多盗贼，边竟不宁，土地分裂；行春令，则暖风来至，民气解[12]惰，师兴不居[13]。

译文

这一月，天子在举行田猎时教练民众作战的阵法，训练各种兵器的使用和用马的方法；命令仆夫和御者将七种车都驾起来，载上旌旗，并根据职位等级分派车辆，整队排列在军门的屏障之外。司徒把教鞭插在腰间，脸朝北而发誓言。天子要披甲戴盔，拿着弓箭来打猎，并命令主管祭祀的官员向四方祭祀禽兽。

这一月，草木枯黄凋落，于是可以砍柴烧炭。昆虫都蛰伏在洞穴里，也都用泥塞住了洞口。要赶紧处理狱刑案件，不要遗留有罪的人未被判决。收回滥赐不当的俸禄以及无功受禄者的所得。

这一月，天子就用犬相配品尝新稻，要先向寝庙荐献。

如果在九月季秋发布夏天的命令，那么国内会有大水灾，冬藏就会遭殃败毁，民众多患伤风打喷嚏；如果发布冬天的命令，那么国内多盗贼，边境不安宁，土地遭分裂；如果发布春天的命令，那么暖风重新来到，民众感到懈惰，并且常有战争发生，不能止息。

注释

1 **五戎：**五种兵器，弓矢、殳(shū)、矛、戈、戟。

2 **马政：**用马的方法。郑玄说，谓齐其色，度其力，使同乘也。

3 **仆**:戎仆。**驺**(zōu):养马又兼管赶车的人。陈澔说,天子马有六种,各一驺主之,并总主六驺者为七驺也,皆以马驾车。

4 **旐**(zhào):画有龟蛇的旗帜。

5 **扑**:刑具,教鞭,即夏(槚树)、楚(荆条)二物。

6 王念孙说,"誓"上当有"以"字。

7 **厉饰**:指天子戎服严肃威武。

8 王念孙说,"内"当为"穴"。

9 **禄秩**:官吏俸禄的级别。郑玄说,禄秩不当,恩所增加也。

10 **供养之不宜**:谓所养无勋于国。即无功受禄者。

11 **鼽嚏**(qiú tì):打喷嚏,伤风。

12 **解**(xiè):通"懈"。懈怠。

13 **居**:止息。

原文

6.11 孟冬之月,日在尾,昏危中,旦七星中。其日壬癸。其帝颛顼,其神玄冥[1]。其虫介[2]。其音羽,律中应钟[3]。其数六。其味咸,其臭朽[4]。其祀行[5],祭先肾。

水始冰,地始冻,雉入大水[6]为蜃,虹藏不见。

天子居玄堂左个;乘玄路,驾铁骊,载玄旂;衣黑衣,服玄玉;食

译文

十月孟冬,太阳的位置在尾宿,黄昏时危宿在南方天中,拂晓时星宿在南方天中。冬之日天干为壬癸。冬之帝为颛顼,冬之神为玄冥。冬之虫是甲虫。冬之音是五音中的羽音,气候与律管相应于应钟。数是由"土"加"水"为六。口味为咸,气味为朽。冬天祭祀的对象是道路行神,祭品以肾脏为上。

水开始结冰,土地开始冻裂,雉飞入淮河变为大蛤,彩虹藏而不现。

天子居住在玄堂的左室;出外乘坐黑色的车,驾有黑色的马,载有黑色的旐旗;要穿黑衣服,佩带黑色的佩玉;要以黍和猪为主要食物,用的器皿都要中间宽大而开口较小。

黍与彘，其器闳以奄[7]。

是月也，以立冬。先立冬三日，大史谒之天子曰：“某日立冬，盛德在水。”天子乃齐。立冬之日，天子亲帅三公、九卿、大夫以迎冬于北郊。还反，赏死事，恤孤寡。

是月也，命大史衅龟策[8]，占兆审卦，吉凶是察；阿党[9]则罪，无有掩蔽。

是月也，天子始裘。命有司曰：“天气上腾，地气下降，天地不通，闭塞而成冬。”命百官谨盖藏[10]。命司徒循行积聚[11]，无有不敛。(坏)〔坯〕城郭，戒门闾；修键闭，慎管籥；固封疆，备边竟；完要塞，谨关梁，塞徯径；[12]饬丧纪，辨衣裳，审棺椁之薄厚，(茔)〔营〕丘垄之(大)小〔大〕、高卑、(厚)薄〔厚〕之度，贵贱之等级。[13]

这一月定立冬节气。在立冬前三天，大史拜见天子，禀告说：“某日立冬，天地的盛德在五行中的水位。”于是天子斋戒。在立冬这天，天子亲自率领三公、九卿、诸侯、大夫到北郊去举行祭祀，迎接冬帝颛顼。礼毕回来，天子赏赐为国捐躯的人，抚恤死者的妻子儿女。

这一月，命令大史杀牲取血涂在龟和策上，(禳除不祥，)审察龟所显示的兆和策所布列的卦，辨察它们的吉凶；如果有逢迎上意或朋比为奸的人，就得治罪，不能掩蔽而不上报实情。

这一月，天子开始穿皮裘。命令有关官吏说：“天气向上升腾，地气向下降落，天地二气不能通融，各自闭塞就成了冬天。”命令百官小心藏储工作。命令司徒巡视各地收藏情况，不要让庄稼散露在外面。要增筑城郭，警戒门闾；要修缮门栓，小心锁钥；要巩固封疆，防备边境；要加固要塞，谨守关口津梁，堵塞小路；要整饬丧葬制度，辨明丧服的不同穿着情况，审察棺椁的厚薄，度量墓域、封土的大小、高低、厚薄的规格，这些都是为了表明贵贱的不同等级。

注释

1 **玄冥：**传说为少皞之子。

2 **介**:指以龟为首的甲壳类动物。

3 **应钟**:十二律之一。

4 **朽**:郑玄说,气若有若无为朽。

5 **行**:道路行神。或据《白虎通》《淮南子》等认为,"冬祀井"。

6 **大水**:郑玄说,淮也。

7 **奄**:指器皿口掩小。

8 **策**:占卜用的蓍草。

9 **阿(ē)党**:阿,向上阿谀逢迎;党,在下朋比为奸。

10 **盖藏**:郑玄说,谓府库囷(qūn)仓有藏物也。

11 **积聚**:郑玄说,谓刍禾薪蒸之类。

12 按:高诱说,要塞所以固国,关梁所以通途,塞绝徯径,为其败田。

13 依王引之说而改。

原文

是月也,命工师效功[1],陈祭器,按度程,毋或作为淫巧以荡上心;必功致为上。物勒[2]工名,以考其诚;功有不当[3],必行其罪,以穷其情。

是月也,大饮烝[4]。天子乃祈来年于天宗[5],大割祠于公社[6]及门闾,腊[7]先祖五祀[8];劳农以休息之。天子乃命将帅讲武、习射御、角力。

是月也,乃命水虞渔师收水泉池泽之赋。毋或

译文

这一月,命令工师呈缴百工制成的器物,陈列出祭器,考查它们的式样法度,不允许有人制作奢侈奇巧的器物来惑乱君王的心意;必须以制作精致为上。器物上都要刻上工匠的名字,用来考查他们的真实本领;如果制作的器物有不当之处,必定将他治罪,追究他诈伪的情况。

这一月,要举行大规模的饮烝祭祀。天子要向日月星辰祈求来年的丰收,大杀群牲来向公社、门闾祭祷,用田猎所得禽兽来向先祖五祀祭祷;要慰劳农民,并让他们休息。于是天子又命令将帅讲习武功,练习射箭驾车等技艺,较量勇力。

敢侵削众庶兆民，以为天子取怨于下；其有若此者，行罪无赦。

孟冬行春令，则冻闭不密，地气上泄，民多流亡；行夏令，则国多暴风，方冬不寒，蛰虫复出；行秋令，则雪霜不时，小兵时起，土地侵削。

这一月，要命令主管湖泽的官吏和渔师收取水泉池泽的赋税。不允许有人敢去侵夺百姓万民们的利益，而使天子被下面的民众抱怨；如果有这样的情况发生，必治罪不宽赦。

如果在十月孟冬去发布春天的命令，那么冰冻闭塞不紧密，地气就向上发泄，民众多有流亡；如果发布夏天的命令，那么国内就多暴风，虽值冬天，但不寒冷，蛰伏的昆虫重新出土；如果发布秋天的命令，那么雪、霜就下得不合时宜，刀兵之交会时有发生，国土会被侵夺。

注释

1 **效功**：郑玄说，录见百工所作器物也。

2 **勒**：铭刻。

3 **功有不当**：孔疏说，谓用材精美而器不坚固也。

4 **烝**(zhēng)：古代冬祭名。

5 **天宗**：指日月星辰。

6 **公社**：古代天子、诸侯祭祀天地鬼神的处所。

7 **腊**：古代祭名。郑玄说，谓以田猎所得禽祭也。

8 **五祀**：古代祭祀的五种神祇(qí)。此指门、户、中霤、灶、行之神。

原文

6.12 仲冬之月，日在斗，昏东壁[1]中，旦轸[2]中。其日壬癸。其帝颛顼，其神玄冥。其虫介。其音羽，律中黄钟。其数六。其味咸，其臭朽。其祀行，祭先肾。

译文

十一月仲冬，太阳的位置在斗宿，黄昏时壁宿在南方天中，拂晓时轸宿在南方天中。冬之日天干为壬癸。冬之帝为颛顼，冬之神为玄冥。冬之虫是甲虫。冬之音是五音中的羽音，气候与律管相应于黄钟。数为六。口味为咸，气冰益壮，地始坼，鹖旦不鸣，虎始交。

天子居玄堂大庙；乘玄路，驾铁骊，载玄旂；衣黑衣，服玄玉；食黍与彘，其器闳以奄。饬死事[3]。命有司曰："土事毋作，慎毋发盖，毋发室屋及起大众，以固而闭。地气（沮）〔且〕[4]泄，是谓发天地之房，诸蛰则死，民必疾疫，又随以丧。命之曰畅月[5]。"

是月也，命奄尹[6]申宫令，审门闾，谨房室，必重闭[7]。省妇事，毋得淫[8]，虽有贵戚近习，毋有不禁。乃命大酋：秫稻必齐，曲蘖必时，湛炽必洁[9]，水泉必香，陶器必良，火齐[10]必得。兼用六物，大酋监之，毋有差贷。天子命有司祈祀四海、

味为朽。冬天祭祀的对象是道路行神，祭品以肾脏为上。

冰冻益加厚实，地面开始冻裂开来，鹖旦不再啼鸣，老虎开始交尾。

天子居住在玄堂的大庙；出外乘坐黑色的车，驾有黑色的马，载有黑色的旌旗；要穿黑衣服，佩带黑色的佩玉；要以黍和猪为主要食物，用的器皿都要中间宽大而开口较小。整饬军士，命令他们作战应有必死之志。命令有关官吏，说："有关土地的诸事不可兴作，贮藏用的仓库不要掀起覆盖物，宫室房屋也不可揭开覆盖的东西，不准劳民动众，从而巩固阴气的闭藏。（不这样的话，）地气将会发泄出来，这就叫作揭开了天地的房门，众多蛰伏的昆虫就会因阳气的发泄而死去，民众也必定因此而遭瘟疫，又随之死亡。就称这种情况（即按时节应当闭藏却畅达了）为'畅月'。"

这一月，命令太监的头领重申宫内的法令，审察宫内门闾的开合出入，要封闭房屋，必须内外都紧闭起来。要减少妇女们的劳作，并不准她们制作奢侈怪巧的物品，即使是高贵的天子的亲戚以及天子所宠信的人，都不应该不遵守这一禁令。于是又命令主管酿酒的大酋：酿酒用的秫稻必须纯净，酵母必须用得适度及时，渍米炊蒸必须清洁，使用的泉水必须甘甜，所用的陶器必须完好，火候的调节必须得宜。合以上六事，均由大酋监督，不准有差错。天

大川、名源[11]、渊泽[12]、井泉。

子又命令典礼官员祭祀四海、大川、河源、深泽、井泉的神祇。

注释

1 **东壁：**二十八宿之一，今分属仙女座和飞鸟座。

2 **轸：**二十八宿之一，今在乌鸦座。

3 译文依孔疏。《吕氏春秋》无“饬死事”三字；朱熹认为其为衍文。

4 《吕氏春秋》中“沮”作“且”。孙希旦说，当作“且”。且，将。

5 **畅月：**农历十一月。依孙希旦说，时当闭藏而畅达之，故名之曰畅月，言其逆天时也。

6 **奄尹：**主领太监之官。亦泛指宦官。

7 **重闭：**指内外皆闭。谓防护严密。

8 **淫：**奢侈，奢华。此指女工奢侈怪巧。

9 **湛**(jiān)**：**渍。**炽：**通“饎”。炊，烹煮。

10 **火齐**(jì)**：**烹煮时所需的时间及火力。

11 **名源：**大川的源头。

12 **渊：**深。

原文

是月也，农有不收藏积聚者，马牛畜兽有放佚者，取不之诘。山林薮泽[1]，有能取蔬食[2]、田猎禽兽者，野虞教道之；其有相侵夺者，罪之不赦。

是月也，日短至，阴阳争，诸生荡[3]。君子齐戒，处必掩身[4]。身欲

译文

这一月，农民如有不收藏积聚的谷物，马牛畜兽如散放在外的，有人取走了，也不加追究。山林渊泽中，如有去获取草木果实的，猎取飞禽走兽的，主管田野山林的官吏应该教导他们；但是如有互相侵夺的，主管田野山林的官吏就得对他们治罪而不宽赦。

这一月，白天最短，阴阳互争，各种生物将要萌芽。君子要斋戒，居处必须闭藏。身心要宁静，摒除声色娱乐，禁止嗜欲，安身养性，不妄动作，从而等待阳长阴消的结果。

宁，去声色，禁耆欲，安形性，事欲静，以待阴阳之所定。芸[5]始生，荔挺[6]出，蚯蚓结，麋角解，水泉动，日短至，则伐木取竹箭[7]。

是月也，可以罢官之无事、去器之无用者，涂阙廷门闾，筑囹圄，此以助天地之闭藏也。

仲冬行夏令，则其国乃旱，氛雾冥冥，雷乃发声；行秋令，则天时雨汁[8]，瓜瓠不成，国有大兵；行春令，则蝗虫为败，水泉咸竭，民多疥疠。

这时，芸草开始萌生，马薤草抽芽，蚯蚓蜷曲泥土中，麋角脱落，水泉流动。白天最短，就可以伐木，取竹箭（因为阴盛而竹木长得坚实了）。

这一月，可以罢免无事可做的官员，除去没有用的器物，关闭宫阙、门闾，修筑监狱，这些都是用以辅助天地闭藏之气的。

如果在十一月仲冬发布夏天的命令，那么国内就有大旱，雾气冥冥雷声响起；如果发布秋天的命令，那么时常有雨雪夹杂而来，瓜瓠就不能结实，国家将有大规模的战事发生；如果发布春天的命令，那么蝗虫会败毁庄稼，水泉会全都干枯，会有许多民众患疥疮等皮肤病。

注释

1 **薮(sǒu)泽：**郑玄说，大泽曰薮。高诱说，无水曰薮，有水曰泽。

2 **蔬食：**草木的果实。

3 **荡：**谓物动，将萌芽也。

4 **处必掩身：**此指闭藏其居处。掩身，居于隐蔽之处。

5 **芸：**郑玄说，是香草。

6 **荔挺：**草名，形似蒲而小，根可制刷。

7 **竹箭：**竹制的利箭。

8 **雨汁：**雨夹雪。

原文

6.13 季冬之月，日在

译文

十二月季冬，太阳的位置在女宿，黄

婺女，昏娄[1]中，旦氐[2]中。其日壬癸。其帝颛顼，其神玄冥。其虫介。其音羽，律中大吕。其数六。其味咸，其臭朽。其祀行，祭先肾。

雁北乡[3]，鹊始巢，雉雊[4]，鸡乳[5]。

天子居玄堂右个；乘玄路，驾铁骊，载玄旂；衣黑衣，服玄玉；食黍与彘，其器闳以奄。命有司大难，旁磔[6]，出土牛[7]，以送寒气。征鸟厉疾。[8]乃毕山川之祀，及帝之大臣、天之神祇。

是月也，命渔师始渔，天子亲往。乃尝鱼，先荐寝庙。冰方盛，水泽腹坚。命取冰，冰以入[9]。令告民出五种，命农计耦耕事，修耒耜，具田器。命乐师大合吹而罢。乃命四监收秩薪柴[10]，以共郊庙及百祀之薪燎。

昏时娄宿在南方天中，拂晓时氐宿在南方天中。冬之日天干为壬癸。冬之帝为颛顼，冬之神为玄冥。冬之虫是甲虫。冬之音是五音中的羽音，气候与律管相应于大吕。数为六。口味为咸，气味为朽。冬天祭祀的对象是道路行神，祭品以肾脏为上。

鸿雁准备向北归来，鹊也开始筑巢，雉啼鸣，鸡孵化。

天子居住在玄堂的右室；出外乘坐黑色的车，驾有黑色的马，载有黑色的旌旗；要穿黑衣服，佩带黑色的佩玉；要以黍和猪为主要食物，用的器皿都要中间宽大而开口较小。命令典礼的官员举行大规模的傩祭，在九个城门处砍碎牲体，驱除祸恶，并要制作土牛放在九处城门外，用以送走寒气。这时的鹰鸟已变得凶猛迅捷。于是结束一年的山川祭祀，以及对先帝时有功于民众的大臣、天地间神祇的祭祀。

这一月，命令渔师开始捕鱼，天子也要亲自前往。于是品尝新鲜的鱼，也要首先献给寝庙。这时冰冻正重，江河湖泽的深处也凝结了坚冰。于是命令取冰块，将冰块存放入凌室中。命令农官告示民众挑选送出仓库中的五谷良种，命令他们考虑耦耕之事，修整耒耜，准备种田器具。命令乐师让学子合作大演奏，然后一年学乐到这时就结束了。又命令主管山、林、川、泽的官吏收缴民

是月也，日穷于次[11]，月穷于纪[12]，星回于天[13]，数将几终，岁且更始。专[14]而农民，毋有所使。天子乃与公卿、大夫共饬国典，论时令，以待来岁之宜。乃命太史次诸侯之列，赋之牺牲，以共皇天上帝社稷之飨。乃命同姓之邦，共寝庙之刍豢。命宰[15]历[16]卿大夫至于庶民土田之数，而赋牺牲，以共山林名川之祀。凡在天下九州之民者，无不咸献其力，以共皇天上帝、社稷寝庙、山林名川之祀。

季冬行秋令，则白露蚤降，介虫为妖，四鄙入保；行春令，则胎夭多伤，国多固疾，命之曰逆；行夏令，则水潦败国，时雪不降，冰冻消释。

众应当交纳的柴薪，从而供给祭天祭祖以及各种祭祀时烹饪、照明等用。

这一月，太阳又回到原来的位次玄枵，月与日又相会到原来的位次玄枵，二十八宿也还原到原处，（日、月、星辰都运行了一周匝，）一年的日数就将告终，新年就将开始。要让你们的农民专心考虑如何准备来年的耕作，不要使唤他们服徭役。天子要与公、卿、大夫共同修正国家的法典，讨论四时的政令，使其与明年可能出现的新情况相适宜。于是命令太史排列大小诸侯的次序，使他们进贡上牺牲，用来供给皇天、上帝、社稷祭祀享用。于是又命令同姓诸侯国，供给祭祀寝庙所用的祭牲。命令小宰排列卿大夫采地直到庶民田地的数量，让他们交纳牺牲，用来供给山林名川的祭祀。凡是在天下九州的民众，都应竭尽全力进献上物品，用来供给皇天、上帝、社稷、寝庙、山林名川的祭祀。

如果在十二月季冬发布秋天的命令，那么白露早降，甲虫就会兴妖作怪，四面边境时有侵扰，民众躲入城堡；如果发布春天的命令，那么胎内的动物多会伤败，国民多患难治病症，这就称为“逆”；如果发布夏天的命令，那么就有水灾损害国家，该下雪时却不下，冰冻会融化开来。

注释

1 **娄**:二十八宿之一,今在白羊座。

2 **氐**(dī):二十八宿之一,今在天秤座。

3 **雁北乡**:孙希旦说,雁始乡(向)之而尚未北也,至正月候雁北,始北归矣。乡,通“向”。

4 **雊**(gòu):雉鸡鸣叫。

5 **乳**:生子。亦指鸟类产卵。

6 **旁磔**(zhé):磔牲于国门之旁。磔,分裂牲体以祭神。

7 **出土牛**:以土作牛,磔之于九门之外,以禳除阴气。

8 **征鸟厉疾**:或说此句当在上文“雉雊,鸡乳”之下。征鸟,远飞的鸟。指鹰隼等猛禽。

9 **入**:此指入凌室(古代藏冰之室)收藏。

10 **薪柴**:郑玄说,大者可析谓之薪,小者合束谓之柴;薪施炊爨,柴以给燎。

11 **日穷于次**:孔疏说,去年季冬,日次于玄枵(xiāo),至此月复次于玄枵,故称。次,星次。玄枵,十二星次之一。

12 **月穷于纪**:孔疏说,去年季冬,日月会于玄枵,至此复会于玄枵,故称。纪,会也。

13 **星回于天**:孔疏说,二十八宿随天而行,每日虽周天一匝,早晚不同,至此月复其故处,故称。

14 **专**:专一、专门。此指专于耕稼之事。

15 **宰**:指小宰,县邑的长官。

16 **历**:次序。此指排列次序。

礼运

导读

《礼运》是《礼记》中的第9篇。有人认为其文辞似《荀子》，或是汉初之作。“运”是运动变化的意思。《礼运》是关于礼的通论，主要记五帝三王相变易、阴阳旋转之道，因此以“礼运”命名。

古今许多思想家、政治家曾为《礼记》中所描绘的大同世界倾倒，认为它是社会进步的理想。“大道之行也，天下为公，选贤与能，讲信修睦。故人不独亲其亲，不独子其子；使老有所终，壮有所用，幼有所长，矜寡、孤独、废疾者皆有所养……”这一美好蓝图出自两千多年前的此书中，一直绵延至今。清末戊戌变法倡导者康有为据此而著《大同书》。民主主义革命家孙中山以“天下为公”作为自己的座右铭，并提出“三民主义”学说。其实，原始共产主义与未来共产主义的性质是不同的。

《礼运》将社会发展阶段划分为“小康”和“大同”两阶段。“大同”是建成“小康”后的必然结果。我国当下“小康社会”的提法便出于此书。

本篇还论述了礼之源流演变与礼之作用，批评周末礼之衰微，天子诸侯违礼乱政之弊，因此需要建立“刑仁讲让，示民有常”的制度规范，即用爵禄、刑罚和礼义来协调规范人们的言行。

康有为认为，各种经典著作中，发明大同之道者，唯《礼运》这一篇。

原文

9.1 昔者仲尼与于蜡宾[1]，事毕，出游于观[2]之上，喟然而叹。仲尼之叹，盖叹鲁也。

言偃在侧，曰："君子何叹？"孔子曰："大道之行也，与三代之英[3]，丘未之逮[4]也，而有志焉。大道之行也，天下为公，选贤与[5]能，讲信修睦。故人不独亲其亲[6]，不独子其子[7]；使老有所终，壮有所用，幼有所长，矜[8]寡、孤独、废疾者皆有所养；男有分，女有归[9]。货，恶其弃于地也，不必藏于己；力，恶其不出于身也，不必为己。是故谋闭而不兴，盗窃乱贼[10]而不作，故外户而不闭，是谓大同。

"今大道既隐，天下为家，各亲其亲，各子其子，货、力为己；大人世及[11]以为礼，城郭沟池[12]以为固，礼义以为纪，以正君

译文

从前，孔子参加蜡祭典礼，充任陪祭，祭事完毕后来到门楼的高台上游览，不觉长叹起来。孔子的感叹，大概是感叹鲁国吧。

言偃在旁边，问："先生为什么感叹呢？"孔子说："大道施行的时代和夏商周那些杰出的人主当政的时代，我都没有能赶上，可是有文献记载下来。大道施行的时代，天下是公有的，选举贤德和有才能的人，讲求信用，修整人间关系而至和睦。所以人们不只亲自己的亲人，不只爱自己的子女；要让年老的人都有归宿，壮年的人都有用处，年幼的人都能得到抚育，男人老了没有妻子的、女人老了没有丈夫的、幼儿无父母的、老人无子女的，以及残废的人，都能够得到供养。男人有职务，女子有夫家。财物，人们恨它被扔在地上，（都想收起来，）但不一定藏在自己家里；力气，人们恨它不从自己身上使出来，（都想使出来，）但不一定为了自己。因此，阴谋诡计就被堵塞住，不会兴起，盗窃、造反和害人的事情也不会发生，就连外面的大门也用不着关上，这就称为大同。

"如今大道已经消逝不见，天下变为一家所私有，各人只是亲自己的亲人，各人只是爱自己的子女，货物和劳力都是为

臣，以笃父子，以睦兄弟，以和夫妇，以设制度，以立田里[13]，以贤勇知，以功为己。故谋用[14]是作，而兵由此起。禹、汤、文、武、成王、周公，由此其选[15]也。此六君子者，未有不谨于礼者也，以著其义，以考[16]其信，著有过，刑仁讲让，示民有常。如有不由此者，在埶[17]者去，众以为殃，是谓小康。”

了自己。天子诸侯的子弟世代承袭，认为合于礼，因而修建内城、外郭和护城河作为赖以防守的建筑工事，还用礼仪来建立纲纪，使君臣关系正常，使父子关系纯厚，使兄弟关系和睦，使夫妻关系和谐。又规定制度，划分田里，尊重有勇力有智谋的人，而立功做事只是为自己。所以权谋因此而兴起，战争也因此发生了。禹、汤、文王、武王、成王、周公因此成为杰出人物。这六位圣贤，没有不谨慎恪守礼制的，用礼来表彰人民做对的事，用礼来成全人民讲信用的事，用礼来揭露有过错的事，用礼来树立仁爱的法则，用礼来提倡谦让，用礼指示人民应有常规。如果有人不恪守礼，有地位权势的人会被罢免，人们把统治者不恪守礼视为祸害。这就称为小康。”

注释

1 **蜡宾**：蜡，古代国君的年终祭祀；宾，陪祭者。

2 **观**：宗庙门外两旁的高建筑物。

3 **英**：杰出的人物。

4 **逮**：赶上。

5 **与**：依王引之说，通“举”。选拔。

6 **亲其亲**：以其亲为亲。

7 **子其子**：以其子为子。

8 **矜**(guān)：通“鳏”。老而无妻者。

9 **归**：女子出嫁，此指夫家。

10 **乱贼**：乱，造反；贼，害人。

11 **世及**：父子相传叫“世”，兄弟相传叫“及”。

12 **沟池**:指护城河。
13 **里**:住处。这里指有关田里的制度。
14 **用**:由。
15 **选**:选拔。此指选拔出来的人物,即杰出人物。
16 **考**:成,成全。
17 **埶**(shì):同“势”,权势。

原文

9.2 言偃复问曰:“如此乎礼之急也?”孔子曰:“夫礼,先王以承天之道,以治人之情,故失之者死,得之者生。《诗》曰:‘相鼠有体,人而无礼。人而无礼,胡不遄死!’[1]是故夫礼,必本于天,殽[2]于地,列于鬼神,达于丧、祭、射、御、〔乡〕[3]、冠、昏、朝、聘。故圣人以礼示之,故天下国家可得而正也。”

译文

言偃又问道:“礼是这样的要紧吗?”孔子说:“礼是古代君王用来承行天道的,用来治理人情的,所以失去礼便不能生存,得到礼才能生存。《诗》说:‘看那老鼠还有个身体,人却没有礼。人如果没有礼,何不趁早死去!’所以礼必须根据上天,效法大地,分布至鬼神,贯彻到丧、祭、射、御、乡、冠、婚、朝、聘等礼仪上。因此圣人用礼来教育人民,而天下的国家才可能纳入正轨。”

注释

1 见《诗·鄘风·相鼠》。**遄**(chuán):迅速。
2 **殽**(xiào):通“效”。效法。
3 此据邵懿辰《礼经通论》补。

原文

9.3 言偃复问曰:“夫子之极言礼也?可得而

译文

言偃又问道:“先生能透彻地讲一下礼吗?我们也可以听闻到。”孔子说:“我闻与？”孔子曰：“我欲观夏道，是故之杞，而不足征也，吾得《夏时》[1]焉。我欲观殷道，是故之宋，而不足征也，吾得《坤乾》[2]焉。《坤乾》之义，《夏时》之等，吾以是观之。夫礼之初，始诸饮食，其燔黍捭[3]豚，污尊[4]而抔饮[5]，蒉桴[6]而土鼓，犹若可以致其敬于鬼神。及其死也，升屋而号，告曰：‘皋[7]！，某复！’然后饭腥[8]而苴孰。故天望而地藏也，体魄则降，知气在上。故死者北首，生者南乡，皆从其初。昔者先王未有宫室，冬则居营窟，夏则居橧巢；未有火化，食草木之实、鸟兽之肉，饮其血，茹其毛；未有麻丝，衣其羽皮。后圣有作，然后修火之利，范金[9]，合土，以为台榭宫室牖户；以炮，以燔，以亨，以炙，以为醴酪；治其麻丝，以为

想要看看夏代的礼制，所以到杞国去考察，但发现杞国的文献不足信。我只得到《夏时》历书。我想要看看殷代的礼制，所以到宋国去考察，但发现宋国的文献也不足信。我只得到关于阴阳的《坤乾》一书。《坤乾》中所体现的事物内在的规律和《夏时》中所记载的四时运转的次第，我可以据此来考察夏代、殷代的礼。礼的初起，开始于饮食。当时在火上爆黍粒，在火上烤猪肉，在地上挖一个坑就算酒尊，用手捧起来喝，又抟土作槌，筑土为鼓，好像照样可以向鬼神表示敬意。到了他们死的时候，还要有人登上屋顶向上天哀号：‘啊，某人的灵魂你该回来啊！’此后又用生米塞在死人的口里，又用熟肉包起来作为出葬时的祭物。所以先是向上天招魂，然后在地下埋葬；肉体下降地下，灵魂却在上天。因此死人的头朝北，（归阴，）活人的头朝南，（归阳，）都是从上古沿传下来的风俗。上古时代君王没有房屋，冬天就居住在挖掘的土洞里，夏天就居住在搭在树上的巢里；不知道用火来烧煮，生吃草木的果实、鸟兽的肉，还饮它们的血，吞下它们的毛；没有麻和丝，就穿用鸟兽羽毛和皮革做的衣服。后来有圣人出现，然后发挥火的功效，做出模型来铸造金属，和合泥土来制作器物，用来建造台榭、房屋、门窗；又用火来烘、烤、煮、烧各种食物，用来酿制醴酒和乳酪；又把麻和丝加

布帛；以养生送死，以事鬼神上帝，皆从其朔。故玄酒[10]在室，醴盏[11]在户，粢醍[12]在堂，澄酒[13]在下。陈其牺牲，备其鼎俎，列其琴瑟。管磬钟鼓，修其祝嘏[14]，以降上神与其先祖。以正君臣，以笃父子，以睦兄弟，以齐上下，夫妇有所，是谓承天之祜。作其祝号[15]，玄酒以祭，荐其血毛，腥其俎，孰其殽；与其越席[16]，疏布以幂，衣其浣帛。醴盏以献，荐其燔炙。君与夫人交献，以嘉魂魄，是谓合莫[17]。然后退而合亨[18]，体其犬、豕、牛、羊，实其簠、簋、笾、豆、铏[19]羹。祝以孝告，嘏以慈告。是谓大祥。此礼之大成也。”

工，织成布匹和丝绸；用来供养生者，送葬死者，用来侍奉鬼神上帝，到现在还是照从前一样。所以玄酒放在室内，甜酒和白酒放在户外，齐醍放在堂上，清酒放在堂下。陈列供祭礼用的牺牲，齐备鼎和俎，排定琴、瑟、管、磬、钟、鼓，进行主人向神祭告的‘祝辞’和尸对主人祝福的‘嘏辞’，而用以迎接上神和先祖灵魂的九临。用这种祭礼来使君臣关系正常，使父子关系纯厚，使兄弟关系和睦，使上下齐同，使夫妇各得其所，这就叫作承受了上天的福佑。作出祝辞中美好的称号，用玄酒来祭祀，进献上牺牲的血和毛，俎上的牲体是生的，肉是煮熟的；铺设的是蒲席，用粗麻布覆盖酒尊，穿的是染色的丝绸。国君献甜酒，夫人献浊酒，把烧烤的肉奉献上去。国君和夫人交相献祭，以愉悦祖先的灵魂，这就叫人和神明交接的道理。（正祭已毕，）然后撤下来，再合在一起煮熟，把狗、猪、牛、羊的骨和肉分开来，装在簠、簋、笾、豆，以及铏器盛的羹汤里面（，分敬参加祭礼的宾客们）。祭神的祝辞是本着‘孝’来立言的，神对人的致福之辞是本着‘慈’来立言的。这就叫作大吉大祥。这就是礼的最完满的成功。”

注释

1 **《夏时》**：传说为夏代历书，其书存者有《夏小正》一篇。

2 **《坤乾》**：殷人所传的阴阳之书。

3 **捭**:王念孙说,与“燔”同为炙烤的意思。

4 **污尊**:凿地成洼,当作酒樽。

5 **抔(póu)饮**:用手掬水而饮。抔,用双手捧。

6 **蒉桴(kuì fú)**:抟土块为鼓槌。桴,鼓槌。

7 **皋**:呼号的声音。

8 **饭腥**:古代丧礼中将生米塞在死者口里。

9 **范金**:用模型浇铸金属器皿。

10 **玄酒**:指水,古人以为其色玄,上古又以水当酒,故称。

11 **醴盏(lǐ zhǎn)**:指甜酒和白酒。

12 **粢醍(zī tí)**:当言“齐醍”,较甜酒更成熟的浑酒。

13 **澄酒**:没有沉淀物的清酒。

14 **祝嘏(gǔ)**:祝,人享神的祝辞;嘏,尸代表神、祖先向祭者的祝福之辞。

15 **祝号**:祝辞中特别加美的称号,如称神为“皇天上帝”等。

16 **越席**:用蒲草织成的席。

17 **莫**:指冥漠世界。莫,通“漠”。

18 **亨**:同“烹”。

19 **铏(xíng)**:古代盛羹器。

原文

9.4 孔子曰:“於呼哀哉!我观周道,幽、厉伤之,吾舍鲁何适矣!鲁之郊禘[1],非礼也,周公其衰矣!

“杞之郊也,禹也;宋之郊也,契也。是天子之事守也。故天子祭天地,诸侯祭社稷。祝嘏莫敢

译文

孔子说:“唉,真是悲哀啊!我看到周代的礼制,到幽王、厉王的时代就被破坏了,而我舍弃鲁国,又有什么地方可以去(观周礼)呢?但是,鲁国郊天禘祖之礼,是不符合礼制的,周公之道衰微了!”

“杞国举行郊天礼,是因为禹的缘故;宋国举行郊天礼,是因为契的缘故。这是天子的法度,由他们保存下来的。所以天子才可以祭天地,诸侯只能祭社稷。人对

易其常古，是谓大假[2]。

“祝嘏辞说，藏于宗祝巫史，非礼也，是谓幽国。盏斝[3]及尸君，非礼也，是谓僭君。冕弁兵革，藏于私家，非礼也，是谓胁君。大夫具官[4]，祭器不假，声乐皆具，非礼也，是谓乱国。故仕于公曰臣，仕于家曰仆。三年之丧，与新有昏[5]者，期[6]不使。以衰裳[7]入朝，与家仆杂居齐齿[8]，非礼也，是谓君与臣同国。故天子有田以处其子孙，诸侯有国以处其子孙，大夫有采以处其子孙，是谓制度。故天子适诸侯，必舍其祖庙，而不以礼籍入，是谓天子坏法乱纪；诸侯非问疾吊丧而入诸臣之家，是谓君臣为谑。是故礼者，君之大柄也，所以别嫌明微，傧[9]鬼神，考制度，别仁义，所以

神的祝辞、神对人的嘏辞都不敢变更自古相沿的法度，这就是最大的道理。

“祝辞、嘏辞，收藏在宗、祝、巫、史的私家，这是不合礼制的，这叫作昏暗之国。盏、斝，（这两种先王时的重器）用于代表神的尸君前面，是不合礼制的，这叫作僭似天子。冕、弁、（是国君的礼服，）兵、革（是国君的武卫），如果藏在大夫私家，是不合于礼制的，这叫作胁迫国君。大夫之家若各种职务的人员完全具备，而祭器不须借用，音乐也全部具备，这是不合于礼制的，这叫作紊乱的国家。所以为国君做事的称为臣，为私家做事的称为仆。遇到父母去世，要停职三年；若是新婚，一年之内不加以任职。若穿着丧服进入朝廷，或是仍和家仆杂住一起，不分长幼，这是不合于礼制的，这叫作君臣同国（，无尊卑的分别了）。所以天子有他的田来安置他的子孙，诸侯有他的国来安置他的子孙，大夫有他的采邑来安置他的子孙，这叫作制度。所以天子到诸侯国去，一定得住在他的祖庙里，若不将有关典礼的记载随同带去，这叫作天子破坏法规扰乱纲纪；诸侯若不是问病吊丧而进入臣子家里，就是君与臣互相戏谑。因此，礼制是国君治国的重大工具，用来辨析嫌疑，显明幽隐，敬奉鬼神，考订制度，辨别仁义，治理政事，使国君的地位安稳。因此，国政不正，那么国君地位就不安稳；国君

治政安君也。故政不正则君位危，君位危则大臣倍、小臣窃。刑肃而俗敝，则法无常；法无常而礼无列，礼无列则士不事也。刑肃而俗敝，则民弗归也。是谓疵国。

地位不安稳、那么大臣就会背叛，小臣就会窃取。那时刑法虽严厉，但风俗已凋敝，法度就会失常；法度失常，礼制就会紊乱；礼制紊乱了，士人也就不能尽职。刑法严厉，风俗凋敝，那么民众就不会归顺。这就叫作有病之国。

注释

1 **郊禘(dì)**：郊，天子祭天；禘，子孙祭祖。

2 **假**：郑玄说，大也。

3 **盏斝(jiǎ)**：指先王之器。

4 **具官**：各种执事皆备。

5 **新有昏**：即新婚。

6 **期**：一周年。

7 **衰裳**：丧服。

8 **齐齿**：没有上下尊卑之分。

9 **傧**：接待宾客。

原文

“故政者君之所以藏身也。是故夫政必本于天，殽[1]以降命。命降于社之谓殽地，降于祖庙之谓仁义，降于山川之谓兴作，降于五祀[2]之谓制度。此圣人所以藏身之固也。

“故圣人参于天地，并于鬼神以治政也。处其所存，

译文

“所以，政治就是国君用来托身之处。因此凡是政治，必须以天为本，效法天降下教令。教令由社降下的就是效法土地，由祖庙降下的就是仁义，由山川降下的就是制作，由‘五祀’降下的就是宫室的制度。这都是圣人保藏自身最稳妥的方法。”

“所以圣人参拟天地，配合鬼神来处理政治。处理那些体察到的事物，

礼之序也；玩其所乐，民之治也。故天生时而地生财，人其父生而师教之，四者君以正用之，故君者立于无过之地也。

“故君者所明[3]也，非明人者也；君者所养也，非养人者也；君者所事也，非事人者也。故君明人则有过，养人则不足，事人则失位。故百姓则君以自治也，养君以自安也，事君以自显也。故礼达而分定，故人皆爱其死而患其生。故用人之知去其诈，用人之勇去其怒，用人之仁去其贪。故国有患，君死社稷，谓之义；大夫死宗庙，谓之变。

“故圣人耐[4]以天下为一家，以中国为一人者，非意[5]之也。必知其情，辟[6]于其义，明于其利，达于其患，然后能为之。何谓人情？喜、怒、哀、惧、爱、恶、欲，七者弗学而能。何谓人义？父慈，子孝，兄良，弟弟[7]，夫义，妇听，长惠，

就能使礼秩然有序；寻求人民的喜爱，就能使人民得以安居。所以天是运行岁时的，地是生长财物的，人是由父（母）生出来而由老师教育的，这四方面，国君如果能够加以正确地运用，国君也因此能处于无过失的地位了。

“所以国君是被人尊崇的，而不是去尊崇别人；国君是被人奉养的，而不是去奉养别人；国君是被人奉侍的，而不是去奉侍别人；因此国君尊崇别人就是过错，奉养别人就会力不足了；奉侍别人就失去了地位。所以，百姓尊崇国君而为了自己能安定，奉养国君而为了自己的安乐，奉侍国君而为了自己能得到光荣。所以，礼贯彻而名分就会确定，人人都爱重合于礼而死，耽心违礼而活。所以用人的智谋，应当去掉他的诈伪；用人的勇敢，应当去掉他的暴怒；用人的仁爱，应当去掉他的贪恋。因此国家有了患难，国君为社稷而死，称为义；大夫为自己宗庙而死，称为变（这都是理所当然的）。

“所以圣人能以天下为一家，以中国为一人，并不是空想的。一定要了解民众的性情，通达民众的义理，明白民众的利益，晓达民众的患难，然后才能够有所作为。什么叫人的性情？喜、怒、哀、惧、爱、恶、欲，这七方面不学而属本能。什

幼顺，君仁，臣忠，十者谓之人义。讲信修睦，谓之人利。争夺相杀，谓之人患。故圣人之所以治人七情，修十义，讲信修睦，尚辞让，去争夺，舍礼何以治之？饮食男女，人之大欲存焉。死亡贫苦，人之大恶存焉。故欲、恶者，心之大端也。人藏其心，不可测度也。美恶皆在其心，不见其色也，欲一以穷之，舍礼何以哉？

么叫作人的义理？父亲慈爱，子女孝顺，兄长善良，兄弟敬爱，丈夫守义，妻子服从，长辈慈惠，晚辈孝顺，国君仁爱，臣子忠贞，这十方面称为做人的道理。讲习的是忠信和睦，这叫作人的利益。争夺相杀，这叫作人的患难。所以圣人用以节制人的'七情'，培养人的'十义'，讲习忠信和睦，崇尚谦让，戒除争夺的，若舍弃礼制，又可用什么来整治呢？饮食和男女间的事，是人们最大的欲望。死亡和贫苦，是人们最厌恶的。所以，'欲'和'恶'（两种人情）是内心最主要的。人们将自己内心的想法深藏起来，使人不可窥测。人心好坏都在内心深处，不表现于外表，要想彻底了解人心的好坏，除了礼，还有什么东西呢？

注释

1 **殽**(xiào)：通“效”。

2 **五祀**：五行之神。

3 **明**：郑玄说，尊崇。

4 **耐**(néng)：通“能”。

5 **意**：私意测度。

6 **辟**：通，通达。

7 **弟弟**(tì)：即弟悌。悌，敬爱兄长。

原文

“故人者，其天地之德、阴阳之交、鬼神之会、五行之秀气也。故天秉阳，垂日

译文

“所以，人具有天地的德性、阴阳的交感、鬼神的聚会、五行的秀气。所以天秉有阳气，昭示日月星辰；地秉有

星，地秉阴，窍[1]于山川，播五行于四时，和而后月生也。是以三五而盈，三五而阙。五行之动，迭相竭也。五行、四时、十二月，还[2]相为本也。五声、六律、十二管，还相为宫也。五味、六和、十二食，还相为质也。五色、六章、十二衣，还相为质也。故人者，天地之心也，五行之端也，食味、别声、被色而生者也。

“故圣人作则，必以天地为本，以阴阳为端，以四时为柄，以日星为纪，月以为量，鬼神以为徒，五行以为质，礼义以为器，人情以为田，四灵以为畜。以天地为本，故物可举也。以阴阳为端，故情可睹也。以四时为柄，故事可劝也。以日星为纪，故事可列也。月以为量，故功有艺[3]也。鬼神以为徒，故事有守也。五行以为质，故事可复也。礼义以为器，故事行有考[4]也。人情以为田，故人以为奥[5]也。四

阴气，发泄出来便是山川。五行分在四时之中，五行之气和协，然后月亮依时而生。经十五天而月亮圆满，又经十五天月亮又亏了。五行的运动，就是彼此相生相克。五行、四时、十二月，循环为本位。五声、六律、十二管，循环不止为宫声。五味、六和、十二食，轮番为食的本质。五色、六章、十二衣，轮番为衣的本质。因此，人是得天地的自然法则，得五行的端绪，能尽食（五味、六和）、尽声（五声、六律）、尽色（五色、六章）的生灵。

“所以圣人立法，一定以天地为根本，以阴阳为端绪，以四时为把柄，以日星为纲纪，以十二月为分限，以鬼神为徒属，以五行为本体，以礼义为工具，以人情为田地，以四灵为牲畜。以天地为根本，所以万物得以生存。以阴阳为端绪，所以人情可以察见。以四时为把柄，所以耕作的事就会得到成功。以日星为纲纪，所以凡事有条理。以月份为计量，所以工作有分限。以鬼神为徒属，所以万事具有职分。以五行为本体，所以万事可以周而复始。以礼义为工具，所以事情必定会成功。以人情为田地，所以人就能自己成为主宰。以四灵为牲畜，所以饮食就有来源。

灵以为畜，故饮食有由也。

“何谓四灵？麟、凤、龟、龙，谓之四灵。故龙以为畜，故鱼鲔不淰[6]；凤以为畜，故鸟不獝[7]；麟以为畜，故兽不狘[8]；龟以为畜，故人情不失。

“什么叫四灵？麟、凤、龟、龙，称为四灵。所以如果以龙为牲畜，就可以使大小的鱼（有所统率）而不惊走；以凤为牲畜，就可以使鸟（有所统率）而不惊骇乱飞；以麟为牲畜，就可以使兽（有所统率）而不跑散；以龟为牲畜，就可以（预卜）而晓知人情。

注释

1 **窍**：在下而通气于上。

2 **还**(xuán)：旋转。

3 **艺**：事之界限。

4 **考**：成。

5 **奥**：主宰。

6 **淰**(shěn)：水搅动而鱼惊走。

7 **獝**(xù)：禽惊骇乱飞的样子。

8 **狘**(xuè)：惊走。

原文

“故先王秉蓍龟，列祭祀，瘗缯，宣祝嘏辞说，设制度。故国有礼，官有御，事有职，礼有序。故先王患礼之不达于下也，故祭帝于郊，所以定天位也；祀社于国，所以列地利也；祖庙，所以本仁也；山川，所以傧鬼神也；五

译文

“所以前代的国君有卜、筮所用的蓍、龟，安排鬼神的祭祀，埋葬礼品，宣扬祝告和赐福的词语，订立制度。因此国家有礼制，百官有职掌，百事有一定的职守，礼制有秩序。所以前代的国君恐怕礼制不能贯彻到下面，因而在南郊祭祀上帝，用来确定天位；在国中祭社，用来显示土地养人之功；在祖庙祭祀，用来体现仁爱的根本；祭祀山川，用来敬事鬼神；祭祀五祀，用来体

祀，所以本事也。故宗祝在庙，三公在朝，三老在学。王前巫而后史，卜筮瞽侑皆在左右，王中心无为也，以守至正。故礼行于郊，而百神受职焉；礼行于社，而百货可极焉；礼行于祖庙，而孝慈服[1]焉；礼行于五祀，而正法则焉。故自郊社、祖庙、山川、五祀，义之修而礼之藏也。

“是故夫礼，必本于大一，分而为天地，转而为阴阳，变而为四时，列而为鬼神，其降曰命，其官[2]于天也。夫礼必本于天，动而之地，列而之事，变而从时，协于分艺。其居人也曰养[3]，其行之以货力、辞让、饮食、冠昏、丧祭、射、御、朝、聘。故礼义也者，人之大端也，所以讲信修睦，而固人之肌肤之会、筋骸之束也；所以养生、送死、事鬼神之大端也，所以达天道、

现事物的根本。所以宗、祝在宗庙，三公在朝廷，三老在学校。国君的前面有（掌理神事的）巫，后面有（记载人事的）史，管卜和筮的人、乐师和辅助的人都在国君的左右。国君在中心，不必有什么作为，只要守住正道就行了。所以礼用在郊祭的时候，一切的神恪守其职；礼用在社祭的时候，一切的货财都可尽其用；礼用在祭祀祖庙的时候，天下的人都能行孝慈之道了；礼用在祭祀的时候，天下的法则就各得其正了。所以从祭郊、社、祖庙、山川到祭五祀，就是在修养道义和坚守礼义。

“所以礼一定要用‘太一’这一天地未分以前的元气为根本，元气分开来就是天和地，转而为阴阳，变化而为四时，分列而为鬼神，降下来就称为命，这就是效法于天理。礼一定要以天为本，它的动作就取法于地，分布开来就取法于事物，变化就随从四时，分量和标准都能协调，在人就成为义，实行起来就表现在货财、劳力、辞让、饮食、冠、婚、丧、祭、射、御、朝、聘各方面。所以礼义是人生的重大端绪，因此讲习忠信和睦，可以使人们肌肤的组合、筋骨的连结加强；也是养生送死、敬事鬼神的重要方面；也是传达天道、适顺人情的重大诀窍。只有圣人才能够懂得礼是不可废除的。所以要毁坏一个国家，破灭一个家庭，败坏一

顺人情之大窦也。故唯圣人为知礼之不可以已也。故坏国、丧家、亡人,必先去其礼。

个人,必定先把礼制废除了。

注释

1 **服:**行。

2 **官:**效法。

3 **养:**依郑玄说,“养”字当作“义”字。

原文

“故礼之于人也,犹酒之有蘖也,君子以厚,小人以薄。故圣王修义之柄、礼之序,以治人情。故人情者,圣王之田也,修礼以耕之,陈义以种之,讲学以耨之,本仁以聚之,播乐以安之。故礼也者,义之实也,协诸义而协,则礼虽先王未之有,可以义起也。义者,艺之分、仁之节也。协于艺,讲于仁,得之者强。仁者,义之本也,顺之体也,得之者尊。故治国不以礼,犹无耜而耕也;为礼不本于义,犹耕而弗种也;为义而不讲之以学,犹种而弗耨也;讲之于学而不合之以仁,犹耨

译文

“所以礼和人的关系就像制酒和酒曲的关系一样,君子因此更加醇厚,小人因此就更加稀薄了,所以圣哲的君王用义作为把柄,用礼作为秩序,而来治理人情。所以人情就是圣哲君王的田土,用礼来耕种它,用义来栽培它;讲明学问就是去草养苗,用仁保护成果,用乐取得安定。所以礼就是义的结果。只要和义配合起来,能够协调,那么即使先王没有的礼也可以根据义的要求创制出来。义,就是才的标准和分量,也是人的细节。适合于才,表达了仁,能这样的就强盛。仁,就是义的根本,也是顺达(天理人情)的具体表现。能这样的就可以被人尊敬了。所以不用礼来治理国家,就像没有农具而耕田;制定礼不从义的根本出发,就像耕了田地没有播种;推行义而不讲求学问,就像播了种而没有除草;讲求学问而不与仁结合,就像除了草而没有收获;结合了仁而不用

而弗获也；合之以仁而不安之以乐，犹获而弗肥也；安之以乐而不达于顺，犹食而弗食也。四体既正，肤革充盈，人之肥也；父子笃，兄弟睦，夫妇和，家之肥也；大臣法，小臣廉，官职相序，君臣相正，国之肥也；天子以德为车，以乐为御，诸侯以礼相与，大夫以法相序，士以信相考，百姓以睦相守，天下之肥也。是谓大顺。大顺者，所以养生、送死、事鬼神之常也。故事大积焉而不苑[1]，并行而不缪，细行而不失。深而通，茂而有间，连而不相及也，动而不相害也。此顺之至也。故明于顺，然后能守危也。故礼之不同也，不丰也，不杀也，所以持情而合危也。

“故圣王所以顺，山者不使居川，不使渚者居中原，而弗敝也。用水、火、金、木，饮食必时，合

乐来安定，就像收获了而不去食用；以乐来安定而不明白顺达(天理人情)的道理，就像食用了而无益于健康。四肢既已正常，肌肤又结实丰满，这是健康的人；父子笃爱，兄弟和睦，夫妇和谐，这是健康的家庭；大臣守法，小臣廉洁，官职有一定的次序(分工合作)，君臣有正常的关系，这是健康的国家；比如天子用德作为车，而乐就是车的驾驭者，诸侯以礼相待，大夫以法度为秩序，士以信用相互考察，百姓彼此保持着和睦，这是健康的世界。这就叫作大顺。大顺就是养生送死，敬事鬼神的正常道理。所以一切事虽然堆积在一起，却并不停滞；虽然并进，可是不相违背，连细微的小事也不疏忽二。虽然深幽而可通达，虽然茂密又有余地，连接起来而不抵触，动起来而不互相妨碍。这才是真正的顺利。明白了顺利的道理，就能守住高位，不至于危险。所以礼制不同，因为有的不能过分丰厚，有的不能过分减省，这才能合乎人情，防止偏差。

“所以圣哲的君主按顺的做法，是不使住惯山地的人住在水旁，也不使住在水旁的人住在大陆，不使他们劳苦。水、火、金、木的利用，以及饮食的方式都按照天时，而男女的配合，爵位的授予，要合于年龄，要符合德行。使用人力必须有一定的

男女，颁爵位，必当年德。用民必顺。故无水旱昆虫之灾，民无凶饥妖孽之疾。故天不爱其道，地不爱其宝，人不爱其情。故天降膏露，地出醴泉，山出器车，河出马图，凤皇麒麟皆在郊棷[2]，龟龙在宫沼，其余鸟兽之卵胎皆可俯而窥也。则是无故，先王能修礼以达义，体信以达顺故。此顺之实也。”

时间。因此没有水旱、昆虫的灾害，人民也就没有荒年饥饿和不祥的灾祸。因此天也不惜把道显示出来，地也不惜把宝贡献出来，人也不惜把感情表露出来。所以天上降下润泽的雨露，地上涌出甘美的泉水，山上会出宝器和车辆，河里会出现龙马驮来河图洛书，凤凰麒麟都养在郊外的苑囿里，龟龙都养在宫内的湖沼里，至于其他的鸟兽（也与人类平安相处），人们低头即能看到它们的繁殖。这不是别的原因，前代的君王能够遵循礼制，通达义，使一切都能达到顺利。这才是顺利的真实表现。”

注释

1 **苑**：积聚，郁结。

2 **棷**(zōu)：借作“薮”，指湖泊地带。此指郊外的苑囿。

学记

导读

《学记》是《礼记》中的第18篇。《学记》的写作时代或认为在战国后期，是思（子思）孟（孟子）学派的撰作，也有人认为是荀子学派的作品。不管《学记》属于哪派，它都是珍贵的文化遗产。

《学记》是我国最早的、体系严整的教育学专著，主要讲述教育体制、教育内容与方法以及教育范畴的礼仪制度。它以辩证的观点，发现并提出了具有前瞻性的教育学理论问题，目前仍有“借古开今”的重要价值。

《学记》提出“化民成俗，其必由学”，把教学列入建国君民、提高人民素质、改变个人气质的大事。《学记》论“教学相长”“论学取友”“知类通达”“比物丑类”“长善救失”“豫时孙摩”“藏修息游”以及教学“十二字诀”等深层教育问题，均有独到创见，充溢着教育哲学的智慧。

《学记》短短一篇中有许多成语典故，如：罕譬而喻、扞格不入、敬业乐群、克绍箕裘、穷源竟委、祭海先河、师道尊严、为裘为箕、琢玉成器、学不躐等、大道不器、大信不约、记问之学、箕引裘随、箕裘相继、袭冶承弓，等等。

三百年前夸美纽斯在荷兰出版《大教学论》，享誉世界。而成于两千多年前的《学礼》，在国内却没有得到相应重视，这值得我们反思。

原文

18.1 发虑宪[1]，求善良，足以谀闻[2]，不足以动众。就贤体远，足以动众，未足以化民。君子如欲化民成俗，其必由学乎！

玉不琢，不成器；人不学，不知道。是故古之王者建国君民，教学为先。《兑命》[3]曰："念终始典[4]于学。"其此之谓乎！

虽有嘉肴，弗食，不知其旨也。虽有至道，弗学，不知其善也。是故学然后知不足，教然后知困，知不足，然后能自反也。知困，然后能自强[5]也。故曰教学相长也。《兑命》曰："学学半[6]。"其此之谓乎！

译文

考虑问题而合乎法则，招求善良的人，能取得小名声，但还不能感动众人。亲近贤良的人，关怀疏远的人，能感动众人，但还不能教化民民。君子如果想要教化民民，移风易俗，那一定要从学习上入手！

玉不经过雕琢，就不能成为器具；人不学习，就不懂得道理。因此古代的帝王建设国家和统治人民，都是把教育和学习放在首位。《兑命》说："应该始终想着经常学习。"大概就是说的这个意思吧。

虽然有鱼肉等美食，不吃就不知道它的美味。虽然有极好的道理，不学就不明白它的美妙。因此，学习过以后才知道自己的学行不够，教过人以后才知道自己的学识还有未通达的地方。知道自己的学行不够，然后就能自我反省而更多地去学习。知道自己的学识还有未通达的地方，然后就能自强不息地求进步。所以说，教和学是相互促进增长的。《兑命》说："教人学习，能收到相当于自己学习的一半效果。"大概就是说的这个意思吧！

注释

1 **宪：**法令、法则。

2 **谀闻**(xiǎo wèn)**：**有小的名声。谀，小。

3 《**兑命**》**：**即《说命》，《尚书》篇名，今亡。《伪古文尚书》有《说命》三篇。

4 **典**:经常从事。

5 **自强**(qiǎng):自己督促自己。

6 **学**(xiào)**学**(xué)**半**:教占学的一半。前一“学”指教人,后一“学”指向入学。学,同“斅”,教。

原文

18.2 古之教者,家有塾[1],党[2]有庠,术[3]有序,国有学。比年入学,中年考校。一年,视离经辨志。三年,视敬业乐群。五年,视博习亲师。七年,视论学取友,谓之“小成”。九年,知类通达,强立而不反,谓之大成。夫然后足以化民易俗,近者说[4]服而远者怀之。此大学之道也。《记》曰:“蛾[5]子时术[6]之。”其此之谓乎!

18.3 大学始教,皮弁,祭菜,示敬道也。《宵雅》肄三[7],

译文

古代教学,家里有“塾”,党里有“庠”,遂里有“序”,国都有“学”。每年入学一次,隔一年考试一次。学习了一年,就考察他的经文句读的能力,辨别他的志向所趋。学习了三年,就考察他对学业是否专心致志,与同学是否和乐相处。学习了五年,就考察他的学习是否广博,是否亲敬师长。学习了七年,就考察他能否讨论学问上的深奥道理和结交什么样的朋友,这可称为“小成”。学习了九年,就能闻一知十,触类贯通,临事独立判断而不惑,不再违背师道,这可称为“大成”。这样以后才能教化人民,移风易俗,附近的人心悦诚服,而远方的人也都来归附。这就是大学教育的宗旨。古书上说:“蚂蚁时时都在学习衔泥(,然后能垒成大窝)。”大概就是说的这个意思吧。

大学开学的时候,天子就让负责的人穿戴皮制弁帽的朝服,让他用蘋藻一类菜蔬来祭祀先圣先师,向学生表示应尊重学问。学习并歌唱《诗·小雅》中的《鹿鸣》《四牡》《皇皇者华》三首反映君臣宴乐和相互慰劳的诗歌,使学生在开始学习时就以做官为目标而勉励自己。入学时要

官其始也。入学鼓箧,孙[8]其业也。夏[9]、楚[10]二物,收其威也。未卜禘[11],不视学,游其志也。时观而弗语,存其心也。幼者听而弗问,学不躐[12]等也。此七者,教之大伦也。《记》曰:"凡学,官先事,士先志。"其此之谓乎!	击鼓召集学生,并打开箱箧,(拿出书籍做功课,)这样做是为了让学生对学业恭顺。用夏、楚两种木条做的鞭棒,(是老师用来打罚不上进的学生的,使他们有所畏惧,)收得整肃学风的效果。夏天还没有禘祭以前,天子就不到学校去考察,使学生能够优游宽缓地去用心学习。老师要时常静观默察,不必多说话,使学生在内心自觉地受到启发。年幼的学生只能听讲,不要乱发问,那是因为学习不能不一级级地向上升。这七项,是教学的大道理。古书上说:"凡学习,要做官就先要学习办事,要做学问的就先要坚定志向。"大概说的就是这个意思吧。
大学之教也时,教必有正业,退息必有居学。不学操缦[13],不能安弦;不学博依[14],不能安诗;不学杂服[15],不能安礼;不兴其艺[16],不能乐学。故君子之于学也,藏焉修焉,息焉游焉。夫然,故安其学而亲其师,乐其友而信其道,是以虽离师辅而不反。《兑命》曰:"敬孙[17]务时敏[18],厥修乃来。"其此之谓乎!	大学的教学依照时序进行,(如春秋教学礼乐,冬夏教学诗、书等)而且一定要教正规的课业,退下来休息时还一定要在家中继续钻研。不学调琴的基本动作,就不能调好琴弦;不学广博的比喻,就不能很好地体悟诗意;不学冕服皮弁等各种服饰制度,就不能很好地行礼;不激发对于六艺的兴趣,也就不能乐意去学习,所以君子对于学习,是心里常记挂着学业,修习而不废弃学业,做事疲倦而休息时也在学习,闲暇游乐时亦在学习。这样,也就能巩固他的学业而且亲爱师长,喜欢他的朋友而且信守道义。因此即使离开了老师和同学,亦不会违背道义。《兑命》说:"敬重道义,恭顺地对待学业,努力学习,时刻记得要学习,那么他修习的学业就会成功。"大概说的就是这个意思吧。

注释

1 **塾**:郑玄说,古者仕焉而已者,归教于闾里,朝夕坐于门,门侧之堂,谓之塾。

2 **党**:五百家为党。

3 **术**(suì):通“遂”。古代行政区划。一万二千五百百家为遂。

4 **说**:通“悦”。喜悦。

5 **蛾**(yǐ):同“蚁”。蚍蜉。

6 **术**:学习。

7 《**宵雅**》:即《诗经》的《小雅》。**肄**:学习。

8 **孙**(xùn):顺。下文“孙”字同此。

9 **夏**(jiǎ):通“槚”,楸木。

10 **楚**:荆条。古代用来作鞭子。

11 **卜禘**:大祭以前要进行占卜,所以叫卜禘。禘,大祭祀。

12 **躐**(liè):越过,超越。

13 **操缦**:练习调弄弹琴的指法和动作。

14 **博依**:郑玄说,广譬喻。也就是下文的“博喻”。

15 **杂服**:冕服皮弁之属。

16 **艺**:郑玄说,谓礼、乐、射、御、书、数。

17 **敬孙**:敬道逊(顺)业。

18 **敏**:疾。指疾速行之。

原文

18.4 今之教者,呻[1]其占[2]毕[3],多其讯[4],言及于数[5],进而不顾其安,使人不由其诚,教人不尽其材。其施之

译文

现在的教师,只是看着那书本上的文字吟诵,(自己并不深通里面的精义,)而提出很多难题,又只讲些名物制度(,而不是推究义理根本),求躁进而不顾及学生能否安然接受,教学生不竭尽自己的忠诚,又不量度学生材性的高下。他施行的一套是悖谬的,他要求的那些也是不合理的。

也悖，其求之也佛[6]。夫然，故隐其学而疾其师，苦其难而不知其益也，虽终其业，其去之必速。教之不刑，其此之由乎？

18.5 大学之法：禁于未发之谓豫，当其可之谓时，不陵[7]节[8]而施之谓孙，相观而善之谓摩。此四者，教之所由兴也。

发然后禁，则扞格[9]而不胜。时过然后学，则勤苦而难成。杂施而不孙，则坏乱而不修[10]。独学而无友，则孤陋而寡闻。燕朋[12]逆其师。燕辟[13]废其学。此六者，教之所由废也。

君子既知教之所由兴，又知教之所由废，然后可以为人师也。故君子之教喻也，道[14]而弗牵，强而弗抑，开而弗达。道而弗牵则和，强而弗抑则易，开而弗

这样，学生就学得幽隐难明，以至于痛恨他们的老师；苦于学习的艰难，而不知道学习的好处；即使结束了他的学业，也一定会很快地忘掉。教育之所以不成功，大概就是这个缘故吧。

大学的教育方法：在错误还没有发生之前就加以制止，这叫作“豫”（预防）；正当他可以教育时教育他，这叫作“时”（适时）；不超过节度等次去施教，这叫作“逊”（顺序）；互相观察并且学习对方的长处，这叫作“摩”（观摩）。这四种方法，就是教育兴盛成功的方法。

错误发生了然后才加以制止，就会抵触而起不到作用。适当的学习时光已过去然后才学习，就算再勤苦用功也难有成就。杂乱地施教而不按节度等次，就会弄坏搞乱教育的条理而不能搞好教学。单独学习而没有朋友，就会孤陋寡闻。结交不正当的朋友，就会违背老师的教诲。沉湎在放荡游乐中，就会荒废自己的学业。这六项，是教育所以废弃的根由。

君子既已知道了教育兴盛成功的方法，又知道了教育之所以废弃的根由，然后就可以做人家的老师了。所以君子的教育是晓谕学生，是引导而不强迫，激励而不压抑，启发而不完全说透。引导而不强迫，师生关系就亲近融洽；激励而不压抑，学生就感到轻松容易；启发而不完全说透，学生就会自己

达则思。和易以思，可谓善喻矣。	去深思。能够做到关系亲近融洽、学习轻松容易、学生深入思考，这就可以称为善于晓喻学生了。

注释

1 **呻：**曼声而吟。

2 **占：**视。

3 **毕：**简册，书籍。

4 **讯：**问难。

5 **数：**朱熹说，数，谓形名度数，欲以是穷学者之未知，非求其本。

6 **佛：**通“拂”。违背，违逆。

7 **陵：**超过。

8 **节：**限度。

9 **扞(hàn)格：**互相抵触，格格不入。

10 **修：**修治。

12 **燕朋：**朱熹说，“私亵之友”。指不正当、不庄重的朋友。

13 **燕辟：**指贪图享受玩乐。

14 **道：**引导。

原文	译文
18.6 学者有四失，教者必知之。人之学也，或失则多，或失则寡，或失则易，或失则止。此四者，心之莫同也。知其心，然后能救其失也。教也者，长善而救其失者也。善歌者，使人继其声；善教者，使人继其志。其言也约而达，	学生有四种过失，老师必定要知道。一般人在学习的时候，有的过失在于贪多，有的过失在于求少，有的过失在于看得太容易，有的过失在于半途而废。犯这四种过失的学生，心理状态是不相同的，要先了解他们的心理状态，然后才能去补救他们的过失。教育就是要发扬学生的长处，补救他们的过失。善于歌唱的人，要使人继承他动听的歌声；善于教学的

微而臧[1]，罕譬而喻，可谓继志矣。

君子知至学之难易，而知其美恶，然后能博喻；能博喻，然后能为师；能为师，然后能为长；能为长，然后能为君。故师也者，所以学为君也，是故择师不可不慎也。《记》曰："三王[2]四代[3]唯其师。"此之谓乎！

人，能使人继承他远大的志向。他的语言简洁而使人明白，含蓄而使人受益，譬喻虽少而能使人知晓，这样就可以说是能使人继承他的意志了。

君子知道做学问的难易，也知道学问上的是非，然后才能用广博的知识晓喻他人；能用广博的知识晓谕他人，然后才能做人家的老师；能够做人家的老师，然后才能做官长；能做官长，然后才能做国君。所以老师是教人学习做国君的。因此，选择老师就不可以不慎重。古书上说："三王四代对选择老师都很慎重。"说的就是这个意思吧。

注释

1 **臧：**善，美。

2 **三王：**指夏禹、殷汤、周文王。

3 **四代：**虞舜、夏、商、周。

原文

18.7 凡学之道，严师为难。师严，然后道尊。道尊，然后民知敬学。是故君之所不臣于其臣者二：当其为尸，则弗臣也；当其为师，则弗臣也。大学之礼，虽诏于天子，无北面，所以尊师也。

善学者，师逸而功倍，

译文

所有求学的道理中，尊敬老师是最难做到的。老师受到尊敬，然后他讲授的道才会被尊重；讲授的道被尊重，然后民众才知道崇尚学习。因此君主不把自己的臣子再当臣子对待时，是在两种情况之下：当臣子装扮作受祭的"尸"时，就不把他当臣子看待；当臣子作为老师时，也就不把他当臣子看待。大学的礼节，老师即使是被召见到天子那儿讲授，

又从而庸[1]之；不善学者，师勤而功半，又从而怨之。善问者如攻[2]坚木，先其易者，后其节目[3]，及其久也，相说[4]以解。不善问者反此。善待问者如撞钟，叩之以小者则小鸣，叩之以大者则大鸣，待其从容，然后尽其声。不善答问者反此。此皆进学之道也。

记问之学，不足以为人师，必也其听语乎！力不能问，然后语之，语之而不知，虽舍之可也。

良冶之子，必学为裘；良弓之子，必学为箕；始驾马者反之，车在马前。君子察于此三者，可以有志于学矣。

也不朝北处在臣位，这是表示尊敬老师。

善于学习的人，老师很闲适，但自己比别人能得到加倍的成绩，却归功于老师；不善于学习的人，老师很辛勤，但自己比别人只得到一半的成绩，却归怨于老师。善于发问的人，就像砍削坚硬的木头，先从较容易砍的部位下手，然后再着手于较难的结节部位，等到时间一长，木头自然脱落砍开。不善于发问的人却与此相反。善于对待发问的人就像撞钟一样，撞得轻就响得小，撞得重就响得大，要等到撞钟的人从容不迫，然后才会余韵悠扬而尽。不善于对待发问的人则与此相反。这些都是使学业进步的方法。

只是记诵一些古书而等待学生来发问的人，是不能够做人家的老师的，一定要倾听学生所提的问题而给予解答才行！有的学生没有能力发现问题提出疑问，这才可以直接给他讲解；讲解以后却还不明白的，就算舍弃也是可以的。

好铁匠的儿子，一定先学会缝补皮衣；弓匠的儿子，一定先学会编制畚箕；初学驾车的马要反过来拴在车的后面(，先训练不惊马)。君子审察这三件事的道理，就可以有学习的志向了。

注释

1 **庸**：功劳。

2 **攻：**砍伐。

3 **节目：**孙希旦说，木之坚而难攻处。

4 **说**(tuō)**：**通“脱”。脱离，解脱。

原文

18.8 古之学者，比物丑类[1]。鼓无当[2]于五声，五声弗得不和；水无当于五色，五色弗得不章；学无当于五官[3]，五官弗得不治；师无当于五服[4]，五服弗得不亲。

君子〔曰〕[5]：“大德不官，大道不器，大信不约，大时不齐。”察于此四者，可以有志于(学)〔本〕[6]矣。三王之祭川也，皆先河而后海，或源[7]也，或委[8]也，此之谓务本。

译文

古代的学者，善于比较辨别同类的事物。鼓声并不属于五声中的任何一声，但五声要是没有鼓的节奏就不会和谐；水并不属于五色中的任何一色，但五色要是没有水的调和就不会鲜明；学习并不属于五官中的任何一官，但五官不学习就不能管理好事情；老师并不属于五服中的任何一服，但不经过教育就不能明白五服相亲的道理。

君子说：“有大德的圣人，不会拘限于一官一职；有大道的圣人，不会像器物一样只有固定的用法；有大信义的圣人，不会受到盟言誓约的限制；有四时变化的天时，不会是整齐划一的。”(这四项，都是因为本源盛大，而体用没有不具备的。)因此，明察了这四种情况，就可以有志于学习根本了。三王在祭祀河川时，都是先祭河，后祭海，因为河是源头，海是河水聚集而成的，这种祭祀也称为从根本上着力。

注释

1 **比物丑类：**连缀同类事物，进行排比归纳。

2 **当：**主。

3 **五官：**五行之官，木正句芒，火正祝融，金正蓐收，水正玄冥，土正后土。

4 **五服：**斩衰至缌麻之亲，表示亲疏的等差。

5 据孔疏，当有“曰”字。

6 据孔疏说，当为“本”字。

7 **源：**本源，指河。

8 **委：**水所聚积处，此指海。

乐记

导读

《乐记》是《礼记》中的第19篇。《乐记》相传为公孙尼子(著有《公孙尼子》)所作。有研究认为《乐记》应取自《公孙尼子》,但不可能是他一人之作。《乐记》是汉初儒者收集整理先秦谈乐、论乐的作品,或认为与公孙尼子以及荀子的《乐论》有一定关系。六经都遭遇秦火,为何五经尚存,独《乐》经亡佚?有说《乐》本无经,“乐”在《诗》《礼》之中。《乐》经亡佚后,古代音乐思想的汇集仅此《乐记》。今本《乐记》为戴圣编撰《礼记》时,将原存有的11篇整合为1篇。

《乐记》指出:“乐者,音之所由生也,其本在人心之感于物也。”由此可见人之心理、社会环境对音乐产生的重要影响。历代君王都重视礼乐,制定礼仪,宣导和协调音乐氛围,以约束人之情性欲望,使社会和谐安定。我国成为“礼仪之邦”,即是以“礼乐”为核心和基石的。自周公制礼作乐,逐渐形成系统化的礼乐制度和仪式,并渗透了道德伦理的内涵。

《乐记》是儒家的美学经典,是战国、秦汉时期乐理、乐义的总汇,主要阐述乐的形成和功能,并论述礼乐的关系及影响等。《乐记》对我国古代文艺理论有诸多贡献,后代学者有《乐记》与天人感应、与人之情性、与文论精神等多方面研究。《乐记》对我国美学思想的发展起了尤为重要的作用。

原文

19.1 凡音之起，由人心生也。人心之动，物使之然也。感于物而动，故形于声。声相应，故生变。变成方[1]，谓之音。比音而乐之，及干[2]、戚[3]、羽[4]、旄[5]，谓之乐。

乐者，音之所由生也，其本在人心之感于物也。是故其哀心感者，其声噍[6]以杀；其乐心感者，其声啴[7]以缓；其喜心感者，其声发以散；其怒心感者，其声粗以厉；其敬心感者，其声直以廉；其爱心感者，其声和以柔。六者非性也，感于物而后动，是故先王慎所以感之者。故礼以道其志，乐以和其声，政以一其行，刑以防其奸。礼乐刑政，其极一也，所以同民心而出治道也。

凡音者，生人心者

译文

凡是声音的发出，都是从人的内心活动中产生的。而人的内心活动，又是外物刺激而形成的。有感于外物而引起内心活动，所以就表现在声音上。各种声音互相配合，所以就产生变化。变成有节奏可听的曲调，就叫作音。排比各种曲调而用乐器演奏出来，并配合上干、戚、羽、旄的舞蹈，就叫作乐。

乐是从音调产生出来的，它的本源在于人的内心活动对于外物的感应。因此，内心形成了悲哀的感应，发出的声音就急促而低沉；内心产生了快乐的感应，发出的声音就宽舒而徐缓；内心产生了喜悦的感应，发出的声音就高昂而舒散；内心产生了愤怒的感应，发出的声音就粗暴而严厉；内心产生了崇敬的感应，发出的声音就正直而纯一；内心产生了爱慕的感应，发出的声音就温和而柔美。这六种不同的内心感应，并不是出于人的本性，而是有感于外物而后产生的不同感应，因此古代圣王重视那些对人们产生影响的事物。所以用礼来引导人们的意志，用乐来和谐人们的声音，用政令来统一人们的行为，用刑罚来防止人们的奸邪。礼、乐、政、刑，它们的最终目的只是一个，都是为了使民心齐同而实现国家的安定太平。

凡是声音，都是从人的内心产生出来

也。情动于中，故形于声。声成文，谓之音。是故治世之音安以乐，其政和；乱世之音怨以怒，其政乖；亡国之音哀以思，其民困。声音之道，与政通矣。

的。各种情感在内心活动，所以表现为各种声音。各种声音组成有节奏的曲调，就称为音调。因此太平时代的音调是安详而欢乐的，这是因为政治平和；乱世的音调是怨恨而愤怒的，这是因为政治混乱；亡国的音调是悲哀而忧虑的，这是因为民众困苦。声音的道理是与政治相通的。

注释

1 **方**：郑玄说，方，犹文章。五色相配成文章，则五音相配成歌曲。

2 **干**：盾牌。

3 **戚**：斧。

4 **羽**：翟羽。

5 **旄**：旄牛尾。

6 **噍**(jiāo)：急促。

7 **啴**(chǎn)：宽绰，悠扬。

原文

宫为君，商为臣，角为民，徵为事，羽为物。五者不乱，则无怗懘[1]之音矣。宫乱则荒，其君骄。商乱则陂[2]，其官坏。角乱则忧，其民怨。徵乱则哀，其事勤。羽乱则危，其材匮。五者皆乱，迭相陵，谓之慢；如此，则国之灭亡无日矣。

译文

宫音就象征国君，商音就象征臣子，角音就象征民众，徵音就象征事情，羽音就象征物品。宫、商、角、徵、羽五音不乱，就没有不和谐的声音了。宫音乱，则声音荒散，有如国君骄奢；商音乱，则声音偏邪，有如臣下败坏；角音乱，则声音忧愁，有如民众怨恨；徵音乱，则声音悲哀，有如徭役繁重；羽音乱，则声音危急，有如民财贫乏。五音都乱，互相侵犯而不和谐，就称为任性放纵、不拘礼法；这样，国家的灭亡就没有几天了。

郑卫之音，乱世之音也，比于慢矣。桑间濮上之音[3]，亡国之音也，其政散，其民流，诬上行私而不可止也。

郑国和卫国的音，就是乱世之音，接近“慢”音了。桑间和濮上的音，就是亡国之音。他们的政治荒散，民众流亡，臣下欺骗君上，图谋私利而无法制止。

凡音者，生于人心者也。乐者，通伦理[4]者也。是故知声而不知音者，禽兽是也；知音而不知乐者，众庶是也。唯君子为能知乐。是故审声以知音，审音以知乐，审乐以知政，而治道备矣。是故不知声者，不可与言音；不知音者，不可与言乐；知乐则几于礼矣。礼乐皆得，谓之有德，德者得也。是故乐之隆，非极音也；食飨之礼，非致味也。《清庙》[5]之瑟，朱弦而疏越[6]，壹倡[7]而三叹[8]，有遗音者矣。大飨之礼，尚玄酒而俎腥鱼，大羹不和，有遗味者矣。是故先王之制礼乐也，非以极口腹耳目之欲也，将以教民平好恶而反人道之正也。

凡是声音都是从人的内心产生出来的。乐和伦理道德相通。因此，只知道声音而不知道音理的，这是禽兽；只知道音理而不知道乐的作用，这是一般的众人。只有君子，才是真能懂得乐的。因此君子审声而能知音，审音而能知乐，审乐可以知道政治得失。这样才能使治国的方法完备。因此不知道声的人，不可以和他谈论音；不知道音的人，不可以和他谈论乐；知道了乐，就差不多接近礼了。礼、乐都得到了，就叫作有德；德，就是“得”。因此，乐的规模盛大，不是要尽量地讲究音调的美；飨宴大礼，不是要尽量地讲究美味。歌唱《清庙》诗所弹的瑟，朱红色的丝弦和稀疏的底孔，由一人先唱，三人和声，（虽极简陋，但）其中有不尽的余音。飨宴大礼，玄酒居首位，俎里放的是生鱼生肉，肉汁中不加调料，（虽是朴质清寡，但）其中有不尽的余味。因此古代圣王制作礼乐，不是要尽量地满足人们口腹耳目的欲望，而是用来教导民众辨别爱憎，回归到做人的正道上。

注释

1 **怗懘**(zhān chì):声音不和谐。

2 **陂**(bēi):倾颓,倾斜。

3 郑玄说,濮水之上,地有桑间者,亡国之音于此之水出也。

4 **伦理:**人伦物理。依上文是讲君、臣、民、事、物五者之理。

5 《**清庙**》:周人祭祀文王的乐章。

6 **越**(huó):瑟底的小孔。

7 **倡:**亦作“唱”。歌唱。

8 **叹:**和唱,和声。

原文

人生而静,天之性也。感于物而动,性之欲也。物至知知[1],然后好恶形焉。好恶无节于内,知诱于外,不能反躬,天理灭矣。夫物之感人无穷,而人之好恶无节,则是物至而人化物[2]也。人化物也者,灭天理而穷人欲者也。于是有悖逆诈伪之心,有淫泆作乱之事。是故强者胁弱,众者暴寡,知者诈愚,勇者苦怯,疾病不养,老幼孤独不得其所,此大乱之道也。是故先王

译文

人生下来没有喜怒哀乐,本是人的天性。有感于外物而内心活动,这又是人性所具有的情欲。外物刺激使人的心智产生感觉,然后就有喜好和厌恶的情感表现出来。如果好恶的情感在内心没有节制,外物还在诱惑着,又不能作自我反省,那么本来的理性就会被毁灭了。外物的引诱是没有穷尽的,而人的好恶情感没有节制,那么外物一刺激,人就随着外物变化了。人随着外物变化,毁灭了原来的理性,而尽量地发泄人的情欲。于是就会产生违乱忤逆、奸诈虚伪之心,就会有淫泆放荡、犯上作乱的事。因此强的就威胁弱的,人多的就欺压人少的,聪明的就欺骗愚笨的,有勇力的就凌辱怯懦的,有病的人没有人抚养,老幼孤独得不到安置。这就是大乱的世道了。因此古代圣王制作礼乐,就是为了节制欲望。制定居丧

之制礼乐，人为之节。衰麻哭泣，所以节丧纪也；钟鼓干戚，所以和安乐也；昏姻冠笄[3]，所以别男女也；射乡食飨，所以正交接也。礼节民心，乐和民声，政以行之，刑以防之。礼乐刑政，四达而不悖，则王道备矣。

乐者为同，礼者为异。同则相亲，异则相敬。乐胜则流，礼胜则离。合情饰貌者，礼乐之事也。礼义立，则贵贱等矣。乐文同，则上下和矣。好恶著，则贤不肖别矣。刑禁暴，爵举贤，则政均矣。仁以爱之，义以正之，如此则民治行矣。

穿的麻布丧服和哭泣的礼仪，是用来节制人们的哀痛；制定钟鼓乐器和干戚舞具，是用来谐和人们安乐的心情；制定婚姻和加冠加笄的礼节，是用来使男女有别；制定乡射、乡饮酒和宴享宾客的礼节，是用来规范人们的交往。礼仪节制民众的心志，乐可以调和民众的心声，政令来推动礼乐的施行，刑罚防止礼乐紊乱。礼乐刑政四方面都畅行通达而没有悖乱，那么王道就能实现了。

乐的性能在于协同，礼的性能在于析异。协同就使人们互相亲近，析异就使人们互相尊敬。乐过度就会使人放纵，礼过度就会使人疏离。融洽感情，体现仪表，这是礼乐的事情。礼义确立，贵贱就有了等差；乐音相同，上下就会和谐了。好恶标准明确，贤和不肖就有区别了。用刑罚来禁止暴民，用爵禄来举荐贤良，那么治政就公平了。用仁心来爱民众，用礼义来端正民众的行为，这样民治的理想就能实现了。

注释

1 **知知：**心智产生感觉。

2 **人化物：**人化于物。人为物所化，就会随物而变异其好恶。

3 **冠笄(jī)：**男子二十而冠，女子许嫁而笄。

原文

乐由中出，礼自外作。乐由中出，故静[1]。

译文

乐是从内心产生出来的，礼是外部的表现。乐从内心产生，所以可以知道其中的真情；

礼自外作，故文。大乐必易，大礼必简。乐至则无怨，礼至则不争，揖让而治天下者，礼乐之谓也。暴民不作，诸侯宾服，兵革不试，五刑不用，百姓无患，天子不怒，如此则乐达矣。合父子之亲，明长幼之序，以敬四海之内，天子如此则礼行矣。

大乐与天地同和，大礼与天地同节。和，故百物不失。节，故祀天祭地。明则有礼乐，幽则有鬼神。如此，则四海之内合敬同爱矣。礼者，殊事、合敬者也；乐者，异文、合爱者也。礼乐之情同，故明王以相沿也。故事与时并，名与功偕。

故钟鼓管磬，羽籥干戚，乐之器也；屈伸俯仰，缀[2]兆[3]舒疾，乐之文也。簠簋俎豆，制度文章[4]，礼之器也；升降上下，周还裼袭，礼之文也。故知礼乐之情者能作，识礼乐之

礼是外部的表现，所以可以见其风度。盛大的音乐必定是平易的，盛大的典礼必定是简单的。乐教贯彻，民众就没有怨恨；礼教贯彻，民众就不争斗；揖让而治天下，就是说的这种礼乐政教。暴民不作乱，诸侯敬服，不动用军队征伐，不使用各种刑罚，百姓没有怨恨，天子没有不满，像这样的话，乐教就畅行通达了。融洽父子的亲情，明确长幼的次序，敬重四海之内的民众，如果天子能够像这样做，礼教也就施行了。

盛大的音乐具有自然的和谐，盛大的典礼具有自然的秩序。能和谐，万物生长而不失去自己的本性；有秩序，万物成功而祭祀天地来报答。在明处用礼乐教导人，在暗处有鬼神助天地成物。像这样，四海之内的民众就能相互敬爱了。礼，事虽各异，但恭敬的情感相同；乐，曲调各异，但仁爱的心情相同。礼乐表达的情感相同，（都讲究敬情爱心，）所以圣明的君王使礼乐沿袭不废。但他们又根据时势来增损礼乐，根据建立的功绩来确立礼乐的名目。

钟鼓管磬，羽籥干戚，是乐的器具；屈伸俯仰，进退快慢，是乐的情状。簠簋俎豆，规格华饰，是行礼的器具；升降上下，周旋裼袭，是行礼的情状。所以，知道礼乐表达敬情爱心的人，能够制作礼乐；只记住行礼举

文者能述。作者之谓圣,述者之谓明。明圣者,述作之谓也。

乐情状的人,仅能够复述礼乐。能制作礼乐的,称为“圣”;能复述礼乐的,称为“明”。“明”“圣”,就是指能讲述、能制作礼乐。

注释

1 **静:**王引之以为当为“情”字。

2 **缀:**舞位的标志。

3 **兆:**舞位的界限。

4 **文章:**此指器物的装饰。

原文

乐者,天地之和也;礼者,天地之序也。和,故百物皆化;序,故群物皆别。乐由天作,礼以地制。过制则乱,过作则暴。明于天地,然后能兴礼乐也。

论伦无患,乐之情也。欣喜欢爱,乐之官[1]也。中正无邪,礼之质也。庄敬恭(顺)〔慎〕[2],礼之制也。若夫礼乐之施于金石,越于声音,用于宗庙社稷,事乎山川鬼神,则此所与民同也。

王者功成作乐,治定制礼。其功大者其乐备,其治辩[3]者其礼具。干戚之

译文

乐,是表现自然的和谐;礼,是体现自然的秩序。有和谐,因此万物得以化生;有秩序,因此万品得以区分。乐取法天道阴阳而制作出来,礼取法地道刚柔而制作出来。礼制作得太过分就会引起混乱,乐制作得太过分就会暴慢。通晓天地变化之道,然后才能制作礼乐。

歌词和音节不相害,是乐的内情;欣喜欢爱,是乐的职责。中正无邪,是礼的性质;庄敬恭慎,是行礼的节制。至于将用钟磬来演奏礼乐,发出和谐的声音,用到宗庙社稷的祭祀中和对山川鬼神的敬事上,这是与庶民共同实行的。

称王的人事业成功,便开始作乐;治平安定,就开始制礼。那些功绩越大,政治越安定的,他们的礼乐也越完备。干戚这种武舞,还不算是完备的乐;只知道

舞，非备乐也；孰亨而祀[4]，非达礼也。五帝殊时，不相沿乐；三王异世，不相袭礼。乐极则忧，礼粗则偏矣。及夫敦乐而无忧，礼备而不偏者，其唯大圣乎！

熟烹的祭祀，还不算是通达礼。五帝，时代各异，因此不相沿袭乐名；三王，时世不同，因此不相因袭礼制。乐至极，就有放纵之忧；礼粗疏，就失去中正无邪。能做到既尊重乐而不至于有放纵之忧，既礼制完备而又不失中正，大概只有大圣人了吧！

注释

1 **官**：职责。

2 **顺**：孔疏引作"慎"。王引之说，当是原文作"慎"。

3 **辩**：治理。

4 **孰**：同"熟"。**亨**(pēng)：同"烹"。

原文

天高地下，万物散殊，而礼制行矣。流而不息，合同而化，而乐兴焉。春作夏长，仁也。秋敛冬藏，义也。仁近于乐，义近于礼。乐者敦和，率神而从天；礼者别宜，居[1]鬼而从地。故圣人作乐以应天，制礼以配地。礼乐明备，天地官矣。

天尊地卑，君臣定矣。卑高已陈，贵贱位矣。动静有常，小大殊矣。方以类聚，物以群分，则

译文

天高地低，万物错综，礼根据不同的情况而施行。天地万物，流动不息，会同化异，乐在它们的变化中产生。春生夏长，是仁的体现。秋收冬藏，是义的体现。仁近于乐，义近于礼。乐重视和同，依循施张的本性，像天一样流动；礼崇尚辨异，依循收敛的本性，像地一样凝定。所以圣人制作乐来应和天产生万物，又制作礼来配合地成就万物。礼乐的制作既显明又完备，天生地成也已是各得其职了。

天尊地卑，用来定君臣名分；山泽高低，用来定贵贱职位。动静有规律，小大迥相异；禽兽以类相聚，草木以群相分，这是因为禀赋不同，性命差异。在天形成天象，

性[2]命[3]不同矣。在天成象，在地成形。如此，则礼者天地之别也。地气上齐[4]，天气下降，阴阳相摩，天地相荡，鼓之以雷霆，奋之以风雨，动之以四时，暖[5]之以日月，而百化兴焉。如此，则乐者天地之和也。化不时则不生，男女无辨则乱升，天地之情也。

及夫礼乐之极乎天而蟠乎地，行乎阴阳而通乎鬼神，穷高极远而测深厚[6]。乐著大始，而礼居成物。著不息者天也，著不动者地也。一动一静者，天地之间也。故圣人曰礼乐云。

在地生成地形。这样，礼就是效法天地的差别而制作的。地气上升，天气下降，阴阳相摩，天地震荡，以雷霆震动，以风雨滋润，以四季周流，以日月照耀，于是万物在天地间的种种会同中化生出来。这样，乐就是效法天地的会同而制作的。天地化养不得其时，万物不能生成，男女没有分辨，就会造成混乱，（因此既有和同，又有区别，）这是天地的本性。

至于礼乐充塞于天地间，通行于阴阳鬼神处，极高极远极深。乐显示原始的动机，礼辨别已成的事物。显示出流动不息的是天，显示出凝定不动的是地；有动有静的，是在天地之间。这也即是圣人所说的礼乐。

注释

1 **居：**循。

2 **性：**天性，天生的性质。

3 **命：**生命的长短寿夭。

4 **齐**(jī)**：**通“跻”。升起。

5 **暖：**《易传》作“烜”。烜，照耀。

6 依王念孙说，穷、极、测，三字皆是“尽”字之义。

原文

19.2 昔者舜作五弦之琴以歌《南风》，夔始制乐以赏

译文

从前，舜弹奏五弦琴，歌唱《南风》诗，夔开始制乐用来赏赐诸侯。所以

诸侯。故天子之为乐也，以赏诸侯之有德者也。德盛而教尊，五谷时熟，然后赏之以乐。故其治民劳者，其舞行缀远；其治民逸者，其舞行缀短[1]。故观其舞，知其德；闻其谥，知其行也。《大章》，章之也。《咸池[2]》，备矣。《韶》，继也。《夏》，大也。殷周之乐尽矣。

天地之道，寒暑不时则疾，风雨不节则饥。教者，民之寒暑也，教不时则伤世。事者，民之风雨也，事不节则无功。然则先王之为乐也，以法治也，善则行象德矣。夫豢豕为酒，非以为祸也；而狱讼益繁，则酒之流生祸也。是故先王因为酒礼。壹献之礼，宾主百拜，终日饮酒而不得醉焉。此先王之所以备酒祸也。故酒食者，所

天子作乐，是用来赏赐给有德行的诸侯的。德行盛大，政教昌隆，五谷丰登，然后天子用乐赏赐。所以，凡是治下的民众劳苦的，参加乐舞的人就相对少些；凡是治下的民众安逸的，参加乐舞的人就相对多些。所以观看乐舞，就可以知道他的政绩；听见谥号，就可以知道他生前的行事为人了。《大章》是尧时乐名，指尧的德行彰明于天下；《咸池》是黄帝时乐名，指黄帝的恩德全都施予民众；《韶》是舜时乐名，指舜继承了尧的品德；《夏》是禹时乐名，指禹光大了尧舜的美德。殷周时代的音乐也尽是歌颂人事功业的。

天地自然规律，如果寒暑不定时，就会发生疾病；风雨失去节制，就会发生饥荒。教化，就是民众的寒暑；教化不及时，就会损害世道人心。事功，就是民众的风雨；事功不节制，就不会有成效。既然这样，因此古代圣王制作乐，就是效法天地之道而用来治理天下；教化良好，民众的行为就会仿效圣王的德行了。养猪造酒，并不是用来制造祸害的；然而刑事纠纷日益增多，则是饮酒过量导致的祸害。因此古代圣王特地为此制定饮酒礼。使人即使喝一杯酒，宾主也有很多礼节，因此整天饮酒也不会喝醉了。这是古代圣王用来防备酒祸的方法。所以（养猪造酒，）备酒食，是用来聚会欢乐的。乐用来使民众仿效圣王的德行，礼用来制止民众越轨的行为。因此古代圣王有死丧

以合欢也。乐者，所以象德也。礼者，所以缀[3]淫也。是故先王有大事，必有礼以哀之；有大福，必有礼以乐之。哀乐之分，皆以礼终。乐也者，圣人之所乐也，而可以善民心。其感人深，其移风易俗，故先王著其教焉。

事，必定有丧礼来表示哀悼；有吉庆事，也必定有礼节抒发欢乐。哀和乐的分限，都以各自的礼节为终止。乐，是圣人所喜爱的，而可以使民心善良。乐又能感化人们的灵魂深处，而移风易俗，所以古代圣王使乐教显明。

注释

1 **缀远、缀短：**舞位距离远者则人少，短者则人多。

2 **池：**郑玄说，池之言施也。

3 **缀：**郑玄说，缀犹止也。

原文

夫民有血气心知之性，而无哀乐喜怒之常；应感起物而动，然后心术形焉。是故志微[1]噍杀之音作，而民思忧；啴谐、慢易、繁文、简节之音作，而民康乐；粗厉、猛起、奋末、广贲[2]之音作，而民刚毅；廉直、劲正、庄诚之音作，而民肃敬；宽裕、肉好[3]、顺成、和动之音作，而民慈爱；流辟、邪散、狄(成)〔戊〕[4]、涤滥之音作，而民淫乱。是故先王本

译文

人人都有血气和用心感知事物的本性，但哀乐喜怒却不是固定不变的；受到外物刺激而产生内心活动，然后又产生各种情感。因此，制作出微细低沉的音乐，民众必是充满着忧思；制作出谐和、平易、意义丰富、节奏简明的音乐，民众必安详和欢乐；制作出粗犷、发音猛烈、收音昂奋、广阔而奋激的音乐，民众必刚强坚毅；制作出清明正直、庄严诚恳的音乐，民众必严肃恭敬；制作出宽舒、圆润、柔顺、活泼平和的音乐，民众必慈厚仁爱；制作出怪诞、散乱、轻佻、烦滥的音乐，民众必是心志淫侈而杂乱。因此古代圣王根据人们的本性、情感，参考音律的度数，制定准则意义，能合乎阴

之情性，稽之度数，制之礼义，合生气之和，道五常之行，使之阳而不散，阴而不密，刚气不怒，柔气不慑，四畅交于中，而发作于外，皆安其位而不相夺也。然后立之学等，广其节奏，省其文采，以绳德厚。律小大之称，比终始之序，以象事行，使亲疏、贵贱、长幼、男女之理皆形见于乐。故曰：乐观其深矣！

土敝则草木不长，水烦则鱼鳖不大，气衰则生物不遂，世乱则礼慝而乐淫。是故其声哀而不庄，乐而不安，慢易以犯节，流湎以忘本，广则容奸，狭则思欲，感条畅[5]之气，而灭平和之德。是以君子贱之也。

阳生气的和畅，又能依循五行的流转；使阳气抒发而不至飘散，阴气收敛而不至郁结，刚气不怒，柔气不怯；四气交汇涵养心中，而能抒发表现在外表，并且各安其位而不彼此侵夺。然后订立学习的等次，增益节奏，审察音辞，用来度量是否道德宽厚。又比照音律度数的匀称，排列章节起讫的次序，而模拟事功和行能，使亲疏、贵贱、长幼、男女的伦理都具体地表现在乐中。所以说：乐中所能观察到的，实在是太深刻了！

土贫瘠，草木就不生长；水搅乱，鱼鳖就长不大；阴阳时气衰竭，生物不能生成；世道动乱，礼就会邪恶而乐就淫荡。因此，声音哀忧而不庄重，欢乐而不安详，过分宽缓而侵乱音节，流连沉湎而失去理性；音节宽缓就会包藏奸邪，音节急迫就会思念嗜欲，感受到一股跌宕起伏之气，但失去了平和的美德。因此君子鄙视这种乱世之乐。

注释

1 **志微**：《汉书·乐志》作“纤微”，细小之义。

2 **贲**(fén)：大。

3 **肉好**：圆润。

4 王引之说，狄读为“誂”，成者“戊”之讹。轻佻之义。

5 **条畅**：此指跌宕之意。

原文

19.3 凡奸声感人，而逆气应之；逆气成象，而淫乐兴焉。正声感人，而顺气应之；顺气成象，而和乐兴焉。倡和有应，回邪曲直各归其分，而万物之理各以类相动也。是故君子反情以和其志，比类以成其行。奸声乱色不留聪明，淫乐慝礼不接心术，惰慢邪辟之气不设于身体，使耳目、鼻口、心知百体皆由顺正，以行其义。然后发以声音，而文以琴瑟，动以干戚，饰以羽旄，从以箫管，奋至德之光，动四气之和，以著万物之理。是故清明象天，广大象地，终始象四时，周还象风雨。五色成文而不乱，八风从律而不奸，百度得数而有常，小大相成，终始相生，倡和清浊迭相为经。故乐行而伦清，耳目聪明，血气和平，移风易俗，天下皆

译文

凡是奸邪的声音刺激人的心灵，就会有逆乱之气应合；逆乱之气化成具体的事实，淫乐也就出来了。纯正的声音刺激人的心灵，就会有顺从之气应合；顺从之气化成具体的事实，和乐也就产生了。刺激反应一唱一和，乖戾、邪恶、曲、直各有应合彼此分明，而万物的情理，也各以同类者互相感动。因此君子反省自己的情欲而调和心志，比较品类而依附善类就能成就自己的善行。奸声乱色不敢留存在耳目，淫乐邪礼不敢和内心的活动相沟通，惰慢邪辟之气不敢沾染自身，使自己的耳目、鼻口、心知各个部分都从顺正的方向来实践有意义的行为。然后用声音来表达，用琴瑟来文饰，用干戚来跳武舞，用羽旄装饰文舞，用箫管来伴奏，发扬最高德行的光辉，引动阴阳刚柔的四时和气，从而显示万物的情理。因此，这样的乐就会清明像天空，广大像大地，终始循环像四季，周回旋转像风雨。五音配五行之色，各成文章而不错乱，八音配八方之风，各从律而和谐，一切律调都有一定的度数，声音高低大小相辅相成，乐章前终后始相生相成，唱与和、清与浊，相迭轮换，互为纲纪。所以乐的演奏，条理清晰，使人们耳聪目明，心平气和，移风易俗，天下都能安宁。因

宁。故曰：乐者乐也，君子乐得其道，小人乐得其欲。以道制欲则乐而不乱，以欲忘道则惑而不乐。

是故君子反情以和其志，广乐以成其教，乐行而民乡方[1]，可以观德矣。德者，性之端也。乐者，德之华也。金石丝竹，乐之器也。诗，言其志也。歌，咏其声也。舞，动其容也。三者本于心，然后乐(器)〔气〕[2]从之。是故情深而文明，气盛而化神，和顺积中而英华发外，唯乐不可以为伪。

此说：乐就是欢乐，君子因得到其中的义理而欢乐，小人也因得到欲望的满足而欢乐。用理性来节制欲望，就既获得欢乐而又不迷乱；因满足欲望而忘却理性，就会迷惑而得不到欢乐。

因此君子要反省自己的情欲而调和心志，推广乐事来成就乐教，乐教推行，民众就朝向理性，可以观看民众的德行。德，是人性的端绪。乐，是德的光辉。金石丝竹，是乐的器具。诗，是抒发心志的。歌，是吟咏心声的。舞，是心志外现为动作姿态。诗、歌、舞三者都根据内在的心志生发出来，然后用乐器来伴奏。因此乐的情志深邃，而形象却是明晰的，和气交畅而沟通鬼神，和顺的情感蓄积胸中而光华显露在外表，只有乐是不可以作伪的。

注释

1 **乡方：**向着道义。乡，通“向”。

2 王引之说，当为“气”字，“气”即“器”之假借；读“气”为“器”得之，然径改其字为“器”则非。

原文

乐者，心之动也。声者，乐之象也。文采节奏，声之饰也。君子动其本，乐其象，然后治其饰。是故先鼓以警戒，三步以见方[1]，再始以

译文

乐，是由于内心的活动。声音，是乐的形象。文采节奏，又是声音的修饰。君子内心感动，喜爱乐的形象，因而又讲究声音的修饰。所以大武舞首先要击鼓来警戒，并且三举足才渐起舞；一阕

著往，复乱[2]以饬归，奋疾而不拔，极幽而不隐。独乐其志，不厌其道；备举其道，不私其欲。是故情见而义立，乐终而德尊，君子以好善，小人以听过。故曰：生民之道，乐为大焉。

乐也者，施也。礼也者，报也。乐，乐其所自生；而礼，反其所自始。乐章德，礼报情，反始也。所谓大辂者，天子之车也；龙旂九旒，天子之旌也；青黑缘者，天子之宝龟也；从之以牛羊之群，则所以赠诸侯也。

结束后，再循环往复，舞到最后又归回到原来的位置；动作奋疾却不过于匆促，表情深刻却不对人隐藏。每个人都为心志的满足而欢乐，又没有厌弃理性，做任何事皆有理性，不放纵个人的情欲。因此情志表现的同时，正义也就确立；乐舞终止的同时，更知德行的尊贵；君子因此愈加向善，小人因此审察过错。所以说：教养民众的方法，乐是最主要的。

乐，是施与。礼，是有往有来。乐，是欢娱自生的情志；而礼，却要追溯起始。乐，表明内在的德行；礼，报答恩情，追溯起始。所谓大辂，本是天子的车；龙旂九旒，本是天子的旗帜；甲沿青黑色的，本是天子的宝龟；随附着牛群羊群，是天子用来赠送给诸侯的礼物。

注释

1 **方**：孔疏说，方是积渐之义。

2 **乱**：乐曲最后一章。王念孙说，乐之终，诗之终，皆有“乱”。

原文

乐也者，情之不可变者也。礼也者，理之不可易者也。乐统同，礼辨异。礼乐之说，管乎人情矣。穷本知变，乐之情也。著诚去伪，礼之经也。礼乐偩[1]天地之

译文

乐，情志不可改变；礼，义理不可变移。乐统同和合，礼辨异析等。礼乐二端，管摄了人情。穷究内心本源，了解声音的变化，这是乐的情理。显明真诚，清除虚伪，这是礼的常态。礼乐依遵着天地自然的法则，通达神明的德行，升降上下的神

情，达神明之德，降兴上下之神，而凝是精粗[2]之体，领[3]父子君臣之节。是故大人举礼乐，则天地将为昭焉。天地䜣合[4]，阴阳相得，煦妪[5]覆育万物。然后草木茂，区萌[6]达，羽翼奋，角觡生，蛰虫昭苏，羽者妪伏，毛者孕鬻[7]，胎生者不殰[8]，而卵生者不殈[9]。则乐之道归焉耳。

乐者，非谓黄钟、大吕、弦歌、干扬也，乐之末节也，故童者舞之。铺筵席，陈尊俎，列笾豆，以升降为礼者，礼之末节也，故有司掌之。乐师辨乎声诗，故北面而弦。宗祝辨乎宗庙之礼，故后尸。商祝辨乎丧礼，故后主人。是故德成而上，艺成而下，行成而先，事成而后。是故先王有上有下，有先有后，然后可以有制于天下也。

灵，而凝聚为各种乐情和礼仪，统摄父子君臣的行为规范。因此，圣明君主能兴起礼乐，而自然的法则也将因此而显明。天地之气蒸腾，阴阳之气融汇，孕育抚养万物。然后草木茂盛，生出嫩芽，鸟兽长出翅膀，生成角觡，蛰伏的虫豸苏醒复生，鸟类孵卵，兽类怀胎生育，胎生的不至于死在腹中，卵生的不至于破裂在地。乐的道理也正归属于这样的自然法则。

乐，不是专指黄钟、大吕、弹琴歌唱、举盾起舞而言，这些是乐的细枝末节，所以让儿童学习歌舞。铺设筵席，陈列尊俎，排列笾豆，以及以登堂下堂打躬作揖为礼的，这些也只是礼的细枝末节，所以由有司来掌管。乐师只能分辨声律诗歌，所以仅能在下位脸朝北向人演奏。宗祝只能分辨宗庙的礼节，所以仅能追随在神主的后面。商祝只能分辨丧事的礼节，所以仅能跟随在主人后面。因此，成就德行的居上位，成就技艺的只能居下位，将德行体现在行为上的居先，仅靠技艺成事的居后。所以先王使有的居上，有的居下，有的居先，有的居后，然后才能为天下创制出礼乐来。

注释

1 **偩**(fù)：依照，模仿。

2 **精粗**:郑玄说,谓万物大小也。

3 **领**:郑玄说,领犹理治也。

4 **䜣(xī)合**:融洽。郑玄说,"䜣"读为"熹",熹犹蒸也。

5 **煦妪**:亦作"煦妁",指天地博爱,生养万物。后喻温情抚育。

6 **区(gōu)萌**:草木萌芽勾曲生出。区,通"勾"。弯曲。

7 **鬻**:通"育"。生育。

8 **殰(dú)**:胎死腹中。

9 **殈(xù)**:卵未孵成而开裂。

原文

19.4 魏文侯问于子夏曰:"吾端冕而听古乐,则唯恐卧;听郑、卫之音,则不知倦。敢问古乐之如彼何也?新乐之如此何也?"

子夏对曰:"今夫古乐,进旅退旅,和正以广;弦匏笙簧,会守拊鼓;始奏以文[1],复乱以武[2];治乱以相,讯疾以雅[3];君子于是语,于是道古,修身及家,平均天下。此古乐之发也。今夫新乐,进俯退俯,奸声以滥,溺而不止;及优侏儒,(獶)〔猱〕[4]杂子女,不知父子;乐终不可以语,不可以道古。此新乐之发也。今君之所问者乐也,所好

译文

魏文侯问子夏:"我戴上礼帽来欣赏古乐,只怕会睡着了;但是听郑、卫的音乐却不知疲倦。请问古乐怎么会使人昏昏欲睡,而新乐又为什么使人不知疲倦呢?"

子夏回答说:"如今所谓的古乐,是众人整齐进退的动作,再配上平和纯正宽舒的音乐,弦乐管乐都依从附和鼓的节拍;开始演奏时击鼓,乐舞结束时鸣钟;用相来指挥乐舞的最后一阕,用乐器雅来调节快速的动作;君子据此解说,谈今道古,涉及修身治家平天下的这些事情。这是古乐的表演。今天的新乐,是起舞的人进也弯腰退也屈脊,并充斥着奸声淫音,沉溺其中却不加禁止;至于那些俳优丑角,男女混杂,父子不分;乐舞结束也不能解说,也不可用来谈今道古。这是新乐的表演。如今您所询问的是乐,

者音也。夫乐者，与音相近而不同。”

文侯曰：“敢问何如？”

子夏对曰：“夫古者天地顺而四时当，民有德而五谷昌，疾疢[5]不作而无妖祥[6]，此之谓大当。然后圣人作，为父子君臣，以为纪纲。纪纲既正，天下大定。天下大定，然后正六律，和五声，弦歌《诗·颂》。此之谓德音。德音之谓乐。《诗》云[7]：‘莫[8]其德音，其德克明。克明克类，克长克君，王此大邦。克顺克俾[9]，俾于文王。其德靡悔，既受帝祉，施于孙子。’此之谓也。今君之所好者，其溺音乎？”

而所爱好的是音。乐与音相近，但又有所不同。”

文侯说：“请问为什么不同呢？”

子夏回答说：“古代天地四时顺顺当当，民众有德而五谷丰登；既无疾疫灾祸，也无妖怪异常。这就称为太平顺当。然后圣人起来，设立父子君臣的名分，作为人际关系的纲纪。纲纪已正，天下必安定。天下非常安定，然后校正六律，调和五音，用乐器伴奏歌唱《诗·颂》。这就称为德音。德音就称为乐。《诗》说：‘德音虽静寂，德行却昭明。不仅昭明德行，又能合乎德行。能做长上，能做君王，统治着广大的国家。能够遵循，又能相配，相配文王的德行。他的德行没有可后悔的地方，既已受到天帝的赐福，将一直降福到他的子孙后代。’这说的就是德音。如今您所爱好的，大约是溺音吧？”

注释

1 **文**：郑玄说，“文”谓鼓。

2 **武**：郑玄说，“武”谓钟。

3 **雅**：乐器名，状如漆桶，提之舂地而调节快速的动作。

4 依王念孙说，“獶(náo)”作“糅(náo)”。

5 **疢**(chèn)：热病。泛指病。

6 **祥**：此指反常现象。

7 见《诗·大雅·皇矣》篇。

8 **莫**:通“寞”。静寂。

9 **俾**:通“比”。比配。

原文

文侯曰:“敢问溺音何从出也?”

子夏对曰:“郑音好滥淫志,宋音燕女溺志,卫音趋数[1]烦志,齐音敖辟乔志。此四者,皆淫于色而害于德,是以祭祀弗用也。《诗》云[2]:‘肃雍和鸣,先祖是听。’夫肃,肃敬也;雍,雍和也。夫敬以和,何事不行?为人君者,谨其所好恶而已矣。君好之,则臣为之;上行之,则民从之。《诗》云[3]:‘诱民孔易。’此之谓也。然后圣人作为鼗、鼓、椌、楬[4]、埙[5]、篪[6],此六者,德音之音也。然后钟、磬、竽、瑟以和之,干、戚、旄、狄[7]以舞之,此所以祭先王之庙也,所以献酬酳酢也。所以官序贵贱各得其宜也,所以示后世有尊卑长幼之序也。

“钟声铿,铿以立号,号

译文

文侯又问:“请问溺音从哪里来的呢?”

子夏回答说:“郑音轻靡,使人情志放荡;宋音柔媚,使人情志沉溺;卫音急骤,使人情志烦乱;齐音傲僻,使人情志骄恣。这四种音乐都放纵声色而戕害人们的德行,因此祭祀不用它们。《诗》说:‘虔敬而祥和的合奏,正是先祖要听的音乐。’肃肃,是虔敬的样子;雍雍,是祥和的样子。有虔敬且祥和的情志,还有什么事干不成呢?作为人君,只要谨慎自己所好、所恶就行了。国君爱好的,臣下就会去做;上面流行的,民众就会跟着去做。《诗》说:‘诱导民众很容易。’就是说的这一点。然后圣人制作鼗、鼓、椌、楬、埙、篪,这六种乐器,发出的是德音。然后用钟、磬、竽、瑟来合奏,用干、戚、旄、狄来伴舞,这就是用来祭祀先王宗庙的音乐,用来调节献酬酳酢等礼仪的音乐。这种音乐也用来排列贵贱的次序,使其各得所宜,也用来昭示后世当有尊卑长幼的秩序。

以立横，横以立武。君子听钟声，则思武臣。石声磬[8]，磬以立辨，辨以致死。君子听磬声，则思死封疆之臣。丝声哀，哀以立廉，廉以立志。君子听琴瑟之声，则思志义之臣。竹声滥[9]，滥以立会，会以聚众。君子听竽笙箫管之声，则思畜聚之臣。鼓鼙之声欢，欢以立动，动以进众。君子听鼓鼙之声，则思将帅之臣。君子之听音，非听其铿锵而已也，彼亦有所合之也。"

"钟声铿锵，可以用铿锵之声立号令，听到号令就可以振奋，振奋了就可以建立武功。君子听到钟声就会思念武臣。石磬声罄罄，可以用磬声分明节义，节义分明就不惜以身殉职。君子听到磬声，就会思念为保卫疆土而牺牲的部下。弦乐的声音哀怨，哀怨而可以使人正直，正直而可以使人确立志节。君子听到琴瑟的声音，就会思念志节正义的臣子。管乐的声音敛聚，敛聚而可以使人想到会合，会合而可以团结民众。君子听到竽笙箫管的声音，就会思念那些能会聚民众的臣子。鼓鼙的声音欢快，欢快就可以使人激动，激动就可以使民众进发。君子听到鼓鼙的声音，就会思念那些统率士兵的臣子。君子听音乐，不只是欣赏那些铿锵的声音，而是从那种音乐中寻觅到和自己的情志思念所契合的地方。"

注释

1 **趋数**：郑玄说，读为"促速"。

2 见《诗·周颂·有瞽》篇。

3 见《诗·大雅·板》篇。

4 **椌**(qiāng)、**楬**(qià)：郑玄说，谓柷、敔也。

5 **埙**(xūn)：吹奏乐器。如鹅卵，多用陶土烧制而成。

6 **篪**(chí)：吹奏乐器。如多孔笛。

7 **狄**：通"翟"。山鸡尾羽。

8 **磬**(qìng)：郑玄说，磬当为"罄"。孔疏说，石响轻清，叩之其声罄罄然。

9 **滥**：郑玄说，滥之意犹"揽聚"也。

原文

19.5 宾牟贾[1]侍坐于孔子。孔子与之言及乐。曰："夫《武》之备戒之已久，何也？"对曰："病不得其众也。""咏叹之，淫液[2]之，何也？"对曰："恐不逮事也。""发扬蹈厉之已蚤[3]，何也？"对曰："及时事也。""《武》，坐致右，宪[4]左，何也？"对曰："非《武》坐也。""声淫[5]及商[6]，何也？"对曰："非《武》音也。"子曰："若非《武》音，则何音也？"对曰："有司[7]失其传也。若非有司失其传，则武王之志荒矣。"子曰："唯。丘之闻诸苌弘，亦若吾子之言是也。"

宾牟贾起，免席而请曰："夫《武》之备戒之已久，则既闻命矣。敢问迟之迟而又久，何也？"

译文

宾牟贾在孔子那儿陪坐侍候，孔子和他谈到了乐的问题。孔子说："《武》舞开始时用击鼓来警戒众人，时间很久，这是为什么呢？"宾牟贾回答说："（这是模仿武王伐纣前）忧虑得不到诸侯的支持，所以用很长的时间收拢人心。"孔子说："但拉长声音来歌唱，乐声连绵不绝，这又是为什么呢？"宾牟贾回答说："恐怕是模仿当时武王战事尚未成熟而发出的长长吟叹。"孔子又说："但又那么早就迅猛地手舞足蹈起来，为什么呢？"回答说："这是模仿急趁时机进行战事。"孔子又说："《武》舞，跪时只用右腿，而左腿抬起，为什么呢？"回答说："这不是《武》舞的跪法。"孔子又说："乐声中杀气太甚，为什么呢？"回答说："这不是《武》舞的音乐。"孔子说："如果不是《武》舞的音乐，那是什么音乐呢？"回答说："有司传授有误而失去了本来的音乐。如果不是有司那儿有这样的过失，那就是武王的心志荒乱，有意黩武了。"孔子说："是的。我从周大夫苌弘那里听来的，也正像您说的那样。"

宾牟贾连忙起身，离开席位向孔子请教，说："《武》舞击鼓警戒众人需要用很长一段时间，这我已经知道了。但要请问先生，《武》舞六成，每成都迟延了好久才结束，这是为什么呢？"

注释

1 **宾牟贾:**人名。宾牟,复姓;贾,名。

2 **淫液:**即指乐声连绵不断。

3 **蚤:**通“早”。指初舞时。

4 **宪:**通“轩”。举起,抬起。

5 **淫:**过多,过甚。

6 **商:**商声也。商声主杀伐。

7 **有司:**掌管音乐的机构或官员。

原文

子曰:“居,吾语汝。夫乐者,象成者也。总干[1]而山立[2],武王之事也。发扬蹈厉,大公之志也。《武》乱皆坐,周召之治也。且夫《武》始而北出;再成[3]而灭商;三成而南;四成而南国是疆;五成而分,周公左,召公右;六成复缀以崇天子。夹振[4]之而驷[5]伐,盛威于中国也。分夹而进,事蚤济也。久立于缀,以待诸侯之至也。且女独未闻牧野之语乎?武王克殷,(反)〔及〕商[6],未及下车,而封黄帝之后

译文

孔子说:“坐吧,我告诉你!乐,是模仿已成的事情的。手持盾牌,像山峰一般端正地站立着,这是模仿武王的事(因为武王不以杀伐为目的,而要用武德抑制纣王的残暴)。后来又迅猛地手舞足蹈,模仿战斗,这又是因为采用了姜太公的主意。《武》舞尾声时全体坐下,表示武功告成,由周公旦、召公奭共同辅政,建立文治局面。再说《武》舞进行的队形:开始时要向北行进,模仿武王出兵到孟津等待诸侯;第二成就是模仿东进灭商纣;第三成模仿武王伐纣后南还;第四成表示南国已收入版图;第五成队形分为二列,模仿周公分陕左而统治,召公分陕右而统治;第六成,队形复原,模仿天下诸侯尊崇天子。在这六成里面,有时队形排为双列,有两司马摇动铃铎,士兵用戈矛四击四刺,模仿牧野之战,并显示周人用强盛的武力征服了中国。有时队形又分两列行进,模仿武

于蓟，封帝尧之后于祝，封帝舜之后于陈；下车而封夏后氏之后于杞，投殷之后于宋，封王子比干之墓，释箕子之囚，使之行商容[7]而复其位；庶民弛政[8]，庶士倍禄。济河而西，马散之华山之阳而弗复乘，牛散之桃林[9]之野而弗复服，车甲衅而藏之府库而弗复用，倒载干戈，包之以虎皮，将帅之士使为诸侯，名之曰'建櫜'[10]。然后天下知武王之不复用兵也。散军而郊射，左射，《狸首》；右射，《驺虞》；而贯革之射息也。裨冕，搢笏，而虎贲之士说[11]剑也。祀乎明堂，而民知孝。朝觐，然后诸侯知所以臣。耕藉，然后诸侯知所以敬。五者天下之大教也。食三老五更于大

功早已成功(，并且由周、召二公分治)。而开始时长时间地站在舞位上不移动，是模仿等待诸侯的来到。再说，你难道没有听说过有关牧野之战的传说吗？武王攻克了商纣，抵达商国，还没有下车，就将黄帝的后裔封在蓟，将帝尧后裔封在祝，将帝舜的后裔封在陈；下车后，武王又将夏后氏的后裔封在杞，将殷商的遗民迁徙到宋，又为王子比干墓增筑土坟，释放被囚的箕子，并让他探视商容，恢复贤臣商容的职位，又免除民众的徭役，并让一般士人增加一倍的俸禄。武王又渡黄河返回陕西，将战马全分散在华山南面的原野上，不再乘骑；将拉辎重车的牛都放散在桃林的田野里，不再驱使；将兵车、盔甲等都涂上牲血藏到府库里，不再使用；将盾牌和戈矛都倒装起来，用虎皮来包裹；把将帅分派到各国去做诸侯；这种情况就称为'键櫜'。然后天下都知道武王不再使用武力征伐了。解散了军队而学习郊射之礼，在东郊的学校中射箭，歌唱《狸首》诗作为射箭节奏；在西郊的学校中射箭，歌唱《驺虞》诗作为射箭节奏；而停止那种贯穿皮革的猛射。大家都穿戴上礼服礼帽，带中插上笏板，勇猛的武士也解脱了佩剑。在明堂举行祭祀，民众就知道了孝敬。朝会觐见，然后使诸侯知道做臣下的礼节。亲自耕种藉田，然后使诸侯知道敬奉的道理。郊射、裨冕、明堂祭祀、朝觐、耕藉，这五方面是天下最重要的教化。

学，天子袒而割牲，执酱而馈，执爵而酳，冕而总干。所以教诸侯之弟也。若此，则周道四达，礼乐交通，则夫《武》之迟久，不亦宜乎？”

在大学里宴请三老、五更，天子还要脱下上衣，亲自为他们分割牲体，并拿着肉酱献食，端上酒杯劝饮，还得戴上冠冕手执盾牌起舞。这是天子教导诸侯懂得孝悌。像这样，周代的教化贯彻到四海，礼乐交相通行，那么模仿周武王丰功伟绩的《武》舞也迟延了好久才结束，不也与此很相宜吗？”

注释

1 **总干**：持盾牌。

2 **山立**：像山一样端正地站立。

3 **成**：古称每奏乐曲一终为一成。

4 **夹振**：两司马夹士卒之两旁，振铎（摇铃）以作之。

5 **驷**：郑玄说当为“四”。

6 郑玄说，当为“及商”。反，“及”字之误。

7 **商容**：商代贤臣。

8 **政**：通“征”，征役。

9 **桃林**：古地区名，又名桃林塞，在华山旁。

10 **建櫜**(gāo)：将兵甲收藏于武库。建，通“键”，锁闭。櫜，收藏兵甲弓矢的器具。

11 **说**(tuō)：通“脱”。解脱。

原文

19.6 君子曰：礼乐不可斯须[1]去身。致乐以治心，则易直子[2]谅之心油然生矣。易直子谅之心生则乐，乐则安，安则久，久则天，天

译文

君子说：礼乐是不可以片刻离开自身的。详审此乐而治正内心，那么和易正直慈爱诚信的心思就会油然而生了。和易正直慈爱诚信的心思产生了，就会很乐观；乐观了就会安于现状；

则神。天则不言而信，神则不怒而威，致乐以治心者也。致礼以治躬则庄敬，庄敬则严威。心中斯须不和不乐，而鄙诈之心入之矣。外貌斯须不庄不敬，而易慢之心入之矣。故乐也者，动于内者也；礼也者，动于外者也。乐极和，礼极顺，内和而外顺，则民瞻其颜色而弗与争也，望其容貌而民不生易(僈)〔慢〕[3]焉。故德辉动于内，而民莫不承听；理发诸外，而民莫不承顺。故曰：致礼乐之道，举而错之天下，无难矣。

安于现状就能性命长久；性命长久就会志明行成，而像上天一样被信任；被人们像上天一样信任，也就会被人们像神一样敬畏。天虽然不说话，但四时运行从不失信；神虽然不发怒，但人们无不畏惧他的威严。这就是详审乐而治正内心。详审礼来治正自身的言行，就可以做到庄严而恭敬；庄严而恭敬了，就会使人感到严肃威重。心中稍有片刻不和不乐，卑鄙诈伪的心思就会趁机而入了。外貌稍有片刻不庄严不恭敬，轻忽怠慢的心思也就会趁机而入了。所以，乐是从心起，感动在内；礼是从外生，发动在外。乐极其和畅，礼极其恭顺，内心和畅而外貌恭敬，那么民众看到他的容颜神色就不会和他去抗争，看到他的仪容外貌就不会生出轻忽怠慢的想法。所以德行的光辉是从内心先发出的，而民众没有不承受不听从的；情理表现在外表的行动上，而民众没有不承受不顺从的。所以说：详审礼乐的道理，并且让天下都能充满、渗透礼乐，都能实行礼乐的道理，就没有什么难办的事了。

注释

1 **斯须：**片刻。

2 **子：**子爱，像对子女一样地爱护。

3 孔疏“僈”作“慢”字。慢，轻忽，怠惰。

原文

乐也者，动于内者也；

译文

乐是从心起，感动在内；礼是从外生，

礼也者，动于外者也。故礼主其减，乐主其盈。礼减而进，以进为文[1]；乐盈而反，以反为文。礼减而不进则销，乐盈而不反则放。故礼有报，而乐有反。礼得其报则乐，乐得其反则安。礼之报[2]，乐之反，其义一也。

夫乐者，乐也，人情之所不能免也。乐必发于声音，形于动静，人之道也。声音、动静，性术之变，尽于此矣。故人不耐[3]无乐，乐不耐无形；形而不为道，不耐无乱。先王耻其乱，故制《雅》《颂》之声以道之，使其声足乐而不流，使其文足论而不息[4]，使其曲直、繁(瘠)〔省〕[5]、廉[6]肉[7]、节奏足以感动人之善心而已矣，不使放心邪气得接焉。是先王立乐之方也。

发动在外。所以，礼要以减少人们的疲倦为原则，乐要以使人充满欢乐为原则。礼虽减少，但要自我勉励，而以自我勉励为美好；乐虽充盈，但要自我抑止，而以自我抑止为美好。礼减少而不能自我勉励，礼道就会消衰；乐充盈而不能自我抑止，乐道就会放纵。所以礼道要自我勉励，乐道要自我抑止。行礼能够自我勉励，就会和乐而没有困苦；举乐能够自我抑止，就会安静而不放纵。礼道中的自我勉励，乐道中的自我抑止，它们的义理是一致的。

乐，就是欢乐，是人情所不能免除的。人有欢乐必定要抒发到声音上，表现在动作上，这是人的自然情理。声音、动作，可以反映出性情的变化，而且全都可以反映出来。所以人不能没有欢乐，欢乐不能没有表现；但是表现出来后，却不合道义，就不能不出现惑乱。古代圣明的君王认为这种惑乱是耻辱，所以制作《雅》《颂》的声乐来引导人们，使其歌声充满欢乐而不放纵，使其歌词足以鉴赏而不至于胡思乱想，使其乐声或曲或直，或繁或省，或脆或润，或节或奏，可以感动人们的善心就行了，而不能使放荡的心思、可恶的邪气接近自身。这就是古代圣王确立的乐的宗旨。

注释

1 **文**:郑玄说,文,犹美也,善也。

2 **报**:郑玄说,当读为“褒”。勉励的意思。

3 **耐**(néng):《释文》云,“耐”,古“能”字。下同。

4 **息**:王梦鸥认为释为“諰”,因《荀子·乐论》作“諰”,胡思乱想的意思。

5 **瘠**:《乐论》作“省”,简易,简略。

6 **廉**:清也,形容声音清脆。

7 **肉**:形容声音圆润。

原文

是故乐在宗庙之中,君臣上下同听之,则莫不和敬;在族长乡里之中,长幼同听之,则莫不和顺;在闺门之内,父子兄弟同听之,则莫不和亲。故乐者,审一以定和,比物以饰节,节奏合以成文,所以合和父子君臣、附亲万民也。是先王立乐之方也。

故听其《雅》《颂》之声,志意得广焉;执其干戚,习其俯仰诎伸,容貌得庄焉;行其缀兆,要其节奏,行列得正焉,进退得齐焉。故乐者,天地之(命)〔齐〕[1],中和之纪,人情之所不能免也。

译文

因此乐在宗庙中演奏,君臣上下同听共赏,就无不融洽而敬从;在族长、乡亲那儿演奏,长幼共同听,就无不融洽而恭顺;在家里演奏,父子兄弟共同听,就无不融洽而亲密。所以乐是审定一个基调来决定众乐器的和声,模仿某一已成的事实,再修饰成乐曲段落,并配合节拍而组成乐舞,用来使父子君臣相融洽,使万民归为一体。这就是古代圣王确立的乐的宗旨。

所以,听那些《雅》《颂》的音乐,使人们心志意趣为之阔大;手执那些盾牌和大斧,练习俯仰屈伸的舞姿,使人们的仪容为之庄重;踏着那些舞位,合着节拍,使行列端正,进退划一。所以乐是天地间的和合、中和的条理,而这是人情中所不可免除的。

乐,是古代圣王用来表达喜悦的;

夫乐者，先王之所以饰喜也；军旅铁钺[2]者，先王之所以饰怒也。故先王之喜怒，皆得其侪焉。喜则天下和之，怒则暴乱者畏之。先王之道，礼乐可谓盛矣！

军旅铁钺，是古代圣王用来表达愤怒的。所以古代圣王的喜和怒，都能各从其类。（不喜悦就不举乐，不愤怒就不横施铁钺。）圣王喜悦，天下人也就附和他；圣王愤怒，暴乱的人也就畏惧他。古代圣王治天下的措施中，礼乐可以说最为盛行了！

注释

1 **命：**《史记·乐书》作"齐"。齐，和合齐同的意思。

2 **铁钺：**大斧。

原文

19.7 子赣[1]见师乙[2]而问焉，曰："赐闻声歌各有宜也，如赐者宜何歌也？"

师乙曰："乙，贱工也，何足以问所宜？请诵其所闻，而吾子自执焉。（爱者，宜歌《商》。）[3]温良而能断者，宜歌《齐》。夫歌者，直己而陈德也，动己而天地应焉，四时和焉，星辰理焉，万物育焉。（故《商》者，五帝之遗声也。）宽而静、柔而正者，宜歌《颂》。广大而静、疏达而信者，宜歌《大雅》。恭俭而好礼者，宜歌《小雅》。正直而

译文

子赣见了师乙，向他请教，说："我听说，学习唱歌应该适合各人的情况，像我这样，该唱什么才合适呢？"

师乙说："我是个低贱的乐工，怎么值得您来询问该唱什么歌呢？请让我把自己听闻到的讲说出来，而由您自己择取吧。温良而能决断的人，适宜歌唱《齐》。歌唱，是使自己正直并且陈述德行，使自己内心感动而天地应合，四季和合，星辰不悖逆，万物得生长。宽厚而安静、温柔而正直的人，适宜歌唱《颂》。心志宏大而安静、疏朗通达而诚信的人，适宜歌唱《大雅》。恭敬省俭而爱好礼仪的人，适宜歌唱《小雅》。正直而安静、廉洁而谦让的人，适宜歌唱《风》。肆直而慈爱的人，适宜歌唱《商》。《商》，是五帝

静、廉而谦者，宜歌《风》。肆直而慈爱〔者，宜歌《商》。故《商》者，五帝之遗声也〕；(商之遗声也。)商人识之，故谓之《商》。《齐》者，三代之遗声也；齐人识之，故谓之《齐》。明乎《商》之音者，临事而屡断。明乎《齐》之音者，见利而让。临事而屡断，勇也。见利而让，义也。有勇有义，非歌孰能保[4]此？故歌者上如抗[5]，下如队[6]；曲如折，止如槁木；倨[7]中[8]矩，句[9]中钩；累累乎端如贯珠；故歌之为言也，长言之也。说[10]之，故言之；言之不足，故长言之；长言之不足，故嗟叹[11]之；嗟叹之不足，故不知手之舞之、足之蹈之也。”

《子贡问乐》[12]。

时代的遗声；商代人懂得它，所以称为《商》。《齐》，是三代的遗声；齐国人懂得它，所以称为《齐》。精通《商》音的人，临事常能决断。精通《齐》音的人，见利能推让。临事常能决断，这是勇气。见利而能推让，这是义气。既要有勇气，又要有义气，如果没有歌，怎么能保持德行的美好？所以唱歌的人，高音向上像是愈举愈高，低音向下像是愈跌愈下；声音回曲如同折断，声音终止如同枯木；声音微曲合乎矩尺，声音大曲合乎环钩；而歌声连续不断，就似贯串的珍珠，所以歌唱就是说话，是把音节拉长了的说话。心里喜悦，所以要说出来；说出来还不足以表达，所以拉长声音说出来；拉长声音说出来还不足以表达，所以就咏叹和流连地唱着；如果这样还不足以表达，就不知不觉手舞足蹈起来。”

《子贡问乐》。

注释

1 **子赣**：子贡。

2 **师乙**：师，乐师；乙，乐师名。

3 本处及下文括号中内容，因换简失其次，此依据郑注更正。

4 **保**：保持。此依孙希旦说，保，谓保其德性之美也。

5 **抗**：举起。

6 **队**(zhuì)：同“坠”。坠落。

7 **倨:**直而微曲。

8 **中**(zhòng):符合。

9 **句**(gōu):同“勾”。弯曲。

10 **说:**通“悦”。喜悦。

11 **嗟叹:**依孙希旦说,歌之叹和流连者,谓之嗟叹。

12 **《子贡问乐》:**为篇题。古书篇题在篇末。

祭法

导读

《祭法》是《礼记》中的第23篇。《祭法》之篇名，是以篇首两字命名。其内容是记载有虞氏至周朝制定的祭祀天地群神的法度，故称《祭法》。此篇较多学者认为是取录自《鲁语》，仅是文字稍有变易。

儒家不信鬼神，但深信祭祀。《礼记》49篇，刘向《别录》分类中列出丧服11篇，又有祭祀4篇：《郊特牲》《祭法》《祭义》《祭统》。丧服与祭祀竟占15篇之多。限于篇幅，这里仅选读《祭法》一篇。

《祭法》首节历数上古四代祭祀的方法，其后又从多方面分述与祭祀相关的内容，或记天下山川百神，或记天子至庶人设庙祭祖之法。有记载天子至庶人立社（土地神）制度，也记载天子至庶人所祭小神之名称及数量等，且定有祭与不祭之规则。

篇末特别指出："汤以宽治民而除其虐；文王以文治，武王以武功，去民之菑。此皆有功烈于民者也。及夫日月星辰，民所瞻仰也。山林、川谷、丘陵，民所取财用也。非此族也，不在祀典。"这里体现了祭仪中崇德报功之内涵，同时也突出了家庭社会的等级次第。后世把这些观念推向极端，过分关注服饰、跪拜等种种细枝末节，反而离开了礼的真"义"。

原文

23.1 祭法：有虞氏禘[1]黄帝而郊喾，祖颛顼而宗尧。夏后氏亦禘黄帝而郊鲧，祖颛顼而宗禹。殷人禘喾而郊冥，祖契而宗汤。周人禘喾而郊稷，祖文王而宗武王。

燔柴于泰坛[2]，祭天也；瘗埋于泰折，祭地也。用骍犊。埋少牢于泰昭[3]，祭时也。相近[4]于坎坛，祭寒暑也。王宫[5]，祭日也；夜明[6]，祭月也；幽宗[7]，祭星也；雩宗[8]，祭水旱也。四坎坛，祭四方也。山林、川谷、丘陵能出云，为风雨，见怪物，皆曰神。有天下者祭百神。诸侯在其地则祭之，亡其地则不祭。

大凡生于天地之间者皆曰命。其万物死皆曰折，人死曰鬼。此五代之所不变也。七代之所更立者，禘郊宗祖，其余不变也。

译文

祭法：有虞氏用禘礼祭祀黄帝，而用郊礼祭天配享帝喾；庙祭以颛顼为祖，帝尧为宗。夏后氏也用禘礼祭祀黄帝，而用郊礼祭天配享鲧；庙祭以颛顼为祖，禹为宗。殷人用禘礼祭祀帝喾，而用郊礼祭天配享冥；庙祭以契为祖，汤为宗。周人用禘礼祭祀帝喾，而用郊礼祭天配享后稷；庙祭以文王为祖，武王为宗。

在高大的土坛上堆柴焚烧祭品牲、玉等，使气上达于天，这是祭天；把祭品牲、缯等埋在高大的土坛下面，这是祭地。祭牲要用小黄牛。把祭品羊猪埋在泰昭坛下，这是祭四时阴阳之神。在坎、坛上祭祀祈求寒暑正常的，这是祭寒暑。王宫，是祭日的坛；夜明，是祭月的坛；幽宗，是祭星的坛；雩宗，是祭水旱的坛。四坎坛，是祭四方之神的。凡是山林、川谷、丘陵能生出云气，化为风雨，显现不常见的东西的，都叫作神。掌握天下的人要祭祀众多的神祇。诸侯只祭祀在其境内的神，如果丧失了国土就不再祭祀了。

凡是生存于天地之间的都称为“命”。其中万物死去都称为“折”，而人死称为“鬼”。这些名称从唐、虞、夏、殷、周五代以来都没有改变过。在颛顼、帝喾、唐、虞、夏、殷、周七代中所改变过的，只是禘、郊、宗、祖等祭祀的对象，其余的没有变化。

注释

1 **禘**:古代祭名。以下“郊”“祖”“宗”,也均为祭名。

2 **坛**:土筑的高台,古时用于祭祀及朝会盟誓等大事。下句“折”同。

3 **昭**:郑玄说,明也,亦谓坛也。

4 **相近**:郑玄说,当为“禳祈”。祭祷消灾。祈,向神求祷。寒暑不时,则或禳之,或祈之。寒于坎,暑于坛。

5 **王宫**:日坛。

6 **夜明**:月坛。

7 **幽宗**:星坛。

8 **雩(yú)宗**:水旱坛。

原文

23.2 天下有王,分地建国,置都立邑,设庙祧坛墠[1]而祭之,乃为亲疏多少之数。是故王立七庙,一坛一墠,曰考庙,曰王考庙,曰皇考庙,曰显考庙,曰祖考庙,皆月祭之。远庙[2]为祧,有二祧,享尝[3]乃止。去祧为坛,去坛为墠;坛墠有祷焉祭之,无祷乃止。去墠曰鬼。诸侯立五庙,一坛一墠,曰考庙,曰王考庙,曰皇考庙,皆月祭之。显考庙、祖考庙,享尝乃止。去祖为坛,去坛为墠;坛墠有

译文

天下有了帝王,就分封土地,建立诸侯国,为卿大夫设置都邑,设立庙、祧、坛、墠而进行祭祀,于是又根据亲情、尊贤中的差别制定祭祀次数和规模大小。因此,帝王建立七庙,一坛,一墠,还有考庙、王考庙、皇考庙、显考庙、祖考庙,这些都是每月要祭祀一次。祖考庙以上的祖庙称“祧”,依昭穆的辈分,又分为两个祧庙,只享尝四时之祭。去祧庙更远的祖先就为他设立祭坛,去坛更远的祖先就为他设立祭墠;对这些很远的祖先只是在有祈祷时,才在坛或墠上祭祀他们,没有祈祷也就无须祭祀。去墠更远的祖先称为“鬼”。诸侯建立五庙,一坛,一墠,还有考庙、王考庙、皇考庙,这些都是每月要祭祀一次的。显考庙、祖考庙,只享尝四时之祭。

祷焉祭之，无祷乃止。去墠为鬼。大夫立三庙二坛，曰考庙，曰王考庙，曰皇考庙，享尝乃止。显考、祖考无庙，有祷焉，为坛祭之。去坛为鬼。適士[4]二庙一坛，曰考庙，曰王考庙，享尝乃止。(显)〔皇〕考无庙[5]，有祷焉，为坛祭之。去坛为鬼。官师[6]一庙，曰考庙。王考无庙而祭之。去王考为鬼。庶士、庶人无庙，死曰鬼。

去祖考庙更远的祖先就为他设立祭坛，去坛更远的祖先就为他设立祭墠；有祈祷时就在坛或墠上祭祀他们，没有祈祷也就无须祭祀。去墠更远的祖先称为“鬼”。大夫建立三庙二坛，其中考庙、王考庙、皇考庙，只享尝四时之祭。显考、祖考没有庙，如有祈祷，就设坛祭祀他们。去坛更远的祖先称为“鬼”。嫡士建立二庙一坛。其中考庙、王考庙只享尝四时之祭。皇考没有庙，如有祈祷，设坛祭祀他。去坛更远的祖先称为“鬼”。官师只建立一庙，称为考庙。王考没有庙，在考庙行祭。去王考更远的祖先称为“鬼”。庶士、庶民没有庙，死去就称为“鬼”。

注释

1 **墠**(shàn)**：**祭祀用的平地。

2 **远庙：**谓高祖之父、高祖之祖之庙也。即远祖之宗庙。

3 **享尝：**泛指四时的祭祀。

4 **適士：**郑玄说，嫡士指上士。孙希旦说，指大宗世嫡为士者。

5 按：郑玄说，此“適士”云“显考无庙”，非也；当为“皇考”，字之误也。

6 **官师：**郑玄说，中士、下士。孙希旦说，三等之士而非为大宗子者。

原文

王为群姓立社，曰大社。王自为立社，曰王社。诸侯为百姓立社，曰国社。诸侯自为立社，曰侯社。大夫以

译文

王为天下的众多族姓总立一个社庙，称为大社。王为自己立的社庙，称为王社。诸侯为国内百姓总立一个社庙，称为国社。诸侯为自己立的社庙，

下[1]成群[2]立社，曰置社。

王为群姓立七祀，曰司命，曰中霤，曰国门，曰国行，曰泰厉[3]，曰户，曰灶。王自为立七祀。诸侯为国立五祀，曰司命，曰中霤，曰国门，曰国行，曰公厉[4]。诸侯自为立五祀。大夫立三祀，曰族厉[5]，曰门，曰行。適士立二祀，曰门，曰行。庶士、庶人立一祀，或立户，或立灶。

王下祭殇五：適[6]子、適孙、適曾孙、適玄孙、適来孙。诸侯下祭三，大夫下祭二，適士及庶人祭子而止。

称为侯社。大夫以下聚居邑里的人共立一社庙，称为置社。

王为天下的众多族姓设立七种祭祀，分别是司命、中霤、国门、国行、泰厉、户、灶。王为自己设立七种祭祀。诸侯为国内百姓设立五种祭祀，分别是司命、中霤、国门、国行、公厉。诸侯为自己设立五种祭祀。大夫设立三种祭祀，分别是族厉、门、行。嫡士设立两种祭祀，分别是门、行。庶士、庶民只设立一种祭祀，有的设立户，有的设立灶。

王下祭未成年而死去的有五种人：嫡子、嫡孙、嫡曾孙、嫡玄孙、嫡来孙。诸侯下祭三代，大夫下祭二代，嫡士和庶民只祭到自己嫡系的殇子为止。

注释

1 **大夫以下：**指大夫至于庶人。
2 **成群：**聚居邑里。
3 **泰厉：**古代帝王无后者的幽灵。
4 **公厉：**古代诸侯无后者的幽灵。
5 **族厉：**古代大夫无后者的幽灵。
6 **適：**通“嫡”。下同。

原文

23.3 夫圣王之制祭祀也，法施于民则祀之，以死勤事则祀之，以劳

译文

圣王制定的祭祀制度规定，把法度贯彻到民众中去的就祭祀他，以死殉职的就祭祀他，有安邦定国功勋的就祭祀他，能抵御大

定国则祀之，能御大菑[1]则祀之，能捍大患则祀之。是故厉山氏之有天下也，其子曰农，能殖百谷；夏之衰也，周弃继之，故祀以为稷。共工氏之霸九州也，其子曰后土，能平九州，故祀以为社。帝喾[2]能序星辰以著众，尧能赏均刑法以义终[3]，舜勤众事而野死，鲧鄣[4]鸿水而殛死，禹能修鲧之功。黄帝正名百物以明民[5]共财，颛顼能修之。契为司徒而民成，冥勤其官而水死。汤以宽治民而除其虐；文王以文治，武王以武功，去民之菑。此皆有功烈于民者也。及夫日月星辰，民所瞻仰也。山林、川谷、丘陵，民所取财用也。非此族也，不在祀典。

灾害的就祭祀他，能保卫民众不使受苦的就祭祀他。因此，厉山氏执掌天下时，他的儿子叫农，能种植各种谷物庄稼；到了夏代衰亡的时候，周人名叫弃的人又继承了农的事业，所以就祭祀农和弃而配享稷之神。共工氏称霸九州的时候，他的儿子叫后土，能够治理九州，所以就祭祀后土而配享社之神。帝喾能纪星辰、定时间，使民众作息有期，不失时节；尧能公平地赏罚，最后又让位给舜而老死；舜为民众的事勤苦而死在野外；鲧堵塞洪水未成功而被诛杀；禹能继承父亲事业又改正错误。黄帝为百物定下名称，使民众各有衣裳而贵贱分明，各取物产而自谋生计；颛顼又能继承并加以改进。契为司徒，使民众的五教得以成功；冥致力于水利官的职事而溺水殉职。汤有宽厚的政策治理民众，革除夏桀的暴虐；文王用礼乐文教来治理民众，武王用武力除去民众的灾祸。这些都是对人民有功勋的人。至于日月星辰，是民众瞻仰而用来识别时序的；山林、川谷、丘陵，是民众获取财用的地方。（因此它们也属于祭祀的范围。）如果不属于这一类，就不在祭祀范围内。

注释

1 **菑**(zāi)**：**同“灾”。祸害，灾害。

2 **帝喾：**王国维说，即帝夋(qūn)。

3 **义终**:郑玄说,谓既禅二十八载乃死也。

4 **鄣**:亦作"障",阻塞,遮挡。

5 **明民**:孔颖达说,谓垂衣裳,使贵贱分明,得其所也。

经解

导读

《经解》是《礼记》中的第26篇。《经解》的写作年代,学者认为似出于汉武帝时。《经解》之篇名,是概括首节内容而得。因其首节主要讲《诗》《书》《乐》《易》《礼》《春秋》六经之政教得失,所以谓之“经解”。以下各节兼及论述天子德配天地、霸王治民之器以及治国隆礼之道。

本篇阐发了以礼为本的儒家精神,强调治国之本莫若于隆礼的要义,指出能行仁义方可治理天下,霸主王者必须以“和、仁、信、义”方能治民。礼是巩固封建等级制度的重要利器,因而即使是旧的礼制也不能废弃。《经解》所说:“夫礼,禁乱之所由生,犹坊止水之所自来也。故以旧坊为无所用而坏之者,必有水败;以旧礼为无所用而去之者,必有乱患。”这也是封建统治者重视“礼治”,积极“制礼”的社会文化根源。

篇末又指出:“礼之教化也微,其止邪也于未形,使人日徙善远罪而不自知也。”这里点出了礼之潜移默化的影响作用。礼能涵养情性,使人在不知不觉中养成良好的道德习惯,可以在自然而然中达到“徙善远罪”的效果。同时,这也体现了礼由“事神致福”、治政安民的功能向礼与教育职能结合的更大范围的扩展,“隆礼”的目的向更高层次提升,儒家“礼学”进入新的阶段。

原文

26.1 孔子曰:“入其国,

译文

孔子说:“进入一个国家,它的教化

其教[1]可知也。其为人也：温柔敦厚，《诗》教也；疏通知远，《书》教也；广博易良，《乐》教也；洁静精微，《易》教也；恭俭庄敬，《礼》教也；属辞比事，《春秋》教也。故《诗》之失[2]愚，《书》之失诬，《乐》之失奢，《易》之失贼[3]，《礼》之失烦，《春秋》之失乱。其为人也：温柔敦厚而不愚，则深于《诗》者也；疏通知远而不诬，则深于《书》者也；广博易良而不奢，则深于《乐》者也；洁静精微而不贼，则深于《易》者也；恭俭庄敬而不烦，则深于《礼》者也；属辞比事而不乱，则深于《春秋》者也。”

也就可以知道。若该国的人说话温柔，性情敦厚，这是得力于《诗》的教化；通达政事，远知古事，这是得力于《书》的教化；襟怀宽广，性情和通，这是得力于《乐》的教化；纯洁宁静，心思精微，这是得力于《易》的教化；谦逊俭约，庄重恭敬，这是得力于《礼》的教化；善于撰作，编次史事，这是得力于《春秋》的教化。（但是各种教化，如果不善于学习运用，就会出现各种缺点。）所以《诗》教（不知道变通，）会导致愚蠢，《书》教（不知道阙疑，）会导致失实，《乐》教（不知道检束，）会导致奢侈，《易》教（不知道辨析，）会导致害理，《礼》教（不知道适宜，）会导致烦琐，《春秋》教化（不知道明断，）会导致惑乱。而如果他们国家中的人说话温柔，性情敦厚，却并不愚蠢，那就是深得《诗》的教化；通达政事，远知古事，却并不失实，那就是深得《书》的教化；襟怀宽广，性情和通，却并不奢侈，那就是深得《乐》的教化；纯洁宁静，心思精微，却并不害理，那就是深得《易》的教化；谦逊俭约，庄重恭敬，却并不烦琐，那就是深得《礼》的教化；善于撰作，编次史事，却并不惑乱，那就是深得《春秋》的教化。”

注释

1 **教**：教化，指民风、习俗等方面。

2 **失**：过失，不足。孙希旦说，此指“不善学者之失”。

3 **贼**:害。

原文

26.2 天子者,与天地参,故德配天地,兼利万物,与日月并明,明照四海而不遗微小。其在朝廷,则道仁圣礼义之序;燕处,则听《雅》《颂》之音;行步,则有环、佩之声;升车,则有鸾、和[1]之音。居处有礼,进退有度,百官得其宜,万事得其序。《诗》云[2]:"淑人君子,其仪不忒[3]。其仪不忒,正是四国。"此之谓也。发号出令而民说[4],谓之和;上下相亲,谓之仁;民不求其所欲而得之,谓之信;除去天地之害,谓之义。义与信,和与仁,霸王之器也。有治民之意而无其器,则不成。

礼之于正国也,犹衡之于轻重也,绳墨之于曲直也,规矩之于方圜也。故衡[5]诚[6]县[7],不可

译文

天子和天、地并列而为三,所以天子的德行比配天地,恩泽遍施万物,和日月同放光辉,光明普照四海,无物不及,无处不至。天子在朝廷上,阐说仁爱圣明恭敬正义的政治秩序;在闲居处,倾听《雅》《颂》这一类的音乐;行走时,伴有佩环佩玉的声音节奏;登车时,伴有鸾和车铃的声音节奏。这样,起居有一定的礼仪,进退有一定的节度,百官各得适宜,万事皆有秩序。《诗》说:"好人君子,威仪端庄无偏差。威仪无偏差,就是四方各国的好榜样。"说的就是这一意思。发号施令而民众高兴,称为和;上上下下互相亲密,称为仁;民众没有去谋求那想要得到的而又得到了,称为信;除去天地间的祸害,称为义。义与信,和与仁,这些是霸主、王者的统治工具。虽有统治人民的意愿,但没有统治人民的工具,那就不能成功。

礼对于治理国家来说,说像用秤来称量轻重,用绳墨来审定曲直,用规矩来测量方圆。所以,如果秤详审无误后挂锤称重,必定不再可能用轻重来欺骗他人;绳墨详审无误后弹线,必定不再可能用直曲来欺骗他人;规矩详审无误后测量,必定

欺以轻重;绳墨诚陈[8],不可欺以曲直;规矩诚设[9],不可欺以方圜;君子审礼,不可诬以奸诈。是故隆礼由[10]礼,谓之有方之士;不隆礼,不由礼,谓之无方之民。敬让之道也。故以奉宗庙则敬,以入朝廷则贵贱有位,以处室家则父子亲、兄弟和,以处乡里则长幼有序。孔子曰:"安上治民,莫善于礼。"此之谓也。

不再可能用方圆来欺骗他人;君子如能详审礼仪,那么必定不再可能用奸诈来欺骗人。因此,践行礼的人,称为懂得道理的人;不践行礼的人,称为不懂得道理的人。礼是以敬、让作为根本的。所以以礼来奉祀宗庙便会恭敬,以礼进居朝廷便使尊贵与卑贱各有位次,在家庭中以礼相处便会父子相亲、兄弟和睦,在乡里以礼相处便会长幼年辈秩序井然。孔子说:"要使国君安宁,使民众得到管理,没有比行礼更好的了。"说的正是这个意思。

注释

1 **鸾、和:**皆为车铃,鸾在衡上,和在轼前。

2 见《诗经·曹风·鸤鸠》。

3 **忒:**偏差。

4 **说:**通"悦"。喜悦。

5 **衡:**秤。

6 **诚:**审查,详查。

7 **县:**郑玄说,锤也。

8 **陈:**郑玄说,弹也。

9 **设:**郑玄说,画也。

10 **由:**行,即践行。

原文

26.3 故朝觐之礼,所以明君臣之义也;聘问之

译文

所以朝觐之礼,是用来表明君臣之间的义理的;聘问之礼,是用来使诸侯互尊互

礼，所以使诸侯相尊敬也；丧祭之礼，所以明臣子之恩也；乡饮酒之礼，所以明长幼之序也；昏姻之礼，所以明男女之别也。夫礼，禁乱之所由生，犹坊[1]止水之所自来也。故以旧坊为无所用而坏之者，必有水败；以旧礼为无所用而去之者，必有乱患。

故昏姻之礼废，则夫妇之道苦[2]，而淫辟之罪多矣；乡饮酒之礼废，则长幼之序失，而争斗之狱繁矣；丧祭之礼废，则臣子之恩薄，而倍[3]死忘(生)〔先〕[4]者众矣；聘、觐之礼废，则君臣之位失，诸侯之行恶，而倍畔[5]侵陵之败起矣。故礼之教化也微，其止邪也于未形，使人日徙善远罪而不自知也。是以先王隆之也。《易》曰[6]："君子慎始。差若豪氂[17]，缪以千里。"此之谓也。

敬的；丧祭之礼，是用来表明臣下和儿子感恩的；乡饮酒之礼，是用来表明长幼年辈秩序的；婚姻之礼，是用来明确男女之间的差别的。礼，是用来禁绝祸乱产生的，就像堤防是阻止洪水横溢的。因此，若有人认为旧堤防没有用处而毁坏它，必定会有洪水败毁他的产业；认为旧礼仪没有用处而废弃它，必定会有动乱祸患及身。

所以婚姻之礼被废除，那么夫妇的道义就不能施行，而淫荡邪恶的罪行就会多起来；乡饮酒之礼被废除，那么长幼年辈的井然秩序就丢失了，而争夺斗殴的案件就会很繁杂；丧祭之礼被废除，那么做臣下的、做儿子的将变得薄情寡恩，而背叛死者、忘记祖先的人就会增多了；聘问、朝觐之礼被废除，那么国君和臣下的不同身份也就没有了，而诸侯妄为作恶，背叛或互相侵犯的战乱也就发生了。所以，礼的教化是不显露的，因为它能够在邪恶还未形成之际就加以遏止，能够使人们一天天地在不知不觉中转向善良而远离罪恶。因此先世的君王都尊重礼。《易》说："君子要特别小心做事的开端。如果开始的时候只有毫厘一样的细微差错，那么到后来就会产生千里那么远的错误。"说的就是这个意思。

注释

1 **坊：**同“防”。堤防。

2 **苦：**郑玄说，谓不至、不答之属。

3 **倍：**通“背”。背着，背向。

4 **忘生：**王念孙说，当作“忘先”。

5 **倍畔：**背叛。畔，通“叛”。

6《周易》无此文，《史记集解》及《汉书》颜师古注皆以为《易纬》之辞也。

7 **豪氂(lí)：**即“毫厘”。毫与厘都是微小的量度单位，比喻极微小。

哀公问

导读

《哀公问》是《礼记》中的第27篇。它记载了鲁哀公向孔子问礼、问政，孔子的回答旨在解说为政先礼、礼为政教之本。本篇十分精彩，叙事简明生动，孔子的回答耐人寻味，见解独到。

我们熟知孔子说过“唯女子与小人难养也”，此篇中孔子却阐述了要尊重妇女、敬重妻子的观点。孔子认为在婚礼中，天子、诸侯应该穿上祭祀用的冕服去亲自迎接妻子。因为天子、诸侯的婚姻是延续世世代代的后嗣，他们将担任天地、宗庙、社稷的主人，所以亲迎也不能说是太隆重。文中由敬重自己的妻子而推及到敬重百姓的妻子，再由此点出“爱与敬，政之本”的治政之道。

本篇中孔子还批评了当时的君子贪爱财富而不知满足、行为放荡、逸乐过度、懒惰傲慢、搜刮民财等现象。孔子同时提出了“君子言不过辞，动不过则，百姓不命而敬恭”的行事处世之道，更道出了安处、安宁，无忧无虑，才能使自己有所成就的智慧，并由此指出了成就自己也是成就了父母名声的传统观念。最后，又强调仁人做事不犯过失，孝敬父母，泛爱众人，体现了天下安乐、祥和之道。这些道理在当今仍然具有现实指导意义。

原文

27.1 哀公问于孔子曰：

译文

鲁哀公向孔子询问，说：“大礼是怎

"大礼何如？君子之言礼，何其尊也？"孔子曰："丘也小人，不足以知礼。"君曰："否。吾子言之也！"孔子曰："丘闻之：民之所由生，礼为大。非礼无以节[1]事天地之神也，非礼无以辨君臣、上下、长幼之位也，非礼无以别男女、父子、兄弟之亲，昏姻疏数[2]之交也。君子以此之为尊敬然。然后以其所能教百姓，不废其会节[3]。有成事，然后治其雕镂、文章、黼黻[4]以嗣。其顺之，然后言其丧筭[5]，备其鼎俎，设其豕腊[6]，修其宗庙，岁时以敬祭祀，以序宗族。即安其居，节[7]丑其衣服，卑其宫室，车不雕幾[8]，器不刻镂、食不贰味，以与民同利。昔之君子之行礼者如此。"

公曰："今之君子

么样的？君子说到礼，为什么都那么尊重它呢？"孔子说："我是个鄙陋无识的普通人，还不能充分地了解重大的礼仪。"哀公说："不。请您一定得说说！"孔子说："我听说，在民众的生活中，礼是最为重大的事情。如果没有礼，就无法节制的从事祭祀天地神灵；如果没有礼，就无法分辨君臣、上下、长幼的地位；如果没有礼，就无法区别男女、父子、兄弟的亲情关系，以及婚姻中和社会上交际往来的关系。因此，君子对于礼是很尊重的。然后用他所了解的礼来教育百姓，使其不至于废弃那些行礼的时节。等到教育有了成效，圣人再治理器物的雕画刻镂、服饰的色彩花纹，用来使礼仪传续不绝（因为礼器礼服常存，礼就不会泯灭了）。等到上下都已没有了违逆之心，再讲明那些丧礼的月数，准备鼎俎一类祭器，陈设牲体干肉一类祭品，修缮宗庙，每年按时节举行恭敬的祭祀，排定宗族的次序。同时安置居处，要使衣服穿得很节俭简陋，要使房屋造得低矮，车辆不加雕饰，器具不加刻镂，食物单一薄味，（这是不挥霍财物，不损害百姓，）而和民众同享利益。古代的君子行礼就是这样的。"

哀公问："现在的君子为什么不这样做呢？"孔子说："现在的君子贪爱财富而从不知道满足，行为放荡而从不感到厌倦，逸乐过度而懒惰傲慢；并且竭力独占民众的资财，违

胡莫之行也？”孔子曰：“今之君子好实无厌，淫德不倦，荒怠敖[9]慢；固[10]民是尽，午[11]其众以伐有道，求得当欲不以其所。昔之用民者由前，今之用民者由后，今之君子莫为礼也！”

逆民众的意愿而去侵略政治清明的国家，只求满足自己的私欲而不问道理何在。古代治民的君子用的是前面说的方法，现在治民的君子用的是后面说的方法，现在的君子不愿行这礼啊！”

注释

1 **节**：节制。

2 **疏数**(cù)：指交际往来或疏或密。数，密。

3 **会节**：行礼之节期。如葬祭有葬祭之时，冠昏有冠昏之时。

4 **黼黻**(fǔ fú)：古代礼服上所绣的花纹。

5 **丧筭**(suàn)：即“丧算”，指丧礼月数。筭，同“算”。

6 **腊**(xī)：干肉。

7 **节**：俭。**丑**：恶。

8 **雕幾**(qí)：雕镂花纹。幾，指车边缘的装饰。

9 **敖**(ào)：通“傲”。傲慢。

10 **固**：欲专之，即独占。

11 **午**：通“迕”。违反，抵触。

原文

27.2 孔子侍坐于哀公。哀公曰：“敢问人道谁为大？”孔子愀然作色而对曰：“君之及此言也，百姓之德[1]也，固臣敢无辞而对？人道政为大。”

译文

孔子在哀公那里陪坐谈论。哀公问：“请问先生，治理人民的道理中哪一方面最为重大？”孔子变得肃然起敬，回答说：“国君能考虑到这问题，那真是百姓的福分。鄙人怎敢无言对答呢？要说治理人民的道理，当然应该是政治最重要。”

哀公问：“请问什么叫作治理政事呢？”

公曰："敢问何谓为政？"孔子对曰："政者，正也。君为正，则百姓从政矣。君之所为，百姓之所从也。君所不为，百姓何从？"公曰："敢问为政如之何？"孔子对曰："夫妇别，父子亲，君臣严；三者正，则庶物[2]从之矣。"公曰："寡人虽无似[3]也，愿闻所以行三言之道，可得闻乎？"孔子对曰："古之为政，爱人为大。所以治爱人，礼为大。所以治礼，敬为大。敬之至矣，大昏[4]为大。大昏至矣！大昏既至，冕而亲迎，亲之也。亲之也者，亲之也。是故君子兴敬为亲，舍敬是遗亲也。弗爱不亲，弗敬不正。爱与敬，其政之本与？"

公曰："寡人愿有言然。然冕而亲迎，不已[5]重乎？"孔子愀然作色而对曰："合二姓之好，以继先圣之后，以为天地宗庙

孔子回答说："政就是正。国君做得正，百姓就跟着做得正了。国君的所作所为，百姓就会去遵从效仿。国君什么也不做，百姓遵从效仿谁呢？"哀公又问："请问如何治理政事呢？"孔子回答说："夫妇有分别，父子相亲爱，君臣相敬重；这三件事做得正了，那么其他许多事情也就跟着做得正了。"哀公说："我虽然是无才无德的人，但也希望听到实施这三句话的道理，能说给我听吗？"孔子回答说："古代处理政事，爱护他人是最重大的方面。而要做到爱护他人，礼是最为重要的。而要施行礼，恭敬是最重要的。而最为恭敬的事，就是天子、诸侯的婚姻。天子、诸侯的婚姻确实是恭敬至极了！结婚那天，天子、诸侯得穿戴冕服亲自去迎接新娘，以表示爱她。自己爱她，也就使得别人爱自己。因此君子用亲自迎娶的敬重态度来表示爱她，如果抛去敬重的态度，就是失去了爱她的感情。不爱别人也就不会亲热，不敬重别人也就不是正当的婚姻了。（由婚姻中的爱和敬，推而广之，至于四海之内的百姓，）那么爱和敬，不也就是政事的根本吗？"

哀公说："我有句话想说。天子、诸侯穿上祭祀用的冕服去亲自迎接一个女子，不是太隆重了吗？"孔子一下子变了脸色，回答说："婚姻是将不同血统的二姓结合而

社稷之主。君何谓已重乎？”公曰：“寡人固[6]。不固，焉得闻此言也？寡人欲问，不得其辞，请少进。”孔子曰：“天地不合，万物不生。大昏，万世之嗣也。君何谓已重焉？”

作成的美好之事，从而延续祖宗的后嗣，使后世有人担当天地、宗庙、社稷的主人。您怎么可以说是太隆重了呢？”哀公说：“我真是鄙陋！（但可庆幸的是，）如果不是因鄙陋而谈到这一点，又怎么能听到这番话呢？我想再问，又找不到适当的话，请您再稍做进一步的解说。”孔子说：“天气和土地不相配合，万物就不能生长。天子、诸侯的婚姻，是用来使后嗣世世代代延续的。您怎么可以说是太隆重了呢？”

注释

1 **德：**郑玄说，德犹福也。

2 **庶物：**指众事。

3 **无似：**自谦之词。不肖，不才，不贤。

4 **大昏：**天子诸侯的婚姻。昏，“婚”的本字。

5 **已：**太，过。

6 **固：**鄙陋。

原文

孔子遂言曰：“内以治宗庙之礼，足以配天地之神明。出以治直言[1]之礼，足以立上下之敬。物耻[2]足以振之，国耻[3]足以兴之。为政先礼，礼其政之本与？”

孔子遂言曰：“昔

译文

孔子于是又说：“夫妇在内则主持宗庙祭礼，（而夫就像日，妇就像月，）能够和天地神明相比配。在外则掌管政教号令之礼，又能够使君臣上下互相敬重。臣子的职事如有耻愧的，可以借此来纠正振作；国君的治国如有耻愧的，可以借此来补过振兴。处理政事以礼法为先，礼难道不是政事的根本吗？”

孔子于是又接着说：“以往三代圣明帝王的政事，必定是敬重他们的妻子的，这样做一

三代明王之政，必敬其妻子也，有道。妻也者，亲之主也，敢不敬与？子也者，亲之后也，敢不敬与？君子无不敬也，敬身为大。身也者，亲之枝也，敢不敬与？不能敬其身，是伤其亲。伤其亲，是伤其本。伤其本，枝从而亡。三者，百姓之象也。身以及身，子以及子，妃以及妃，君行此三者，则忾[4]乎天下矣，大王之道也。如此，则国家顺矣。”

公曰：“敢问何谓敬身？”孔子对曰：“君子过言则民作辞，过动则民作则。君子言不过辞，动不过则，百姓不命而敬恭。如是则能敬其身；能敬其身，则能成其亲矣。”

定是有道理的。妻子，是奉侍宗祧的主体，怎么敢不敬重呢？儿子，是传宗接代的后嗣，怎么敢不敬重呢？君子没有不敬重他们的，而敬重自己最为重大。因为自己像是父母大树上的分枝，怎么敢不敬重自己呢？不能敬重自己，这就是伤害父母。伤害了父母，这就像是伤害了自身的根本。伤害了根本，分枝也就跟随着死亡了。这三者，即自身、儿子、妻子，是百姓的象征。由敬重自身而推及敬重百姓之身，由敬重儿子而推及敬重百姓的儿子，由敬重妻子而推及敬重百姓的妻子；如果国君做到了这三个方面，那么敬重自身、儿子、妻子的做法就会通行普及到天下的百姓中去了，这就是周代太王古公亶父的方法。如此，整个国家就都依顺了。”

哀公问：“请问什么叫作敬重自己？”孔子回答说：“君子说错了话，民众还是认为言之成文；君子做错了事，民众还是当作行为法则。因此君子说话不能有过错，举动也不能犯错误；这样的话，即使没有君子的命令，百姓也会毕恭毕敬。如此，就算是能敬重自己；能够敬重自己，也就能成就父母的名声。”

注释

1 **直言**：郑玄说，直犹正也，正言谓出政教也。

2 **物耻**：郑玄说，物犹事也；事耻，臣耻也。

3 **国耻**:郑玄说,君耻。

4 **忾**(xì):犹“迄”。通行,遍及。

原文

公曰:“敢问何谓成亲?”孔子对曰:“君子也者,人之成名也。百姓归[1]之名,谓之君子之子,是使其亲为君子也,是为成其亲之名也已。”

孔子遂言曰:“古之为政,爱人为大。不能爱人,不能有其身;不能有其身,不能安土;不能安土,不能乐天;不能乐天,不能成其身。”

公曰:“敢问何谓成身?”孔子对曰:“不过乎物。”公曰:“敢问君子何贵乎天道也?”孔子对曰:“贵其不已,如日月东西相从而不已也,是天道也。不闭[2]其久,是天道也。无为而物成,是天道也。已成而明,是天道也。”

公曰:“寡人蠢愚、

译文

哀公问:“请问什么叫作成就父母的名声呢?”孔子回答说:“所谓君子,就是人在道德成就后的称谓。百姓送给他君子的称谓,又称他为‘君子之子’,这就使他的父母也成了君子,这就是成就了他父母的名声啊!”

孔子于是又说:“古代治理政事,爱护别人是最为重大的。不能爱护别人,(也就会有伤害自己的人,)那就不能使自身安全;不能使自身安全,那就必然要为寻觅容身之地而不能安处;不能安处,也就不能安宁和无忧无虑;不能安宁和无忧无虑,也就不可能使自己有所成就。”

哀公问:“请问什么叫作成就自己呢?”孔子回答说:“自己所履行的都没有超过义理的界限。”哀公又问:“请问君子为什么尊重自然的法则呢?”孔子回答说:“之所以尊重它,是因为自然的运行永不止息,如日月相随,从东到西运行不停,这是自然的法则。运行既不阻塞而又恒久如一,这是自然的法则。无思虑无经营,而万物又各有所成,这是自然的法则。万物既已各有相成,那么功绩也就彰明显著了,这是自然的法则。”

冥烦[3]，子志[4]之心也！”孔子蹴然[5]辟席而对曰：“仁人不过乎物，孝子不过乎物。是故仁人之事亲也如事天，事天如事亲。是故孝子成身。”公曰：“寡人既闻此言也，无如后罪何[6]！”孔子对曰：“君之及此言也，是臣之福也。”

哀公说：“我实在蠢笨愚昧，不明事理，希望您能将铭记在心里的一番道理（再简要地向我谈谈，让我明白）！”孔子恭敬地离开坐席，回答说：“仁人做事不犯过失，孝子做事也不犯过失。因此，仁人是用恭敬来侍奉父母的，也就像他用恭敬来对待上天一样；而仁人用孝敬来对待上天，又像他用孝敬来侍奉父母一样。所以，（仁孝是一致的，因其泛爱众人就称仁人，因其孝敬父母就可称孝子，）孝子能够成就自己。”哀公说：“我虽已听到了这番道理，（想要去实行，）只怕往后做事还有过错，那怎么办呢？”孔子回答说：“您能说出这样的话，就是臣下的福分。”

注释

1 **归**(kuì)**：**通“馈”。赠送。

2 **闭：**阻塞。

3 **冥烦：**不明事理。冥，暗于理；烦，乱于事。

4 **志：**记。

5 **蹴**(cù)**然：**恭敬貌。

6 **无如：**无奈。

仲尼燕居

导读

《仲尼燕居》是《礼记》中的第28篇。《仲尼燕居》记载子张、子贡和言游三位弟子向孔子问礼、问政，孔子见此阐发了礼的本质、内容和作用。

《仲尼燕居》开篇，子贡即问礼，孔子先分析了“敬”“恭”“勇”三种不中礼，都会丧失心中的慈仁之德；又以子张、子夏两位弟子的礼貌特点为例，指出子张“太过”，子夏“不及”，说明“礼所以制中”的重要性；又举子产为例，说他慈爱如民众的母亲，给民众喂食，但不能教育他们，这也不够恰当。如此，以使弟子们能掌握好礼之适中的标准，知道礼就是用来制裁人事的，而且需要恰到好处。

以上表明孔子一方面将仁爱的思想教育弟子，另一方面对弟子进行行为规范的训练，使弟子们言行举动能符合礼的准则。这是孔子“执礼”教育的范例，体现了孔子别具一格的教学理念。

孔子在回答子张问政的问题时，再次谈及礼的意义作用，告诫他们“礼之所兴，众之所治也；礼之所废，众之所乱也”，强调礼之兴废与民众治乱密切关联。他希望弟子们明白了礼乐后，就将其施行到政事中去。

原文

28.1 仲尼燕居，子张、子贡、言游侍，纵言至于礼。子曰："居，女[1]三人者！吾语女礼，使女以礼周流无不遍也。"

子贡越席而对曰："敢问何如？"子曰："敬而不中礼谓之野，恭而不中礼谓之给[2]，勇而不中礼谓之逆。"子曰："给夺慈仁。"

子曰："师，尔过，而商也不及。子产犹众人之母也，能食之，不能教也。"子贡越席而对曰："敢问将何以为此中者也？"子曰："礼乎礼！夫礼所以制中也。"

译文

仲尼在家里休息，子张、子贡、言游侍候着，谈论得很广泛，于是说到了礼。孔子说："你们三人坐下，我告诉你们礼是怎么回事，以便使你们把礼应用自如，没有不合礼的地方。"

子贡越过他人的坐席先对答说："请问礼是怎样的呢？"孔子说："内心敬重而言行上不能符合礼的就称为野，外表上恭敬而言行上不能符合礼的就称为给，勇敢妄动而言行上不能符合礼的就称为逆。"孔子说："口齿伶俐而又阿谀逢迎就会丧失心中的慈仁之德。"

孔子说："子张，你有些过分，而子夏又还不够。郑国的大夫子产就好像众人的母亲，能给他们喂食，却不能教育他们。（这也是做的还嫌不够。）"子贡又越过他人的坐席对答说："请问先生，怎样才可以做到适中呢？"孔子说："礼呀，就是那个礼！礼就是用来使人的言行恰到好处的。"

注释

1 **女：**通"汝"。你们。

2 **给：**陈澔说，足（jù，过分）恭便佞之貌。足恭，过于谦卑，以取悦于人。便佞，巧言善辩，阿谀逢迎。

原文

28.2 子贡退，言游进曰："敢问礼也者，领[1]恶而全好者与？"子曰："然。""然则何如？"子曰："郊社之义，所以仁鬼神也。尝禘之礼，所以仁昭穆也。馈奠之礼，所以仁死丧也。射乡之礼，所以仁乡党也。食飨之礼，所以仁宾客也。"子曰："明乎郊社之义、尝禘之礼，治国其如指诸掌而已乎！是故以之居处有礼，故长幼辨也；以之闺门之内有礼，故三族[2]和也；以之朝廷有礼，故官爵序也；以之田猎有礼，故戎事闲也；以之军旅有礼，故武功成也。是故宫室得其度，量[3]鼎得其象[4]，味得其时，乐得其节，车得其式，鬼神得其飨，丧纪得其哀，辨说得其党，官得其体，政事得其施，加于身而错[5]于前，凡众

译文

子贡退下，言游上前说："请问先生，礼是否就是整治恶劣的而保全美好的呢？"孔子说："是这样。"言游又问："既然这样，那么怎样才能做到呢？"孔子说："郊祭、社祭的意义，就是以仁爱鬼神为目的的；尝祭、禘祭的礼仪，就是以仁爱昭穆为目的的；馈食、奠祭的礼仪，就是以仁爱死亡者为目的的；射礼、乡饮酒的礼仪，就是以仁爱乡里的乡亲为目的的；食礼、飨礼，就是以仁爱宾客为目的的。"孔子说："明白了郊祭、社祭的意义，明白了尝祭、禘祭的礼仪，那么治理国家只不过像在手掌上指划一番而已！因此，居处就有居处之礼，所以长辈、晚辈就分清了；家族就有家族之礼，所以父、子、孙三代就能相处和睦；朝廷就有朝廷之礼，所以百官的爵位就会井然有序；田猎就有田猎之礼，所以军事行动就会娴熟；军队就有军队之礼，所以攻城克敌就会成功。因此，有了礼，营造宫室就能有法度，铸作量器钟鼎就有法式，烹调五味就有时令，音乐就有和谐的节拍，车辆就有一定的形制，鬼神就有各自的享用，丧制就有适度的哀痛，辩论就有支持自己的人，百官就有各自的职责，政事就能成功地推行，用礼施加于自身并且放在行事之前，那么任何举动都能做得适宜。"

之动得其宜。”

子曰：“礼者何也？即事之治也。君子有其事，必有其治。治国而无礼，譬犹瞽之无相与，伥伥乎其何之？譬如终夜有求于幽室之中，非烛何见？若无礼，则手足无所错，耳目无所加，进退揖让无所制。是故以之居处，长幼失其别，闺门三族失其和，朝廷官爵失其序，田猎戎事失其策，军旅武功失其制，宫室失其度，量鼎失其象，味失其时，乐失其节，车失其式，鬼神失其飨，丧纪失其哀，辨说失其党，官失其体，政事失其施，加于身而错于前，凡众之动失其宜。如此则无以祖[6]洽[7]于众也。”

孔子说：“礼是什么呢？礼就是做事的方法。君子有要做的那件事，必定有做那事的方法。治理国家却没有礼，譬如盲人没有扶着他走路的相一样，迷迷糊糊地向哪里走去呢？又譬如整夜在暗室里摸索，不用火烛又怎么能看得见呢？如果没有礼，那么手足也不知该怎么放，耳目也不知该听什么看什么，进和退、作揖和谦让都没有了准则。所以，因为没有礼，日常居处就会长幼不分，家族中就会失去和睦，朝廷上百官爵位就会失去秩序，田猎战事就会失去谋划，军队攻战就会失去控制，宫室营造就会不合法度，量鼎铸作就会不合法式，五味烹调就会不合时令，音乐就会不合节拍，车辆就会不合形制，鬼神就会失去祭祀，丧制就会失去哀痛，辩论就会失去支持的人，百官就会分工失当，政事就会得不到推行，没有用礼施加于自身并且放在行事之前，任何举动都会不适宜。如此，就没有办法率先引导天下而使民众和睦相处。”

注释

1 **领：**犹治。整治，惩处。

2 **三族：**郑玄说，父、子、孙也。

3 **量：**量器，如豆、区、斗、斛。

4 **象：**法，标准，规范。

5 **错:**通“措”。放置。

6 **祖:**初,开始。

7 **洽:**和睦,融洽。

原文

28.3 子曰:“慎听之,女三人者!吾语女礼犹有九焉,大飨[1]有四焉。苟知此矣,虽在畎亩之中,事之,圣人已。两君相见,揖让而入门,入门而县[2]兴,揖让而升堂,升堂而乐阕[3],下管《象》《武》《夏》籥序兴,陈其荐俎,序其礼乐,备其百官。如此而后君子知仁焉。行中规,还中矩,和、鸾[4]中《采齐》,客出以《雍》,彻以《振羽》,是故君子无物而不在礼矣。入门而金作,示情也。升歌《清庙》,示德也。下而管《象》,示事也。是故古之君子不必亲相与言也,以礼乐相示而已。”

子曰:“礼也者,理也。乐也者,节也。君子无理不动,无节不作。不能《诗》,

译文

孔子说:“你们三人,认真地听着!我告诉你们礼还有九种,其中大飨礼又有四种。如果能懂得了这些礼,那么这个人即使是在田亩中种庄稼,也算是圣人了。两国国君见面,揖拜谦让进入大门,进门时悬挂的钟鼓就奏乐;又揖拜谦让登堂,登堂以后奏乐就停止。堂下的管乐奏起,于是《象》舞、《大武》舞以及要拿着龠才起舞的《大夏》舞都按次序一一跳起来。同时,陈设供献的食物,安排礼仪和乐章的次序,而且执事人员都已齐备。如此,然后君子才懂得互敬互爱。而且,前进、后退都符合规矩,车铃声正符合《采齐》乐章的节拍,宾客出门就奏《雍》的乐章,撤席时就奏《振羽》的乐章,因此君子的一事一物没有不体现在礼上的。宾客进门要鸣钟奏乐,是表示欢迎的盛情;登堂要歌唱《清庙》诗篇,是表示文王的盛德;下堂奏管乐,跳《象》舞,是表示武王征伐战事的功业。因此古代的君子相见时不必去说客套话,彼此之间的情意凭借礼仪和音乐就可以表达。”

于礼缪[5]。不能乐，于礼素。薄于德，于礼虚。”子曰：“制度在礼，文为在礼。行之，其在人乎！”

子贡越席而对曰：“敢问夔其穷与？”子曰：“古之人与？古之人也！达于礼而不达于乐，谓之素；达于乐而不达于礼，谓之偏。夫夔，达于乐而不达于礼，是以传于此名也，古之人也。”

孔子说：“礼就是理，乐就是节。君子没有理的事不做，没有节制的事也不做。不懂得《诗》，行礼就会出错；不懂音乐，行礼就会太单调。德行浅薄，行礼就会显得虚伪。”孔子说：“一切制度在礼的范围内，一切修饰的行为也都在礼的范围内。而要实行它们还在于人啊！”

子贡又越过坐席对答说：“请问先生，据说夔只通音乐，是否不通礼呢？”孔子说：“这是古代的人吧？这是古代的人啊！通晓礼而不通晓音乐，称为素；通晓音乐而不通晓礼，称为偏。那个夔通晓音乐而不通晓礼，（只能说是不通晓而不是不知道礼，这就称为偏，而不能称为“穷”。）因此就传出这种说法，（然而）他毕竟是古代的贤人。”

注释

1 **大飨**(xiǎng)：合祀先王的祭礼。亦指天子宴饮诸侯来朝者。

2 **县**(xuán)：同“悬”。

3 **阕**(què)：终了，停止。

4 **和、鸾**：和是车轼上的铃。鸾，通“銮”，车铃。常饰于帝王的车上。

5 **缪**(miù)：通“谬”。错误。

原文

28.4 子张问政。子曰：“师乎！前，吾语女乎？君子明于礼乐，举而错[1]之而已。”子张复问。子曰：

译文

子张又问治理政治的事。孔子说：“子张！之前不是已告诉过你了吗？君子明晓礼乐，将它们施行于政事上而已了。”子张又问。孔子再回答说：“子张，你以为必

“师，尔以为必铺几筵，升降酌献酬酢，然后谓之礼乎？尔以为必行缀兆[2]，兴羽籥，作钟鼓，然后谓之乐乎？言而履之，礼也。行而乐之，乐也。君子力此二者，以南面而立，夫是以天下大平也。诸侯朝，万物服体，而百官莫敢不承事矣。礼之所兴，众之所治也；礼之所废，众之所乱也。目巧之室[3]，则有奥阼，席则有上下，车则有左右，行则有随，立则有序，古之义也。室而无奥阼，则乱于堂室也。席而无上下，则乱于席上也。车而无左右，则乱于车也。行而无随，则乱于涂也。立而无序，则乱于位也。昔圣帝、明王、诸侯，辨贵贱、长幼、远近、男女、外内，莫敢相逾越，皆由此涂出也。”

三子者既得闻此言也于夫子，昭然若发蒙[4]矣。

定要铺陈几案筵席，登堂下堂，酌酒献宾，敬谢主人，然后才能称为礼吗？你以为必定要使乐舞的队伍成行成列，挥动羽籥，鸣钟击鼓，然后才能称为乐吗？说出来并且去践行就叫作礼，践行礼而感到快乐的就叫作乐。君子致力于这二者，并且用礼乐来统治天下，天下就会因此而太平。各方诸侯都来朝见，万物都顺应事理，百官也不敢不遵守职责。礼所兴盛的时代，也就是民众被治理得很好的时候；礼被败坏的时代，那就是民众纷乱的时候。（不凭借规矩绳墨，）只根据眼力观察和巧妙的构思建造的房屋，也必定有堂室有台阶，布置坐席时也必有上下，乘车之时也必有左右，行走时也有主从，站立时也有次序，这是自古以来的道理。建造房屋却无堂室台阶，那么堂和室就被搞乱了；布置坐席却无上下分别，那么座次就被搞乱了；乘坐车辆不分左右，那么车上座次就被搞乱了；行走时不分主从，那么路上的秩序就被搞乱了；站立时没有次序，那么位次就被搞乱了。古代的圣明帝王、诸侯，分别身份贵贱、年龄长幼、血缘远近、男女性别、家里门外，没有谁敢逾越界限，都是依照礼乐的道理。”

子张、子贡、言游三人从孔夫子那里听到这些道理以后，豁然开朗，就像失明的人又重见光明一般。

注释

1 **错:**指交错。

2 **缀兆:**古代乐舞中舞者之行列。

3 **目巧之室:**根据眼力观察和巧妙的构思来建造房屋。

4 **蒙:**睁眼瞎子。

孔子闲居

导读

《孔子闲居》是《礼记》中的第29篇，记载了孔子闲居时，子夏在旁伺候，向他问《诗》，他于是阐发了如何才能成为"民之父母"的从政之道。

孔子认为"民之父母"必须通晓礼乐的本原，由此推及"五至"，进而实行"三无"，并且要充分地施展到天下去。接着孔子又解释了"五至"，再讲解三王之德能参于天地，是因为遵奉"三无私"。这是说君王要像天一样覆盖大地而没有私心，像大地一样载育万物而没有私心，像日月一样照亮人间而没有私心。最后，孔子又引用《诗·大雅·江汉》的诗句，赞美三代王和周代太王的德行。

《诗》在春秋时代盛行，那时贵族应酬交际的辞令都要选自《诗》。赋《诗》言志和辞令口才，成为从政必备条件，所以《诗》和《礼》都成为弟子必修的课程。当时的诗是可歌可舞的乐歌，与礼、乐紧密相连。诗是礼之源，礼是乐之源。在心为志，成言为诗。兴于诗，礼也至；礼至，乐也至。所以孔子说"不学《诗》，无以言""不学《礼》，无以立"。孔子教学又善于把知识技艺教育与人格教育结合在一起，常常以道德学说和人生理想训导弟子。孔子的弟子大多成为当时闻名之人，且多有"仲尼，日月也，无得而逾焉"的信念，使孔子在当时即赢得很高声誉。

原文

29.1 孔子闲居[1]，子夏侍。子夏曰："敢问《诗》云'凯弟[2]君子，民之父母'[3]，何如斯可谓'民之父母'矣？"孔子曰："夫'民之父母'乎，必达于礼乐之原[4]，以致'五至'而行'三无'以横于天下，四方有败，必先知之。此之谓'民之父母'矣。"

子夏曰："'民之父母'既得而闻之矣，敢问何谓'五至'？"孔子曰："志之所至[5]，《诗》亦至焉。《诗》之所至，礼亦至焉。礼之所至，乐亦至焉。乐之所至，哀亦至焉。哀乐相生。是故正明目而视之，不可得而见也；倾耳而听之，不可得而闻也；志气塞乎天地。此之谓'五至'。"

译文

孔子闲居在家里，子夏在旁边侍候。子夏说："请问先生，《诗·大雅·泂酌》上讲'乐观而平易近人的君子，是民众的父母'，究竟怎样才可以称为'民众的父母'呢？"孔子说："'民众的父母'吗？他一定得通晓礼乐的本源，并由此而推及'五至'，通晓进而实行'三无'，并且充分地施展到天下去；四方之内有灾祸，必定能预先知道（，从而使民众免遭灾祸）。这就可以称为'民众的父母'了。"

子夏说："'民众的父母'这方面的情况已领教过了，还要请问先生，什么叫作'五至'呢？"孔子说："国君心内的恩意能考虑到民众，那么作为抒发情感的《诗》也就有忧民的诗句。既然《诗》中有了忧民的诗句，那么就会去实行诺言而有了治民的礼。既然有了治民的礼，那么也就有乐来附和辅助。既然和民众同乐了，那么就会和民众同哀伤。国君以民众的哀乐作为自己的哀乐，民众也就以国君的哀乐作为自己的哀乐。因此，（这种君民的哀乐是无声的乐，是无服的丧，）即使眼睛雪亮地正视它，也不可能看到；即使侧耳倾听它，也不可能听到；国君施给民众的恩情就像空气充塞在天地间。这就称为'五至'。"

子夏说："'五至'也已经领教了，还要请问先生，什么叫作'三无'呢？"孔子说："没有声音的音乐，没有仪式的礼节，没有服制的丧

子夏曰："'五至'既得而闻之矣，敢问何谓'三无'？"孔子曰："无声之乐，无体之礼，无服之丧，此之谓'三无'。"

子夏曰："'三无'既得略而闻之矣，敢问何诗近之？"孔子曰："'夙夜其命宥密'[6]，无声之乐也；'威仪逮逮，不可选也'[7]，无体之礼也；'凡民有丧，匍匐救之'[8]，无服之丧也。"

事，这就叫作'三无'。"

子夏说："'三无'已经大致领教了，请问先生，什么诗句最接近'三无'的情况呢？"孔子说："'先王从早到晚谋划政教大事，要使民众生活得宽和宁静'，（这诗句反映出，虽无钟鼓乐声，而民众却得到了安乐，）这就是无声之乐；'仁人有威仪又有安和的神态，没有一点可挑剔的'，（这诗句反映出，民众会效法仁人，而这里却没有升降揖让的礼节，）这是无体之礼；'凡是民众有了死丧之事，就哀恸惶急地去料理'，（这诗句反映出，君对于民如此，民众也就会效法，而这里也没有衰绖一类丧服，）这就是无服之丧。"

注释

1 **闲居：**郑玄说，退燕避人曰闲居。

2 **凯弟(tì)：**和易近人。凯，和乐，欢乐。弟，同"悌"，平易，随和。

3 见《诗·大雅·泂酌》。

4 **原：**本原，根本。

5 **志之所至：**郑玄说，凡言"至"者，至于民也。志，谓恩意也。

6 见《诗·周颂·昊天有成命》。**其：**郑玄说，诗读"其"为"基"。声之误也。基，谋也。**宥：**宽和。**密：**宁静。

7 见《诗·邶风·柏舟》。**逮逮(dì dì)：**或作"棣棣"。安和的样子。

8 见《诗·邶风·谷风》。

原文

29.2 子夏曰："言则大矣，美矣，盛矣！言尽

译文

子夏说："先生的话太博大了，太美妙了，太丰富了！只不过话说到这里大约已经

于此而已乎？”孔子曰：“何为其然也？君子之服之也，犹有‘五起’焉。”子夏曰：“何如？”孔子曰：“无声之乐，气志不违；无体之礼，威仪迟迟[1]；无服之丧，内恕孔[2]悲。无声之乐，气志既得；无体之礼，威仪翼翼[3]；无服之丧，施[4]及四国。无声之乐，气志既从；无体之礼，上下和同；无服之丧，以畜万邦。无声之乐，日闻四方；无体之礼，日就月将；无服之丧，纯德孔明。无声之乐，气志既起；无体之礼，施及四海；无服之丧，施于孙子。”

都说完了吧？”孔子说：“怎么会这样呢？君子在从事‘三无’的时候，还应有‘五起’啊。”子夏说：“怎么回事呢？”孔子说：“（一是，）无声的音乐，不违反意志；无体的礼节，行礼和谐又从容；无服的丧事，内心仁爱富有同情心。（二是，）无声的音乐，志气融合于理；无体的礼节，行礼恭敬又威严；无服的丧事，恩惠施及四面八方。（三是，）无声的音乐，君民志气相顺从；无体的礼节，君民上下相和同；无服的丧事，就可以养育万国。（四是，）无声的音乐，一天天地传闻于四方；无体的礼节，每日每月有所成就；无服的丧事，德性纯一又显明。（五是，）无声的音乐，民众志气都振奋而相应顺；无体的礼节，人人推行而遍及四海之内；无服的丧事，恩德就会延续到子孙后代。”

注释

1 **迟迟**：从容不迫的样子。

2 **孔**：很。

3 **翼翼**：恭敬小心的样子。

4 **施**(yì)：蔓延，延续。

原文

29.3 子夏曰：“三王之德，参于天地。敢问何如斯可谓参于

译文

子夏又问：“禹、汤、文王这三王的德行，能比配天地而为三。请问先生，怎样才可以说是比配天地而为三呢？”孔子说：“要奉行‘三无

天地矣？”孔子曰：“奉‘三无私’以劳[1]天下。”子夏曰：“敢问何谓‘三无私’？”孔子曰：“天无私覆，地无私载，日月无私照。奉斯三者以劳天下，此之谓‘三无私’。其在《诗》曰[2]：‘帝命不违，至于汤齐[3]。汤降不迟，圣敬日齐[4]。昭假[5]迟迟，上帝是祗[6]，帝命式[7]于九围[8]。’是汤之德也。天有四时，春秋冬夏，风雨霜露，无非教也。地载神气，神气风霆[9]，风霆流形，庶物露生，无非教也。清明在躬，气志如神。嗜欲将至，有开必先。天降时雨，山川出云。其在《诗》曰[10]：‘嵩高惟岳，峻极于天。惟岳降神，生甫[11]及申[12]。惟申及甫，惟周之翰[13]。四国于蕃[14]，四方于宣。’此文武之德也。三代之王也，必先〔其〕[15]令

私’来安抚天下。”子夏问：“请问先生，什么叫作‘三无私’呢？”孔子说：“要像天一样覆盖大地而没有私心，像大地一样载育万物而没有私心，像日月一样光照人间而没有私心。奉行这三种精神来安抚天下，就称为‘三无私’。这情形在《诗·商颂·长发》里也说过：‘天命没有差错，到了成汤就上升为天子(，一统天下)。成汤承受天命，不敢懈怠，圣人至诚与日俱增。祭祀祈祷长久不息，只是一心敬奉上帝，而上帝命他做王，为九州立法。’这是成汤的德行。天有四时的变化，春生夏长秋收冬藏，风、雨、霜、露化养万物；圣人效法天的这种均一无私的变化，无一不可成为王者教化的根据。大地载育万物的神妙精气，神气的变化便显现风雷，风雷的鼓荡造化，使万物得以生长繁育；圣人效法大地的这种均一无私的变化，而且无一不可以成为王者教化的根据。圣人自身有清静光明的德行，气志变化微妙如神。当他所冀求的愿望即将来临时，必定有神灵先为他开道(，为他预先产生出辅佐的贤臣)；这就像上天将要降下及时雨，必先在山川中显现出云气来。这种情形在《诗·大雅·崧高》里也说过：‘又高又大只有山，高峻至极插云天。唯有高山降神灵，诞生甫侯和申伯。唯有甫侯和申伯，才为周代做栋梁。四海之内得保护，君王德化扬四方。’这是文王和武王

闻。《诗》云[16]:'明明[17]天子,令闻不已。'三代之德也。'弛[18]其文德,协此四国。'大王之德也。"子夏蹶然而起,负墙而立,曰:"弟子敢不承乎!"	的德行。(总之,)三代的王,必定是先有了好的名声的。《诗·大雅·江汉》说:'勤勉的天子,好名声传扬不止。'这是三代王的德行。'施行他的美德,团结四方的国家。'这是周代太王的德行。"子夏听了这番话,高兴得一跃而起,背对墙站着说:"弟子怎么敢不领受这番教导啊!"

注释

1 **劳**(旧读 lào):安抚,慰劳。

2 见《诗·商颂·长发》。

3 **汤齐**:郑玄说,读为"汤跻",跻,升也。

4 **日齐**:朱熹读为"日跻"。

5 **昭假**:指祀上帝。昭,表明。假,至,达。

6 **祗**(zhī):敬。

7 **式**:法式,法度。

8 **九围**:九州。

9 "神气风霆"四字,吕大临认为是衍文,可删。霆,雷。

10 见《诗·大雅·崧高》。

11 **甫**:甫侯,亦作吕侯。周代的功臣。

12 **申**:申伯。周代的功臣。

13 **翰**:郑玄说,翰,干也。

14 **蕃**:通"藩"。屏障。

15 据孔疏,当有"其"字。

16 以下诗句均见《诗·大雅·江汉》。

17 **明明**:勤勉。

18 **弛**:施行,实施。

坊记

导读

《坊记》是《礼记》中的第30篇。《坊记》中将“礼”比喻为防水的堤防，想通过礼的约束作用来防止民众出现各种违礼的过失。什么是“礼”？胡适曾说：几乎没有人能下一个完全满意的界说。有许多西洋的“中国哲学家”也都承认中文的“礼”字在西洋文字中竟没有相当的译名。（参见欧阳哲生编《胡适选集》第90页，吉林人民出版社2010年。）

《坊记》说：“礼者，因人之情而为之节文，以为民坊者也。”礼是依照人的情感而制定的，以使人情之发能节制、能符合封建社会之道德准则。在古代社会，“礼”成为生活中的各种具体规定，人们把其视为不可侵犯的准则。

礼既是对民众的一种“堤防”，也显示出礼“义”之重要性。《坊记》说：“有国家者，贵人以贱禄，则民兴让；尚技而贱车，则民兴艺。”掌有国家的人，能看重人才而轻视爵禄，民众就会兴起谦让的风气；崇尚技艺而轻视车服，民众就会振兴技艺，不做忘义争利的事。此言在当今仍具有现实意义。

《坊记》又说：“上酌民言，则下天上施。上不酌民言，则犯也。”上面的人能参酌民众的意见，那么民众好比得到上天的恩惠。上面的人不能参酌民众的意见，那么上下就会相互冲突。这些礼“义”之导向，对国家、社会、家庭、个人都有很好的警示和劝勉作用。

原文

30.1 子言之:"君子之道,辟[1]则坊[2]与?坊民之所不足者也。大为之坊,民犹逾之,故君子礼以坊德,刑以坊淫,命以坊欲。"

30.2 子云:"小人贫斯约[3],富斯骄;约斯盗,骄斯乱。礼者,因人之情而为之节文,以为民坊者也。故圣人之制富贵也,使民富不足以骄,贫不至于约,贵不慊[4]于上,故乱益亡。"

子云:"贫而好乐,富而好礼,众而以宁者,天下其几矣。《诗》云:'民之贪乱,宁为荼毒。'故制国不过千乘,都(成)〔城〕不过百雉[5],家富不过百乘。以此坊民,诸侯犹有畔[6]者。"

译文

孔子说:"君子的道,不就好像堤防吗?这是用来防止民众行仁义不足而犯过失的。虽是大设防来防止,但民众还是逾越它。所以君子用礼义来防备道德堕落,用刑罚来防备放荡淫邪,用法令来防备贪欲无厌。"

孔子说:"小人贫困的时候窘迫,富贵的时候就骄奢;窘迫就会偷盗,骄奢就会去作乱。礼是依照人情而制定的,用来节制人们的行为,可以作为民众的堤防。所以圣人用礼法节制富贵,使民众富有但不能够骄奢,贫困但不至于窘迫,尊贵但不会怨恨君上,犯上作乱的事也就会更加减少。"

孔子说:"贫穷却能爱好乐,富贵却能爱好礼,家族人虽多却能安宁度日的,天下大约不会有很多这样的人吧。《诗·大雅·桑柔》说:'人们会因贪欲而作乱,安然地去干荼毒生民的事。'所以要节制诸侯国,使其兵车不能超过千辆,国都的城墙不能超过百雉,大夫之家的兵车不能超过百辆。用这些来防备民众,诸侯中还是有反叛的人。"

注释

1 **辟:**通"譬"。比方,比喻。

2 **坊:**同"防"。防止、防范。

3 **约**:紧缩,节俭。引申为贫困。

4 **慊**(qiàn):怨恨,不满。

5 **雉**(zhì):古代计算城墙面积的单位,高一丈为一雉,长三丈为一雉。

6 **畔**:通“叛”。反叛。

原文

30.3 子云:“夫礼者,所以章[1]疑别微,以为民坊者也。故贵贱有等,衣服有别,朝廷有位,则民有所让。”

子云:“天无二日,土无二王,家无二主,尊无二上,示民有君臣之别也。《春秋》不称楚越之王丧。礼:君不称天,大夫不称君,恐民之惑也。《诗》云[2]:‘相[3]彼盍旦[4],尚犹患之。’”

子云:“君不与同姓同车,与异姓同车不同服,示民不嫌也。以此坊民,民犹得同姓以弑其君。”

30.4 子云:“君子

译文

孔子说:“礼是用来明析嫌疑、辨别隐微的,可以作为民众的堤防。所以贵贱有等级,衣服有差别,朝廷上有位次,那么民众就会有所谦让。”

孔子说:“天上没有两个太阳,地上没有两个君王,家中没有两个主人,尊长没有两个相并列的,这是向民众表明有君臣的分别。《春秋》不记载楚王、越王的丧葬(,因为认为他们是僭号称王)。礼法:称呼诸侯不能称为天,大夫不能称为君,(因为要与天子、诸侯国君相区别,)恐怕民众会迷惑。《诗》说:‘看那盍旦鸟,夜鸣求旦,人们还很厌恶它。’(更何况臣下僭越,想反臣为君呢?)”

孔子说:“国君不和同姓的人同乘一辆车,如果和异姓的人同乘一辆车,也要穿不同的服装,向人们表示不要疑惑而误认。用这样的方法来防备民众,但民众中还有同姓杀国君的。”

孔子说:“君子推辞显贵但不推辞卑贱,推辞富有但不推辞贫穷,那么犯上作乱的事就会减少。所以君子与其使俸禄超过人的才能,倒

辞贵不辞贱，辞富不辞贫，则乱益亡[5]。故君子与其使食[6]浮于人也，宁使人浮于食。”

子云：“觞酒豆肉，让而受恶，民犹犯齿。衽[7]席之上，让而坐下，民犹犯贵。朝廷之位，让而就贱，民犹犯君。《诗》云：‘民之无良，相怨一方；受爵不让，至于已斯亡。’”

子云：“君子贵人而贱己，先人而后己，则民作让。故称人之君曰君，自称其君曰寡君[8]。”

不如宁愿让才能超过所得的俸禄。”

孔子说：“一杯酒一豆肉，尚且要推让一番，然后再接受较差的那份，尽管如此，还有民众侵犯长者。坐席上，推让后才坐到下位去，尽管如此，还有民众侵犯尊贵者。朝廷的位次，推让后再排立在卑贱的位子上，尽管如此，还有民众侵犯国君。《诗·小雅·角弓》说：‘民众少善良，背后相埋怨；受爵不谦让，终至国家亡。’”

孔子说：“君子看重别人而轻贱自己，让别人居先而自己居后，那么民众之间会兴起谦让的风气。所以称他人的君主，就称为‘君’；称自己的君主，就要称为‘寡君’。”

注释

1 **章**：彰明，表彰。

2 此为逸《诗》。

3 **相**：看。

4 **盍(hé)旦**：一种夜鸣求旦的鸟，人们讨厌它想反夜而为昼。

5 **亡(wú)**：通“无”。没有。

6 **食**：俸禄。

7 **衽(rèn)**：床席。

8 **寡君**：寡德之君。古代臣民对他国谦称自己的国君为“寡君”。

原文

30.5 子云：“利禄先死者

译文

孔子说：“利禄先给死去的人，然后

而后生者，则民不偝；先亡者[1]而后存者[2]，则民可以托。《诗》云：'先君之思，以畜[3]寡人。'以此坊民，民犹偝死而号无告。"

再给活着的人，那么民众就不会背弃死者；先给出国在外的人，然后再给国内的人，这样人们才会有所寄托。《诗·邶风·燕燕》说：'时常思念死去的君王，从而勉励自己。'但就是用这种方法来防备民众，还有民众背弃死者，使死者家里的老弱呼号而无投诉的地方。"

30.6 子云："有国家者，贵人而贱禄，则民兴让；尚技而贱车，则民兴艺。故君子约[4]言，小人先言。"

孔子说："掌握国家的人，能看重人才而轻视爵禄，那么民众之间就会兴起谦让的风气；崇尚技艺而轻视车服，那么民众就会振兴技艺。所以君子说话少，(却做事多；)小人(未做事，)总爱先讲大话。"

30.7 子云："上酌[5]民言，则下天上施。上不酌民言，则犯也。下不天上施，则乱也。故君子信让以莅百姓，则民之报礼重。《诗》云：'先民有言，询于刍荛[6]。'"

孔子说："上面的人能参酌民众的意见，那么民众好比得到上天的恩惠。上面的人不能参酌民众的意见，那么上下就会相互冲突。下面的人不能感戴上天的恩惠，那么祸乱就会发生。所以君子用诚信谦让的态度来对待百姓，那么民众对他的报礼也会隆重。《诗·大雅·板》说：'古代的民众有这样说的，(君王将有政教法令，)还要询问割草打柴的人的意见。'"

注释

1 **亡者**：谓在国外者。

2 **存者**：谓在国者。

3 **畜**：《诗》作"勖"，勉励。

4 **约**：简要，省约。

5 **酌**：取。

6 **刍荛**(chú ráo)：割草打柴的人。刍，草；荛，柴。

原文

30.8 子云："善则称人，过则称己，则民不争；善则称人，过则称己，则怨益亡。《诗》云：'尔卜尔筮，履[1]无咎言。'"

子云："善则称人，过则称己，则民让善。《诗》云：'考卜惟王，度是镐京。惟龟正之，武王成之。'"

子云："善则称君，过则称己，则民作忠。《君陈》曰：'尔有嘉谋嘉猷，入告尔君于内。女[2]乃顺之于外，曰：'此谋此猷，惟我君之德。'於乎！是惟良显哉！'"

子云："善则称亲，过则称己，则民作孝。《大誓》曰：'予克纣，非予武，惟朕文考无罪。纣克予，非朕文考有罪，惟予小子无良。'"

译文

孔子说："有好的地方就称是他人干的，有过失就说是自己干的，那么民众就不争执；有好的地方就称是他人干的，有过失就说是自己干的，那么怨恨就会减少。《诗·卫风·氓》说：'你用龟卜又用蓍筮，卦兆体上没有凶咎的话。'"

孔子说："有好的地方就称是他人干的，有过失就说是自己干的，那么民众就会相互推许那好的地方。《诗·大雅·文王有声》说：'武王用龟稽考占卜，谋划这镐京的事。龟显示的正是吉兆，武王就建成了都城。'"

孔子说："有好的地方就称是国君干的，有过失就说是自己干的，那么民众之间就会兴起忠诚的风气。《尚书·君陈》说：'你有好谋善道，就进到里边去告诉你的国君。但你在外面推行时，要说："此谋此道，是我们有德的国君想出来的。"啊！这是使国君的良善德行得以显明！'"

孔子说："有好的地方就称是父母干的，有过失就说是自己干的，那么民众之间就会兴起孝顺的风气。《尚书·大誓》说：'我战胜商纣，不是靠我的武力，而是因为我的父亲本来无罪。如果商纣战胜我，那就不是我父亲的罪，而是我的不肖。'"

注释

1 **履**:《诗》作“体”,兆卦的体。

2 **女**(rǔ):通“汝”。

原文

30.9 子云:“君子弛[1]其亲之过,而敬其美。”《论语》曰:“三年无改于父之道,可谓孝矣。”高宗云:“三年其惟不言[2],言乃欢。”

子云:“从命不(忿)〔怠〕[3],微谏不倦,劳而不怨,可谓孝矣。《诗》云:‘孝子不匮。’”

子云:“睦于父母之党,可谓孝矣,故君子因睦以合族。《诗》云:‘此令[4]兄弟,绰绰有裕。不令兄弟,交相为瘉[5]。’”

子云:“于父之执[6],可以乘其车,不可以衣其衣。君子以广孝也。”

子云:“小人皆能

译文

孔子说:“君子应该忘掉父母的过失,而敬重他们的优点。”《论语》说:“父亲已死了三年,儿子依然不改变父亲的主张,可以称为孝子了。”殷高宗说:“三年居丧不发布政令,三年服丧后再发布政令,使天下皆欢乐。”

孔子说:“顺从父母的命令,不可以懈怠;柔声低语地劝谏父母,不可以倦怠;辛劳地侍奉父母,不可有怨言,这就可以称为孝了。《诗·大雅·既醉》说:‘孝子行孝道是永远不会缺少的。’”

孔子说:“和父母的亲族相亲睦,可以称为孝了,所以君子因亲睦而能会聚宗族行宴食之礼。《诗·小雅·角弓》说:‘有德的人善良地对待兄弟们,便会相互宽容;无德的人不能很好地对待兄弟们,便会互相伤害。’”

孔子说:“对于父亲的志同道合的朋友,能乘坐他的车,但是不能穿他的衣。君子以此扩大了孝心(孝敬父亲的朋友,如同孝敬父亲一样)。”

孔子说:“小人都能赡养自己的父母,君子如果也只赡养父母而不孝敬,凭什么来分辨他们呢?”

养其亲，君子不敬，何以辨？”

子云：“父子不同位，以厚敬也。《书》云：‘厥辟[7]不辟，忝[8]厥祖。’”

子云：“父母在，不称老，言孝不言慈。闺门之内，戏而不叹。君子以此坊民，民犹薄于孝而厚于慈。”

子云：“长民者，朝廷敬老则民作孝。”

子云：“祭祀之有尸也，宗庙之有主也，示民有事也。修宗庙，敬祀事，教民追孝也。以此坊民，民犹忘其亲。”

孔子说：“父子不处在同等地位，用以表示对父亲极为敬重。《尚书·太甲》说：‘身为君主却不自尊自重，（而与臣下相亵，）就会辱没自己的先祖。’”

孔子说：“父母还在世，儿子不敢称老，只谈自己当如何孝敬，不谈父母当如何慈爱。在内室可以游戏放松，但不能忧叹。君子用这种方法来防备民众，但民众中还是孝敬父母的少而企求父母慈爱的多。”

孔子说：“统治民众的人，在朝廷上要敬老，那么民众之间就会兴起孝敬的风气。”

孔子说：“祭祀时有尸，因为宗庙要有主人，这是向民众表示应有敬事的对象。修缮宗庙，恭敬的举行祭祀，这是教导民众要追行孝道。用这种方法来防备民众，民众还有忘记自己父母的。”

注释

1 **弛：**郑玄说，弛，犹弃忘也。

2 **言：**说。此指发布政令。

3 王念孙说，“忿”当作“怠”，此说为是。

4 **令：**善。

5 **瘉(yù)：**病。

6 **父之执：**即父执，指与父亲志同道合的朋友。

7 **辟(bì)：**国君。

8 **忝(tiǎn)：**辱，有愧于。

原文

30.10 子云："敬则用祭器。故君子不以菲[1]废礼，不以美没[2]礼。故食礼，主人亲馈则客祭，主人不亲馈则客不祭。故君子苟无礼，虽美不食焉。《易》曰[3]：'东邻杀牛，不如西邻之禴祭，实受其福。'[4]《诗》云：'既醉以酒，既饱以德。'以此示民，民犹争利而忘义。"

30.11 子云："七日戒[5]，三日齐，承[6]一人焉以为尸，过之者趋走，以教敬也。醴酒在室，醍酒在堂，澄酒在下，示不淫也。尸饮三，众宾饮一，示民有上下也。因其酒肉，聚其宗族，以教民睦也。故堂上观乎室，堂下观乎上。《诗》云：'礼仪卒[7]度，笑语卒获。'"

译文

孔子说："敬待宾客享食，就用笾豆簠铏等祭器。君子不因为待客物品微薄，废礼不行；也不因为待客物品丰美，而超过礼仪。所以食礼规定，主人亲自馈送的，客人要祭；主人不亲自馈送的，客人就不祭。因此君子如果受到无礼的接待，即使食物丰美也不吃。《易》说：'商纣国中杀牛祭祀，还不及文王国中杀猪祭祀，（虽然祭俭，但恭敬，）又切实地受到福佑。'《诗·大雅·既醉》说：'既已请我醉饮美酒，又已请我饱食受恩德。'虽然用这种方法来启示民众，但民众中还是有争利而忘义的。"

孔子说："行七天的散斋、三天的致斋，侍奉一人，并尊重他为神像尸，大夫、士见了尸还要下车快步回避，这是用来教导民众要恭敬。醴酒摆在室中，醍酒摆在堂上，清酒摆在堂下，（酒味薄的反居于上，酒味厚的反居于下，）这是指示民众不要沉湎于酒。尸饮酒三次，众宾客只能饮一次，这是向民众表示应有尊卑上下的分别。凭借祭祀的酒肉，会聚宗族的人在宗庙宴饮，用来教导民众亲睦。所以堂上的人观看室内的人行礼，堂下的人又观看堂上的人行礼。《诗·小雅·楚茨》说：'礼仪尽合法度，谈笑恰到好处。'"

注释

1 **菲(fěi):**菲薄,微薄。

2 **没:**孔疏说,过也。

3 见《易》既济九五爻辞。

4 **东邻、西邻:**郑玄说,东邻谓纣国中也,西邻谓文王国中也。**禴(yuè)祭:**商朝春祭名。

5 **戒:**斋戒。此指散斋,即不近妃妾,不举乐,不吊丧的斋戒。。

6 **承:**侍奉。

7 **卒:**尽,全部。

原文

30.12 子云:“宾礼每进以让,丧礼每加以远。浴于中霤,饭于牖下,小敛于户内,大敛于阼[1],殡于客位,祖[2]于庭,葬于墓,所以示远也。殷人吊于圹,周人吊于家,示民不偝也。”

子云:“死,民之卒事也,吾从周。以此坊民,诸侯犹有薨而不葬者。”

子云:“升自客阶,受吊于宾位,教民追孝也。未没[3]丧,不称君,示民不争也。故

译文

孔子说:“行宾礼时,每次前进都要推让;行丧礼时,每次进到下一个阶段都会离家渐远。例如浴尸体是在中霤,饭含是在窗下,小殓是在户内,大殓是在堂上,停柩是在殡宫,祖奠是在庙庭,最后埋葬到墓地,这就是表示越来越远。殷人在墓地吊问死者的家属,周人到家中吊问死者的家属,是向民众表示不背弃死者。”

孔子说:“死,是人生的最后一件事,我赞同周人的做法(,到死者家里去吊问生者)。但是用这种方法来防备民众,诸侯中还是有死了而不能安葬的。”

孔子说:“(葬后返回,儿子不忍心即父位,因此不从主阶登堂,)从西边的客阶登堂,(还不敢居主位,)仅在宾位上接受吊问,这是教导民众追行孝道。三年的丧事未结束,诸侯不能称为君,是向人民表示不急于取得君位。

鲁《春秋》记晋丧曰'杀其君之子奚齐,及其君卓[4]。'以此坊民。子犹有弑其父者。"

所以鲁国的《春秋》记载晋国的丧事说:'里克杀了自己国君佹诸的儿子奚齐,后来里克又杀了自己的国君卓子。'虽然用这种方法来防备民众,但还有儿子杀自己的父亲。"

注释

1 郑玄说,"阼"或为堂。

2 **祖:**祖奠。即丧家在出殡前一天所设的祭奠。

3 **没:**竟,终。

4 参见《春秋》僖公九年、十年所载。

原文

30.13 子云:"孝以事君,弟[1]以事长,示民不贰也。故君子[2]有君不谋仕,唯卜之日称二[3]君。丧父三年,丧君三年,示民不疑也。父母在,不敢有其身,不敢私其财,示民有上下也。故天子四海之内无客礼,莫敢为主焉。故君适其臣,升自阼阶,即位于堂,示民不敢有其室也。父母在,馈献不及车马,示民不敢专也。以此坊民,民犹忘其亲而贰

译文

孔子说:"用孝道来侍奉国君,用悌道来侍奉长上,向民众表示没有异心。所以国君的儿子,有父亲还在世,就不谋取官位,只是在代父亲卜筮的日子里才可称国君的副贰。父亲死了要守丧三年,国君死了也得守丧三年,向民众表示尊重国君是不庸置疑的。父母还在,儿子不敢把身体当作是属于自己的,不敢把财物看作是自己私有的,(而应该让身体、财物都由父母来统管,)这是向民众表示有上下的分别。所以天子在四海之内是没有做客之礼的,没有谁敢做天子的主人。所以国君到自己的臣子那里去,是从主人的阼阶登堂,并在堂上就位,这是向民众表示臣子不敢把房室看作是自己私有的(,而应由国君统管)。父母还在,馈赠或进献的礼物,不能用家中的车马等贵重的物品,向民众表示不

其君。”

子云：“礼之先币帛也，欲民之先事而后禄也。先财而后礼，则民利。无辞[4]而行情，则民争。故君子于有馈者，弗能见，则不视其馈。《易》曰[5]：‘不耕获，不菑畬[6]，凶。’以此坊民，民犹贵禄而贱行。”

子云：“君子不尽利以遗民。《诗》云：‘彼有遗秉[7]，此有不敛穧[8]，伊[9]寡妇之利。’故君子仕则不稼，田则不渔，食时不力珍，大夫不坐羊[10]，士不坐犬。《诗》云：‘采葑采菲[11]，无以下体。德音[12]莫违，及尔同死。’以此坊民，民犹忘义而争利以亡其身。”

敢把财产看作是自己私有的。虽然用这种方法来防备民众，但还是有民众忘掉自己的父母，还是有民众想和国君分庭抗礼。”

孔子说：“先行相见礼，再用币帛表达情意，这是要教导民众先做事而后得利禄。如果先馈赠财物，然后行礼，就会使民众贪图财利。没有先致相互交接的辞令，而径直送礼表达情意，（这是崇尚财物，）民众就会争夺财利。所以君子对于馈送自己礼物的人，若不能见到他，就不看那礼物。《易》说：‘不耕种而能收获，不经过菑田而能得畬田，是不吉利的。’但是用这种方法来防备民众，还是有民众看重利禄而轻视品行。”

孔子说：“君子不取尽利益，从而留下一些给予民众。《诗·小雅·大田》说：‘那儿有遗留的禾把，这儿有未收的禾穗，这都是剩给寡妇的利益。’所以君子做官就不种田，种田就不捕鱼，饮食时不力求珍异，大夫不无故杀羊，士不无故杀狗。《诗·邶风·谷风》说：‘采葑菜采菲菜，不要连它们的根一齐拔。美好的话语不要违背，我们要生死与共永不分。’用这种方法来防备民众，民众还有忘义争利而丧身的。”

注释

1 **弟**(tì)**：**同“悌”。

2 **君子：**国君的儿子。

3 **二：**贰，副贰。

4 **辞：**孙希旦说，宾主相接之辞。

5 见《易》无妄六二爻辞。原文为："不耕获，不菑畬，则利有攸往。"无"凶"字。

6 《尔雅》："田一岁曰菑，二岁曰新田，三岁曰畬。"菑(zī)，指初耕一年的土地。畬(yú)，指开垦了三年的熟田。

7 **秉：**一把禾(庄稼)。

8 **穧(jì)：**禾之铺而未束者。指已割而未收的农作物。

9 **伊：**这，此。

10 郑玄说，古者杀牲食肉坐皮，不坐犬羊，是不无故杀之。

11 **葑(fēng)、菲：**郑玄说，葑，蔓菁也；菲，葍类也。

12 **德音：**美好的话语。

原文

30.14 子云："夫礼，坊民所淫，章民之别，使民无嫌，以为民纪者也。故男女无媒不交，无币不相见，恐男女之无别也。以此坊民，民犹有自献其身。《诗》云：'伐柯[1]如之何？匪斧不克。取妻如之何？匪媒不得。''蓺[2]麻如之何？横从[3]其亩。取妻如之何？必告父母。'"

子云："取妻不取同姓，以厚别也。故买妾不知其姓，则卜之。以此坊民，鲁《春秋》犹去

译文

孔子说："礼，防备民众贪色好淫，彰明男女的区别，使人们不至于发生暧昧嫌疑，并用来作为民众的纲纪。所以男女之间，没有媒人的介绍就不能互通名姓，没有纳征的币就不能成婚相见，这是怕男女没有区别。用这种方法来防备民众，民众还有自献己身而私奔的。《诗·齐风·南山》说：'要砍根斧柄怎么办？不用斧头不能成。要娶个妻子怎么办？不请媒人不能成。''要想种麻怎么办？纵横耕治那田亩。要想娶妻怎么办？必定禀告父母亲。'"

孔子说："娶妻不娶同姓的女子，用以加强宗族的区别。所以买妾而不知道她的姓，就要占卜吉凶。用这种方法来防备民众，可还是有如鲁国《春秋》记载的，鲁昭公所娶的夫人被删去了姓，只说来自吴国，(鲁实际

夫人之姓曰吴，其死曰‘孟子卒’。”

子云：“礼，非祭，男女不交爵[4]，以此坊民，阳[5]侯犹杀缪[5]侯而窃其夫人。故大飨废夫人之礼。”

子云：“寡妇之子，不有见[6]焉，则弗友也，君子以辟远也。故朋友之交，主人不在，不有大故，则不入其门。以此坊民，民犹以色厚于德。”

子云：“好德如好色。诸侯不下渔色[7]。故君子远色以为民纪。故男女授受不亲。御妇人则进左手。姑、姊、妹、女子子已嫁而反，男子不与同席而坐。寡妇不夜哭。妇人疾，问之，不问其疾。以此坊民，民犹淫泆而乱于族[8]。”

子云：“昏礼，婿亲迎，见于舅姑，舅姑承

上是忌讳她与鲁国同姓姬，）一直到她死了还只说‘孟子死了’（仅载她的名字，不称她姓姬）。”

孔子说：“礼法规定，不是祭祀，主人主妇不必轮换敬酒。用这种方法来防备民众，（但还有阳侯在缪侯夫人参与敬酒时喜欢上了她，）阳侯就灭了缪国而占有了缪侯夫人。所以诸侯大飨礼就废除了夫人参与敬酒的礼节。”

孔子说：“寡妇的儿子，不是看到他有才艺，就不要与他交朋友，君子是要避免嫌疑，远离是非。所以朋友间的交往，主人不在，又没有重大的事情，就不要进入人家的门内。用这种方法来防备民众，还有民众把色看得比德更要紧。”

孔子说：“爱好德行应该像爱好美色一样。所以国君不娶国内卿大夫士家的女子为妻。因此君子用远离美色作为民众的纲纪。男女之间不亲手传递物件。为妇女驾车，男子应是左手在前，微微背着女子。姑、姊、妹等已嫁女性亲属回娘家，男子就不可以和她们同席而坐。寡妇不在夜里哭泣。妇女有病，应当问候她，但不应当问她得了什么病。用这种方法来防备民众，还有民众放纵好淫而在宗族中乱了伦常。”

孔子说：“婚礼时，新郎亲自去迎接新娘，见到女方的父母后，女方的父母就把女儿

子以授婿，恐事之违也。以此坊民，妇犹有不至者。”

亲手交给女婿，（并都要对女儿告诫一番，）恐怕她到夫家有违失。用这种方法来防备民众，还有女人不能做到亲爱丈夫并敬侍公婆。”

注释

1 **柯**：斧柄。

2 **蓺**(yì)：种植。

3 **从**(zòng，旧读 zōng)：南北为从。

4 **交爵**：主人主妇更迭献酢敬酒。

5 **阳、缪**：两个古国名。

6 **有见**：郑玄说，谓睹其才艺。

7 **诸侯不下渔色**：诸侯国国君不娶国内女子为妻。渔色，贪逐美色，猎取美女，有如以网捕鱼。

8 **乱于族**：郑玄说，犯非妃匹也。

中庸

导读

《中庸》是《礼记》中的第31篇，是孔子之孙子思所作，以昭明其圣祖孔子的德行。中庸，即是用中，无偏无颇。自宋代朱熹将其从《礼记》中抽出，选作“四书”之一后，它成为科举应试的基本科目，也成为青年学子的必读书。

《中庸》蕴藏的哲学理论，被视为圣学的宝藏。这里有存心养性之理、穷神知化之方、聪明睿智之法、天人合一之机、治乱存亡之候，教诲人们择善固执，抵达成功之域。人能“博学之，审问之，慎思之，明辨之，笃行之”，人一己百，人十己千，必定能“虽愚必明，虽柔必强”，因此，宋儒于《大学》《中庸》拳拳服膺，滔滔阐扬，一代新儒学终至勃然兴起。明代传承并延续了此种“理学”。这便是宋明理学。

《中庸》不仅谈义理、哲学，还给予人们处世、处事、修身、管理、学业、家庭以及日常生活的诸多智慧。许多中外学者认为《中庸》是儒家经典中哲理性最强的作品。但其表达方式却运用了意味隽永的警句格言，如执两用中、鸢飞戾天、鱼跃于渊、道不远人、不预则废、行远自迩、知风之自、淡而不厌、内省不疚等等，简直就似一本格言集锦。

原文

31.1 天命[1]之谓性，率[2]性之谓道，修道之谓

译文

上天所赋予人的叫作性，遵循本性行动的叫作道，把道加以修明并推广到众人的

教。道也者，不可须臾离也，可离非道也。是故君子戒慎乎其所不睹，恐惧乎其所不闻。莫见乎隐，莫显乎微，故君子慎其独也。喜怒哀乐之未发，谓之中；发而皆中节[3]，谓之和。中也者，天下之大本也；和也者，天下之达道也。致中和，天地位焉，万物育焉。

叫作教化。道，是人不可以片刻离开的，若是可以离开的，那就不是道了。所以，君子就是在别人眼睛看不到的地方，也要谨慎小心；在别人听不到的地方，也要警惕注意。隐秘的事情，没有不被人发现的；细微的事情，没有不被显露出来的，所以，君子在个人独处的时候，也要谨慎警惕的。喜、怒、哀、乐等感情没有表露的时候，叫作中；表露出来合于法度的，叫作和。中是天下最重大的根本，和是天下普遍的原则。达到了中和，天地就可各得其所，万物就可发育生长。

注释

1 **天命**：天赋，指上天所赋予人的。

2 **率**：遵循。

3 **节**：法度，节度。

原文

31.2 仲尼曰："君子中庸[1]，小人反中庸。君子之中庸也，君子而时中；小人之中庸也，小人而无忌惮也。"

子曰："中庸其至矣乎！民鲜[2]能久矣！"

子曰："道之不行也，我知之矣：知者过之，愚者不及也。道之

译文

孔仲尼说："君子的言行是合于中庸的，小人的言行是违反中庸的。君子能够达到中庸，是因为君子的言行处处符合中道；小人违反中庸，是因为小人无所顾忌和畏惧啊。"

孔子说："中庸是人生行为的最高标准！一般人很少能够长久地践行它！"

孔子说："道不能实行，我知道其中的道理：因为聪明的人超过了它的标准，而愚笨的人却达不到它的标准。道不能为人民

不明也，我知之矣：贤者过之，不肖者不及也。人莫不饮食也，鲜能知味也。”

子曰：“道其不行矣夫！”

子曰：“舜其大知[3]也与！舜好问而好察迩言[4]，隐恶而扬善，执其两端，用其中于民。其斯以为舜乎！”

子曰：“人皆曰‘予知’，驱而纳诸罟[5]擭[6]陷阱之中，而莫之知辟也。人皆曰‘予知’，择乎中庸，而不能期月守也。”

所明了，我也知道其中的道理：贤德的人过高地要求它，（因而把它神秘化了；）不贤德的人过低地要求它（，因而又把它庸俗化了）。这就像人人都要吃喝，但很少有人真能懂饮食的滋味。”

孔子说：“道恐怕是不能实行了吧！”

孔子说：“舜可以算是一个非常明智的人啊！舜喜欢向人提问请教而又喜欢分析研究那些浅近平凡的话，能为别人遮掩缺点而宣扬优点。他掌握着‘过’和‘不及’两个极端的偏向，而采用中庸之道去治理人民。这就是舜之所以为舜的缘故吧！”

孔子说：“人人都说‘我是聪明的’，（但是在利欲的）驱使下，他们都像禽兽那样被赶到罗网陷阱中去，却不知道躲避。人人都说，‘我是聪明的’，选择了中庸的道路，但连一个月也不能坚持下去。”

注释

1 **中庸**：不偏倚称为中，不变易称为庸。

2 **鲜**(xiǎn)：少。

3 **知**(zhì)：同“智”。

4 **迩言**：浅近的话。迩，近。

5 **罟**：网。《易·系辞下》：“作结绳而为罔罟。”

6 **擭**(huò)：装有机关的捕兽木笼。

原文

子曰：“回之为人也，

译文

孔子说：“颜回做人，选择了中庸的道

择乎中庸，得一善，则拳拳[1]服膺[2]而弗失之矣。”

子曰：“天下国家可均也，爵禄可辞也，白刃可蹈也，中庸不可能也。”

子路问强。子曰：“南方之强与？北方之强与？抑而[3]强与？宽柔以教，不报无道，南方之强也，君子居之。衽金革，死而不厌，北方之强也，而强者居之。故君子和而不流，强哉矫[4]！中立而不倚，强哉矫！国有道，不变塞焉，强哉矫！国无道，至死不变，强哉矫！”

子曰：“素[5]隐行怪，后世有述焉，吾弗为之矣。君子遵道而行，半途而废，吾弗能已矣。君子依乎中庸，遁世不见知而不悔，唯圣者能之。”君子之道，费[6]而隐。夫妇之愚，可以与知焉，及其至也，虽圣人

路。他得到了这一好道理，就牢牢地记在心中，时刻不忘掉。”

孔子说：“天下国家是可以治理平定的，爵位、俸禄是可以推辞掉的，锋利的刀刃也是可以踩上去的，但是中庸之道却不一定能做到。”

子路问要怎样才算刚强。孔子回答说：“是南方人的刚强呢？还是北方人的刚强呢？还是像你这样的刚强呢？用宽恕柔和的态度教导人，对于别人的横暴无理，也不加以报复，这是南方人的刚强，君子就属于这一类。连睡觉都枕着刀枪、穿着盔甲，在战场上拼命也不后悔，这是北方人的刚强，强悍的人属于这一类。所以君子待人很和顺，却不无原则地迁就别人，那才是真正的刚强！他们中正独立，不偏不倚，那才是真正的刚强！国家太平的时候，他们也不改变困穷时候的操守，那才是真正的刚强啊！国家混乱的时候，他们也保持正直，到死也不改变，那才是真正的刚强啊！”

孔子说：“（世上有些人）避世隐居，行为怪异，虽然后代有人称述他们，但是我不愿去做这样的事。有些君子遵循中庸之道行事，但往往半途而废，我是不会中途停止的。有些君子依循着中庸之道行事，即使隐居而不被人们所了解，也决不悔恨，这只有圣人才能做到。”君子的道，作用非常广

亦有所不知焉。夫妇之不肖,可以能行焉;及其至也,虽圣人亦有所不能焉。天地之大也,人犹有所憾。故君子语大,天下莫能载焉;语小,天下莫能破焉。《诗》云[7]:“鸢[8]飞戾[9]天,鱼跃于渊。”言其上下察也。君子之道,造端[10]乎夫妇,及其至也,察乎天地。

泛,而内蕴十分精微。平民夫妇虽然愚蠢,但是也可以知道一般的道理;至于其中深微至极之处,即使是圣人也有不能懂得的地方。平民夫妇虽然不贤能,但是也可以实行一般的道理;至于其中深微至极之处,即使是圣人也有不能做到的地方。天地那样辽阔广大,人们尚且还对它有怨恨。君子的道,就其大处来讲,天下没有什么能承载得了;就其小处来讲,天下没有谁能把它分裂开来。《诗》说:“鹰高飞直上青天,鱼游动跳跃在深渊。”这就是说,君子的道和鹰飞鱼跃一样,由上到下都能进行详细审察。君子的道,始于平民夫妇之间,至于其中深微至极之处,则可见于天地之间。

注释

1 **拳拳:**牢握不舍之意。

2 **服膺:**牢记在心里。

3 **而:**尔,汝。

4 **矫:**强貌。

5 **素:**郑玄注,素读为傃,犹乡也。乡,通“向”。朱熹据《汉书》作“索”。索,即寻求之意。此从郑玄说。

6 **费:**朱熹《四书集注》说,费,用之广也。

7 见《诗·大雅·旱麓》。

8 **鸢:**老鹰。

9 **戾:**至,到。

10 **造端:**开始。

原文

31.3 子曰："道不远人，人之为道而远人，不可以为道。《诗》云[1]：'伐柯伐柯，其则不远。'执柯以伐柯，睨而视之，犹以为远。故君子以人治人，改而止。忠恕[2]违道不远，施诸己而不愿，亦勿施于人。君子之道四[3]，丘未能一焉：所求乎子，以事父，未能也；所求乎臣，以事君，未能也；所求乎弟，以事兄，未能也；所求乎朋友，先施之，未能也。庸德之行，庸言之谨；有所不足，不敢不勉，有余不敢尽；言顾行，行顾言，君子胡不慥慥尔[4]！"

君子素[5]其位而行，不愿乎其外。素富贵，行乎富贵；素贫贱，行乎贫贱；素夷狄，行乎夷狄；素患难，行乎患难；君子无入而不自得焉。在上位，不陵[6]下；在

译文

孔子说："道是不能远离人的，假若离开了人而来行道，道就推行不了了。《诗》说：'砍树来做斧头柄，斧柄的样式在眼前。'拿着斧柄来砍制斧柄，斜着眼睛一瞧就看得见斧柄的样式，（但对砍制斧柄的人来说，）还算是离得远的。所以君子按照做人的道理来治理人，有过错的人肯改就得了。能够做到忠和恕，那就离道也不远了。别人施加给自己却又不愿意接受的，也不要去施加给别人。君子的道有四种，我孔丘一样也没能做到：拿我所要求于儿子的，去服侍父亲，没有能做到；拿我所要求于臣子的，去服侍君主，没有能做到；拿我所要求于弟弟的，去服侍兄长，也没有能做到；拿我所要求于朋友的，先去要求自己，也没有能做到。实践平常的道理，谨慎平常的说话，我还有做得不够的地方，使我不敢不努力；所说的还没有全部实行，就不敢把话都说尽；言语要照顾到行动，行动也要照顾到言语，那么君子怎么不会笃厚真实呢？"

君子在自己所处的地位上去行事，不存心去做本位以外的事情。处于富贵，就按富贵者行事；处于贫贱，就按贫贱者行事；身在夷狄，就做夷狄之人应做的事；身处患难，就做患难中应做的事。君子不论处在何种境地，都能自得其宜。处在高位的，不欺压低

下位，不援上。正己而不求于人，则无怨。上不怨天，下不尤人。故君子居易以俟命，小人行险以侥幸。

位的人；处在低位的，不高攀上面的人。端正自己，不去乞求别人，那就没有怨恨。对上不怨恨天命，对下不归咎别人。所以君子居处平易以等待天命的到来，而小人则采取冒险的举动以求侥幸成功。

注释

1 见《诗·豳风·伐柯》。

2 **忠恕：**尽己之心为忠，推己及人为恕。

3 **君子之道四：**指孝、悌、忠、信。

4 **慥(zào)慥尔：**敦厚笃实的样子。

5 **素：**处在。下同。

6 **陵：**欺侮，欺凌。

原文

子曰："射有似乎君子，失诸正鹄[1]，反求诸其身。"君子之道，辟[2]如行远必自迩，辟如登高必自卑。《诗》曰[3]："妻子好合，如鼓瑟琴。兄弟既翕[4]，和乐且耽[5]。宜尔室家，乐尔妻帑[6]。"子曰："父母其顺矣乎！"

子曰："鬼神之为德，其盛矣乎！视之而弗见，听之而弗闻，体物而不可遗。使天下之人齐

译文

孔子说："射箭的道理和君子（'正己而不求于人'的道理）相似，如果没有射中靶子，就应该回过来从自己身上去找原因。"君子的道，比如行远路必定要从近处开始，比如登高山必定从低处开始。《诗》说："与妻子和好，情投意合，好比弹琴鼓瑟。兄弟相爱，和睦融洽。这样你的家室就相安了，你的妻子儿女就都快乐了。"孔子说："如此，父母就可以称心如意了！"

孔子说："鬼神所表现的功德，真是隆盛啊！看它看不见，听它听不到，人们只有在体验事物中（才可以获得它），而且不能把它遗忘。鬼神可以使普天下的人都斋戒洁净，穿

明[7]盛服，以承祭祀。洋洋乎如在其上，如在其左右。《诗》曰[8]：'神之格[9]思[10]，不可度思！矧[11]可射[12]思！'夫微之显，诚之不可掩如此夫！"

戴着庄严整齐的衣冠，而敬奉祭祀它们。这时鬼神就仿佛舒缓地飘浮在人们的上空，又仿佛就在人们的左右。《诗》说：'鬼神来临，是想象不到的，怎么可以厌倦呢？'鬼神的事情本来就是隐约虚无的，但又是那样明显地体现出来，所以说诚实专一的心不可以掩蔽，就是这样啊！"

子曰："舜其大孝也与！德为圣人，尊为天子，富有四海之内。宗庙飨之，子孙保之。故大德必得其位，必得其禄，必得其名，必得其寿。故天之生物，必因其材而笃焉。故栽者培之，倾者覆之。《诗》曰[13]：'嘉乐君子，宪宪[14]令[15]德。宜民宜人，受禄于天。保佑命之，自天申之。'故大德者必受命。"

孔子说："舜可以算是大孝了啊！他有圣人的德行，被尊为天子，富有四海。宗庙奉祀他，子子孙孙永远保持祭祀不断。所以有伟大德行的人必定会获得他应有的地位，必定会得到他应有的福禄，必定会得到他应有的名声，必定会得到他应有的年寿。所以，天生万物，一定是按照它们材质的本身给予厚施（让它们各自得以充分长成）。因此能够栽培的就一定去栽培它，而要倾覆的，也就只能让它倾覆。《诗》说：'和善而安乐的君子，有彰明显著的美德。能使平民和贵人都相安适宜，就能从上天得到福禄。上天保佑他，命他为天子，使他能长享福禄。'所以，有伟大德行的人必定会受到天命（，成为天下的君主）。"

注释

1 **正鹄**(gǔ)：箭靶的中心。郑玄说，画布曰正，栖皮曰鹄。

2 **辟**(pì)：通"譬"。

3 见《诗·小雅·棠棣》。

4 **翕**：和睦。

5 **耽：**应作“湛”，安乐。
6 **帑(nú)：**通“孥”。妻子儿女。亦指儿女。
7 **齐(zhāi)明：**在祭祀前斋戒沐浴，以示虔敬。齐，通“斋”。明，洁净。
8 见《诗·大雅·抑》。
9 **格：**来，至。
10 **思：**语助词，无义。
11 **矧(shěn)：**况且。
12 **射(yì)：**厌倦。
13 见《诗·大雅·假乐》。
14 **宪宪：**原诗作“显显”。光明的样子。
15 **令：**善，美。

原文

子曰：“无忧者，其唯文王乎！以王季为父，以武王为子，父作之，子述之。武王缵[1]大王、王季、文王之绪[2]，壹[3]戎[4]衣[5]而有天下。身不失天下之显名，尊为天子，富有四海之内。宗庙飨之，子孙保之。武王末受命，周公成文、武之德，追王大王、王季，上祀先公以天子之礼。斯礼也，达乎诸侯、大夫，及士、庶

译文

孔子说：“没有忧虑的人，大概只有文王吧！王季是他的父亲，武王是他的儿子。父亲开创基业在前，儿子又继承他完成大业在后。武王继承了太王、王季和文王的事业，一战而灭掉了殷商，取得了天下。（周武王这种以下伐上的行动，）不仅没有使他自身失掉显赫的名声，反而被尊为天子，富有四海。宗庙奉祀他，子子孙孙永远保持祭祀不断。武王在晚年才受天命为天子，周公成就了文王、武王的德业，把太王和王季都追尊为王，用天子的礼仪去奉祀数代以上的祖先。这种礼仪一直贯彻到诸侯、大夫以至于士和庶人。假如父亲是大夫，儿子是士，下葬他父亲时就用大夫的礼节，而祭祀他父亲时就得用士的礼节。假如父亲是士，儿子是大夫，下葬他父亲时就用

人。父为大夫，子为士，葬以大夫，祭以士。父为士，子为大夫，葬以士，祭以大夫。期之丧，达乎大夫。三年之丧，达乎天子。父母之丧，无贵贱，一也。”

子曰：“武王、周公，其达孝矣乎！夫孝者，善继人之志，善述人之事者也。春秋修其祖庙，陈其宗器，设其裳衣[6]，荐其时食。宗庙之礼，所以序昭穆也。序爵，所以辨贵贱也。序事，所以辨贤也。旅酬[7]下为上，所以逮贱也。燕毛，所以序齿也。践其位，行其礼，奏其乐，敬其所尊，爱其所亲，事死如事生，事亡如事存。孝之至也。郊社之礼，所以事上帝也。宗庙之礼，所以祀乎其先也。明乎郊社之礼、禘尝之义，治国其如示[8]诸掌乎！”

士的礼节，而祭祀他父亲时就得用大夫的礼节。（为旁系亲属）服丧一年，只适用到大夫为止。为父母服丧三年，一直适用到天子为止。父母的丧礼，没有贵贱的分别，都是一样的。”

孔子说：“武王、周公，他们可以算达到了孝的最高标准了吧！孝的标准，就是善于继承先人的意志，和善于完成先人的事业。在四季祭祀时期，要整修祖庙，陈列祭器，摆设祖先遗留下来的衣裳，进献时鲜食品。宗庙的礼仪，是用来排定昭、穆的次序的。排定爵位次序，是用来分辨贵贱的。排定祭祀时各种执事的次序，是用来分辨贤能的高低。当众人相敬饮酒的时候，位卑年幼的向尊长敬酒，就是使礼仪贯彻到地位低下的人身上。根据头发的黑白颜色决定宴席的座次，是使老老小小秩序井然。各人站在排定的位置上，行使祭祀的礼节，奏起祭祀的音乐，对于所应尊敬的祖先加以尊敬，对于所应亲爱的祖先加以亲爱，侍奉死亡的祖先像他生时一样，侍奉已不存在了的祖先像他还存在时一样。这就是孝的最高标准。郊、社的祭礼，是用来侍奉上帝的。宗庙的祭礼，是用来祭祀祖先的。明白了郊、社的祭礼和禘、尝的意义，治理国家的道理就像把自己手掌上的东西给人看那样明白容易了！”

注释

1 **缵:**继承。

2 **绪:**前人未竟的功业。

3 **壹:**《尚书》作“殪”。歼灭。

4 **戎:**大。

5 **衣:**通“殷”,殷商。齐人言殷,声如衣。《尚书·康诰》有“殪戎殷”。

6 **裳衣:**衣裳。此指先祖遗留下的衣服。

7 **旅酬:**古代祭礼毕,便宴请众宾客,宾客们互相敬酒酬答。旅,众。酬,以酒相劝为酬。

8 **示:**视。

原文

31.4 哀公问政。子曰:“文、武之政,布在方策[1]。其人存,则其政举;其人亡,则其政息。人道敏政,地道敏树。夫政也者,蒲卢[2]也。故为政在人,取人以身,修身以道,修道以仁。仁者人也,亲亲为大;义者宜也,尊贤为大。亲亲之杀,尊贤之等,礼所生也。在下位不获乎上,民不可得而治矣。故君子不可以不修身;思修身,不可以不事亲;思事亲,不可以不知人;思知

译文

鲁哀公向孔子问政事。孔子说:“周文王和周武王的政治都明白地记述在方版和竹简上。有贤能的人存在,那么好的政治就能实行起来;贤能的人不存在,那么好的政治就不能得到施行。用人施政的道理是使政治迅速昌明,用肥沃之地种树的道理是使树木迅速生长。政治就像蒲苇一样(发展成长是很快的)。所以,推行政治在于得到贤能的人,选拔贤能的人就靠国君自身(提高品德修养)。修治自身就要靠道,把道修明起来就要靠仁。仁就是人与人之间相互亲爱,而以爱自己的亲人最为主要;义就是人与人之间相处得宜,而以尊敬贤能的人最为主要。亲爱自己的亲人,应有等级差别;尊重贤能的人,应有级别区分,这些都是从礼仪中产生出来的。处在下位的人不能获得上面的信任,那么民众就

人，不可以不知天。

“天下之达道五，所以行之者三。曰：君臣也，父子也，夫妇也，昆弟也，朋友之交也，五者天下之达道也。知、仁、勇，三者天下之达德也，所以行之者一也。或生而知之，或学而知之，或困而知之；及其知之，一也。或安而行之，或利而行之，或勉强而行之；及其成功，一也。”

不可能被他管理好。所以，君子不可以不修治自身，要想修治自身，就不可以不服侍好自己的亲人；要想服侍好自己的亲人，就不可以不知道尊贤爱人；要想知道尊贤爱人，就不可以不知道自然的道理。

“天下通行的大道有五种，用来实行这些大道的德行有三种。就是说：君臣、父子、夫妇、兄弟、朋友间的相处之理，这五种是天下通行的大道。知、仁、勇，这三种是天下通行的德行，而用来实行它们的方法都是诚实专一。有的人天生就能知道，有的人需要学习才能知道，有的人需要经过困难才能知道，等到他们都知道了以后却都是一样的了。有的人可以安然地去实行，有的人为图利而去实行，有的人需要极大的努力才能实行，等到他们都成功以后却也都是一样的了。”

注释

1 **方策：**典籍。方，方版。策，同“册”，竹简。

2 **蒲卢：**或说蒲苇，或说瓠瓜，或说土蜂。此依沈括说是蒲苇。

原文

子曰：“好学近乎知，力行近乎仁，知耻近乎勇。知斯三者，则知所以修身；知所以修身，则知所以治人；知所以治人，则知所以治天下国家矣。

译文

孔子说：“爱好学习就接近于智了，努力实行就接近于仁了，知道耻辱就接近于勇了。懂得了这三点，那么就知道用来修治自身的方法了；知道用来修治自身的方法，那么就知道治理他人的方法；知道了治理他人的方法，那么就知道治理天下国家的方法了。

“凡是治理天下国家有九项原则，这是说：

“凡为天下国家有九经，曰：修身也，尊贤也，亲亲也，敬大臣也，体群臣也，子庶民也，来百工也，柔[1]远人也，怀诸侯也。修身则道立，尊贤则不惑，亲亲则诸父昆弟不怨，敬大臣则不眩，体群臣则士之报礼重，子庶民则百姓劝，来百工则财用足，柔远人则四方归之，怀诸侯则天下畏之。齐明盛服，非礼不动，所以修身也；去谗远色，贱货而贵德，所以劝贤也；尊其位，重其禄，同其好恶，所以劝亲亲也；官盛任使，所以劝大臣也；忠信重禄，所以劝士也；时使薄敛，所以劝百姓也；日省月试，既廪[2]称事，所以劝百工也；送往迎来，嘉善而矜[3]不能，所以柔远人也；继绝世[4]，举废国，治乱持危，朝聘以时，厚往而薄来，所以怀诸侯也。

修治自身、尊重贤人、亲爱亲人、敬重大臣、体恤群臣、爱民如子、招徕各种工匠、优待远来的宾客、安抚各国的诸侯。修治自身，就能树立道德典范；尊重贤人，就能不致疑惑不明；亲爱亲人，就能使伯叔兄弟不会有怨恨；敬重大臣，就会遇事不迷失方向；体恤群臣，就会受到士人加倍地感恩戴德；爱民如子，就会使百姓更加勤奋努力；招徕各种工匠，就会使国家财产物用富足；优待远来的宾客，就会使四方的人都来归顺；安抚各国的诸侯，就会使天下的人都会敬畏服从。斋戒洁净，穿上庄严的盛装，不合礼节的事不做，是用来修治自身的方法；摒弃谗佞小人的坏话，远离女人美色，轻视钱财货物，珍视道德品质，是用来勉励贤人的方法；尊重他们的爵位，加重他们的俸禄，与他们的喜爱厌恶相同，是用来勉励亲人的方法；官属众多，听任差使，是用来勉励大臣的方法；讲究忠信的人，增加他们的俸禄，是用来勉励士人的方法；适时役使，减轻赋税，是用来勉励老百姓的方法；每天有视察，每月有考试，发给他们的粮米薪资要与他们的工效相称，是用来勉励各种技工的方法；送客迎宾，赞美善良，同情弱者，是用来安抚远方来客的方法；延续绝灭的世家，复兴废毁的国家，平定乱事，扶持危亡，按时朝见聘问，送给别国的礼品要丰厚，接受别国的礼品要微薄，是用

凡为天下国家有九经，所以行之者一也。”

来安顺诸侯的方法。大凡治理天下国家有九项原则，但是用来实行这些原则的方法却只有一种（即诚实专一）。

注释

1 **柔：**怀柔，笼络。此引申为优待。

2 **既(xì)禀：**古指薪资。既，同“饩”。指赠送食物。禀，粮仓，这里指粮食。

3 **矜：**怜悯，同情。

4 **绝世：**绝禄的世家，指卿大夫子孙中已失去世禄者。

原文

“凡事豫则立，不豫则废。言前定则不跲[1]，事前定则不困，行前定则不疚，道前定则不穷。

“在下位不获乎上，民不可得而治矣。获乎上有道：不信乎朋友，不获乎上矣；信乎朋友有道：不顺乎亲，不信乎朋友矣；顺乎亲有道：反诸身不诚，不顺乎亲矣；诚身有道：不明乎善，不诚乎身矣。诚者，天之道也；诚之者，人之道也。诚者不勉而中，

译文

“凡事有准备就能成功，没有准备就不能成功。说话之前先想妥，就不会失言；做事之前先想妥，就不会困惑；行动之前先想妥，就不会后悔；推行道之前先想妥，就不会行不通。

“臣处在下位而不能获得信任，就不能得民心并治理好他们。要获得君上的信任，是要有一定的原则的：如果不被朋友相信，也就不会获得君上的信任；要获得朋友的相信，也是要有一定的原则的：如果不能孝顺父母，也就不会被朋友相信；要孝顺父母，也是有一定的原则的：如果不能使自己内心诚实，就不能孝顺父母；要使自己内心诚实，也是有一定的原则的：如果不能显示出自己善的本性来，就不能使自己内心诚实。诚实，是上天赋予的德性；实现诚实，是做人的德性。诚实的人不必勉强（为人处世）就会合理，不必多思就会

不思而得，从容[2]中道，圣人也。诚之者，择善而固执之者也。

“博学之，审问之，慎思之，明辨之，笃行之。有弗学，学之弗能，弗措也；有弗问，问之弗知，弗措也；有弗思，思之弗得，弗措也；有弗辨，辨之弗明，弗措也；有弗行，行之弗笃，弗措也。人一能之己百之，人十能之己千之。果能此道矣，虽愚必明，虽柔必强[3]。”

得当；举止行动能不偏不倚而符合中庸之道，这就是圣人。要实现诚实，就必须选择至善之道，并且坚持不懈地去实行它（才能成功）。

“广博地学习知识，详密地探究它，谨慎地思考它，明晰地辨析它，切实地执行它。有不曾学过的，如果学习了还不能掌握，那就不要停止学习；有不曾问过的，如果问了还不能明白，那就不要停止追问；有不曾思考过的，如果思考了还不能有所得，那就不要停止思考；有不曾辨析过的，如果辨析了还不能明晰，那就不要停止辨析；有不曾实行的，如果实行了还不能贯彻到底，那就不要停止实行。别人一次能做到的，我做上百次也一定能做到；别人十次能做到的，我做上千次也一定能做到。果真能够按照这样的道理去做，即使是愚笨的人也必定会变得聪明，即使是柔弱的人也必定会变得刚强。”

注释

1 **跲(jiá)：**窒碍。

2 **从容：**举止行动。

3 朱熹将“哀公问政”至此立为一章，并认为下面是“子思之言”，反复阐述。

原文

31.5 自诚明，谓之性。自明诚，谓之教。诚则明矣，明则诚矣。唯天下至诚，

译文

由内心诚实而达到明察事理，这叫作天赋的本性。由明察事理而达到内心诚实，这叫作后天的教化。内心诚实就能明察事理，而明察事理也能做到内心诚实。只有天下至诚的圣

为能尽其性；能尽其性，则能尽人之性；能尽人之性，则能尽物之性；能尽物之性，则可以赞天地之化育；可以赞天地之化育，则可以与天地参[1]矣。

人，才能尽量发挥自己天赋的本性；能尽量发挥自己天赋的本性，就能尽量发挥天下人的本性；能尽量发挥天下人的本性，就能尽量发挥万物的本性；能尽量发挥万物的本性，就可以佐助天地促成万物的生长化育；能佐助天地促成万物的生长化育，就可以和天地并立而为三了。

其次致曲[2]，曲能有诚，诚则形，形则著，著则明，明则动，动则变，变则化。唯天下至诚为能化。

那些次于圣人的贤人，能够推究细小事物的道理，由此也能达到内心诚实；内心诚实就会表现出来，表现出来就会日益显著；日益显著就会更加光明磊落，光明磊落就会使别人感动；使别人感动，就会使人发生转变；使人发生转变，就会使社会产生好的教化。只有天下至诚的人，才能做到化育万物。

至诚之道，可以前知。国家将兴，必有祯祥。国家将亡，必有妖孽。见乎蓍龟，动乎四体。祸福将至：善，必先知之；不善，必先知之。故至诚如神。

掌握了至诚之道，就可以预先知道未来的事情。国家将要兴盛，必定会出现吉祥的预兆。国家即将灭亡，必定会有妖孽出来作怪。这些可以从蓍草、龟甲的占卜中发现，或是从人们的举止仪容中察觉。祸福将要来临：吉兆，必是能预先知道；凶兆，也必定能预先知道。所以掌握了至诚之道就像神灵一样。

诚者，自成也；而道，自道也。诚者物之终始，不诚无物。是故君子诚之为贵。诚者非自成己而已也，所以成物也。成己，仁也；成物，知也。

诚，是完成自身品德修养的要素；道，是指导自己走向完成修养的道理。诚是贯穿在万物的始终，没有诚也就没有万物。因此君子以诚为贵。诚不仅是完成自身的品德修养而已，并且用来化成万物。完成自身的品德修养，这是仁；使万物都能化成，这是智。仁和智是人们天性

性之德也，合外内之道也，故时措之宜也。

中的美德，符合成己、成物的内外规律，所以时常实行就没有不适宜的地方了。

注释

1 **参**(sān)：同“叁(三)”。

2 **曲**：郑玄说，犹小小之事也。

原文

故至诚无息。不息则久，久则征[1]，征则悠远，悠远则博厚，博厚则高明。博厚，所以载物也；高明，所以覆物也；悠久，所以成物也。博厚配地，高明配天，悠久无疆。如此者，不见而章，不动而变，无为而成。天地之道，可壹言而尽也：其为物不贰，则其生物不测。天地之道博也，厚也，高也，明也，悠也，久也。

今夫天，斯昭昭[2]之多，及其无穷也，日月星辰系焉，万物覆焉。今夫地，一撮土之多，及其广大，载华岳而不重，振[3]河海而不泄，万物载焉。今夫山，一卷[4]石之多，及其

译文

因此，至诚的道理不会止息。不止息，就能长久流传；长久流传，就可以得到验证；得到验证，就悠远无穷；悠远无穷，就能广博深厚；广博深厚，就能变得高明。博厚，可以承载万物；高明，可以覆盖万物；悠久，可以化成万物。博厚与地相配，高明与天相配，悠久则像天地无边无际。像这样，虽然没有表现，却自然彰明；虽然没有行动，却可以感人化物；虽然无所作为，却能够获得成功。天地的道理可以用一句话加以概括：它自身诚一不贰，它生成万物，神妙莫测。天地之道真是广博、深厚、高妙、精明、悠远、长久啊。

现在先说说天吧，它是由一点点光明积聚成的，却能无穷无尽，日月星辰悬系于上面，万物也都覆盖在里面。现在再说地吧，它是由一撮撮泥土积聚成的，却能广大无边，承载华山而不觉得沉重，收容河海而不会泄漏，万物都可以承载在大地上。现在再说山吧，这是由一堆堆小石积

广大，草木生之，禽兽居之，宝藏兴焉。今夫水，一勺之多，及其不测，鼋、鼍[5]、蛟、龙、鱼、鳖生焉，货财殖焉。《诗》曰[6]："惟天之命，於穆不已！"盖曰天之所以为天也。"於乎[7]不显[8]，文王之德之纯！"盖曰文王之所以为文也，纯亦不已。

聚成的，却能广大无边，草木生长在上面，禽兽栖居在里面，宝藏也从山里挖出来。现在再说水吧，它是由一勺勺水积聚成的，却能深不可测，鼋、鼍、蛟、龙、鱼、鳖生长在水里，货财也从水里产生出来。《诗》说："只有天命，庄严肃穆，运行不息！"大约是说天之所以成为天的道理吧。"啊，太光明显赫了，文王的德行多么纯正！"大约是说文王之所以尊谥为文，是因为他修养自己纯正的品德永不止息。

注释

1 **征**：验证。

2 **昭昭**：小小的光明。

3 **振**：郑玄说，振犹收也。

4 **卷**：郑玄说，卷犹区也。一卷石，即指区区小石。

5 **鼍(tuó)**：扬子鳄，又名猪婆龙。

6 见《诗·周颂·维天之命》。

7 **於(wū)乎**：呜呼。

8 **不(pī)显**：光明显赫。不，通"丕"。大。

原文

大哉，圣人之道！洋洋乎，发育万物，峻极于天。优优大哉！礼仪三百，威仪三千，待其人然后行。故曰："苟不至德，至道不凝焉。"故君子尊德性而道问学，致

译文

伟大啊，圣人的道德！它充塞在天地间，使万物生长发育，高达上天(无所不包)。真是充裕而又伟大啊！礼的大纲有三百条，礼的细节有三千条，要等待圣人出来才能够施行。所以说："假如不是具有最高德性的人，至善之道也

广大而尽精微，极高明而道中庸。温故而知新，敦厚以崇礼。是故居上不骄，为下不倍[1]；国有道，其言足以兴；国无道，其默足以容。《诗》曰[2]："既明且哲，以保其身。"其此之谓与！

不会被施行。"因此君子尊崇德性，又学习探究，使学问和德性日益广大，又深入到精微处，达到高明的境界，遵循中庸之道。在学习上温故而知新，在品德修养上要敦厚而崇尚礼仪。因此，君子身居高位而不骄傲，身处下位而不犯上；国家政治清明，他的言论可以振兴国家；国家政治不清明，他沉默不语也可以在乱世中安身。《诗》说："既明达又睿智，可以保全自己。"大概说的就是这个意思吧！

子曰："愚而好自用，贱而好自专；生乎今之世，反古之道。如此者，灾及其身者也。"非天子，不议礼，不制度，不考文。今天下车同轨[3]，书同文，行同伦。虽有其位，苟无其德，不敢作礼乐焉；虽有其德，苟无其位，亦不敢作礼乐焉。

孔子说："愚笨却好自作主张，卑贱却好独断专行；生活在当今的时代，却要恢复古代的一套道理。这样的人，灾难就会降到他的身上。"不是天子，不议论礼制，不制定法度，不考订文字的形体结构。如今天下车辙间的距离相同，书写的文字相同，行为所遵循的伦理道德相同。虽然有天子之位，但如果没有圣人的德行，就不敢去制作礼乐；虽然有圣人的德行，但如果没有天子之位，也不敢去制礼作乐。

子曰："吾说夏礼，杞不足征也。吾学殷礼，有宋存焉。吾学周礼，今用之，吾从周。"

孔子说："我解说夏代的礼法，作为夏后裔的杞国是不足以为据的。我学习殷代的礼法，作为殷代的后裔宋国还存在。我学习周代的礼法，现在正在运用，我遵从周代的礼法。"

注释

1 **倍**：通"背"。违背。

2 见《诗·大雅·烝民》。

3 **轨:**车子两轮间的距离。

原文

王天下有三重焉,其寡过矣乎!上焉者[1]虽善,无征;无征,不信;不信,民弗从。下焉者[2]虽善,不尊;不尊,不信;不信,民弗从。故君子之道,本诸身,征诸庶民,考诸三王而不缪[3],建诸天地而不悖,质诸鬼神而无疑,百世以俟圣人而不惑。质诸鬼神而无疑,知天也;百世以俟圣人而不惑,知人也。是故君子动而世为天下道,行而世为天下法,言而世为天下则。远之则有望,近之则不厌。《诗》曰[4]:"在彼无恶,在此无射。庶几夙夜,以永终誉!"君子未有不如此而蚤[5]有誉于天下者也。

仲尼祖述[6]尧、舜,

译文

君王统治天下有三件重要的大事,(这就是议礼、制度、考文;)如果能做好这些事,他的过失就少了!上古时代的礼仪制度虽然好,但得不到验证;得不到验证,民众就不相信;民众不相信,就不会依从。处在下位的圣人虽然对于礼仪制度有好的主意,但地位不尊贵;地位不尊贵,民众也不相信;民众不相信,也就不会依从。所以君子治理天下的道理,要以自身的修养为根本,在民众中得到验证,用夏商周三代的礼仪制度来考察而没有谬误,建立在天地之间而没有违背,从鬼神那儿得到证实而没有疑虑,这样就是等到百世以后的圣人来施行也不会有疑惑了。从鬼神那儿得到证实而没有疑虑,这就是懂得了天理;等到百世以后的圣人来施行也不会有疑惑,这就是懂得了人情。因此君子的举动被世世代代当作天下的道理,君子的行为被世世代代当作天下的法度,君子的言语被世世代代当作天下的准则。远离他,则生有仰慕之心;接近他,则没有厌倦之意。《诗》说:"诸侯在国无人恨,在朝也是无人厌。日夜操劳政事,永远受到众人的称赞!"没有哪个君子可以不这样做却早有好的声名流传

宪章[7]文、武；上律天时，下袭水土。辟如天地之无不持载，无不覆帱[8]；辟如四时之错行，如日月之代[9]明。万物并育而不相害，道并行而不相悖。小德川流，大德敦化，此天地之所以为大也。

天下的。

仲尼依循尧、舜，效法文王、武王；上要依据天时变化的规律，下要符合水土地理的情况。如天地没有什么不能承载，没有什么不能覆盖；如四季更迭运行，日月轮流照耀。万物共同生长却不互相妨害，天地之道互相并行却不相违背。小德如江河水流（，不止不息）；大德敦厚而化育万物（，无穷无尽）。这就是天地之所以伟大的原因。

注释

1 **上焉者：**指周代以前的礼仪制度。

2 **下焉者：**虽为圣人，但地位在下的人。

3 **缪**（miù）**：**通“谬”。错误。

4 见《诗·周颂·振鹭》。

5 **蚤：**通“早”。

6 **祖述：**宗奉，传述。

7 **宪章：**效法。

8 **帱**（dào）**：**覆盖。

9 **代：**交替。

原文

唯天下至圣为能聪明睿知，足以有临也；宽裕温柔，足以有容也；发强刚毅，足以有执也；齐庄中正，足以有敬也；文理密察，足以有别也。溥博渊泉，而时

译文

只有天下最为圣明的人，才能聪明富有智慧，足以统治民众；宽裕温柔，足以容纳天下的人和事；雄强刚毅，足以执掌天下大事；庄重中正，足以得到民众的敬重；条理密察，足以分辨是非。他们的美德既广博又深远，而且随时会表现出

出之；溥博如天，渊泉如渊。见而民莫不敬，言而民莫不信，行而民莫不说[1]。是以声名洋溢乎中国，施及蛮貊[2]。舟车所至，人力所通，天之所覆，地之所载，日月所照，霜露所队[3]，凡有血气者，莫不尊亲，故曰配天。

来；其广博就像天一样，而其深远又如水渊一般。美德表现在仪容上，那么民众没有不敬重的；美德表现在言语中，那么民众没有不信从的；美德表现在行动上，那么民众没有不喜欢的。因此他们的声名充满整个国家，甚至传播到少数民族地区。凡是船只车辆所能到达的地方，人们所能通行的地方，上天所覆盖的，大地所承载的，日月所照耀的，霜露所坠落的地方，凡是有血气的人，没有不尊重、亲近圣人的，所以说圣人的美德可以和天相配。

唯天下至诚，为能经纶[4]天下之大经，立天下之大本，知天地之化育。夫焉有所倚？肫肫[5]其仁！渊渊其渊！浩浩其天！苟不固聪明圣知达天德者，其孰能知之？

只有天下至诚的人，才能制定天下的法规，树立天下的根本大德，懂得天地化育万物的道理。这怎么会有偏倚呢？他的仁心那么诚挚！他的思虑像潭水那么深邃！他的德行像上天那么浩大！如果不是确实聪明圣哲、拥有上天所赋予的美德的人，谁又能了解这些呢？

注释

1 **说**：通“悦”。喜悦。

2 **蛮貊**：南蛮北狄等边远的少数民族。貊，指东北部的一个民族。

3 **队**(zhuì)：“坠”的古字。坠落。

4 **经纶**：整理蚕丝。引申为规划、制订。

5 **肫**(zhūn)**肫**：诚恳的样子。

原文

《诗》曰：“衣锦尚絅。”[1]

译文

《诗》说：“穿上华美的丝绸衣服，再

恶其文之著也。故君子之道，暗然而日章[2]；小人之道，的然[3]而日亡。君子之道，淡而不厌，简而文，温而理，知远之近，知风[4]之自，知微之显，可与入德矣。《诗》云[5]："潜虽伏矣，亦孔[6]之昭！"故君子内省不疚，无恶于志。君子所不可及者，其唯人之所不见乎！《诗》云[7]："相在尔室，尚不愧于屋漏[8]。"故君子不动而敬，不言而信。《诗》曰[9]："奏假[10]无言，时靡有争。"是故君子不赏而民劝，不怒而民威于𫓧[11]钺[12]。《诗》曰[13]："不显惟德，百辟[14]其刑[15]之。"是故君子笃恭而天下平。《诗》曰[16]："予怀明德，不大声以色。"子曰："声色之于以化民，末也。"《诗》曰[17]："德輶[18]如毛。"毛犹有伦。"上天之载，无声无臭[19]"，至矣！

要加上麻纱制的罩衣。"这是因为讨厌锦服的文采太艳丽了。所以君子的为人之道，外表暗淡，美德却日渐彰明；小人的为人之道，外表明显，却会日渐消亡。君子的为人之道是：素淡却不使人讨厌，简朴却有文采，温和而有条理，知道远是从近开始，知道教化别人必从自己做起，知道隐微的必会逐渐显现，这样就可以进入圣人的美德中去了。《诗》说："虽然鱼潜伏水底，但仍然看得很明显。"所以君子经常在内心省察，就不会内疚，无愧于心。君子不会被别人赶上，大概是因为君子能在他人看不见的地方也严格要求自己！《诗》说："看你独自一人在室内，不在暗中干坏事。"所以君子没有行动就已心怀敬意，没有说话已诚信在心。《诗》说："默默无声地祷告，现在不再有争夺。"因此君子不必行赏，而民众也会受到勉励；不必发怒，而民众怕他会胜过害怕刑戮的威严。《诗》说："德行最为显赫，诸侯依循为法则。"因此君子诚笃恭敬，天下就能太平。《诗》说："我怀念文王光明的德行，从来不声色俱厉。"孔子说："用厉声厉色去教化民众，这是末等的方法。"《诗》说："德轻如毛。"羽毛虽微细，但还有可以类比的东西。"上天化育万物的道理，无声无味"，这就是最高境界了！

注释

1 见《诗·卫风·硕人》。**尚**:加上。

2 **章**:彰明。

3 **的然**:明显的样子。

4 **风**:教化。

5 见《诗·小雅·正月》。

6 **孔**:很。

7 见《诗·大雅·抑》。

8 **尚**:当。**屋漏**:屋之西北角阴暗处。

9 见《诗·商颂·烈祖》。

10 **奏假**(jiǎ):祷告。

11 **铁**:铡刀,用来腰斩的刑具。

12 **钺**:大斧。

13 见《诗·周颂·烈文》。

14 **百辟**:各国诸侯。

15 **刑**:通"型"。法,法式,法度。

16 见《诗·大雅·皇矣》。

17 见《诗·大雅·烝民》。

18 **輶**(yóu):古代一种轻便车,引申为轻。

19 见《诗·大雅·文王》。**臭**(xiù):气味。

表记

导读

《表记》是《礼记》中的第32篇。全篇采用节选式的孔子语录形式表述，其中也引用《易》《书》《诗》等内容来阐述观点。全文重点谈论仁政、仁道和仁爱之心，赞美舜、虞、文王、周公以“仁”治天下。他们没有私心，是民众的“父母”，有与民众同患难的爱心，有对民众有益的教育，并指出君主的命令要顺应天道人情，那么臣子就会顺从。君主不善良，民众就会遭受苦难。同时，文中对行“仁道”的几种情况，以及“仁的程度有数量的分别，义的程度也有长短大小的不同”等问题做了分析点评。《表记》还多处讲述了如何侍奉国君的礼仪要道，对君子德行在言谈举止中的表现、仪容、仪表和待人接物、修身养性各方面都有细致入微的点醒。

以上内容的阐述，体现了孔子一贯的“仁政爱人”“贤人治国”的政治理想。“依于仁”而“约于礼”，孔子想通过礼乐来恢复周代社会制度。孔子认为要建立安宁平和的社会秩序，必须从个人的修身开始。儒家强调的“修身”，指个人修养达到完善的程度，礼能治身，能克服粗鲁怠慢等行为举止。忠臣与顺民，即是符合封建道德的理想人格。同时，本文所确立的“尊君卑臣”的观念和“上下尊卑”的等级秩序，也都是为维护封建统治阶级的利益服务的。

原文

32.1 子言之[1]："归乎！君子隐而显，不矜而庄[2]，不厉而威，不言而信。"

子曰："君子不失足于人，不失色于人，不失口于人。是故君子貌足畏也，色足惮也，言足信也。《甫刑》曰：'敬忌而罔有择言在躬。'"

子曰："裼、袭之不相因也，欲民之毋相渎也。"

子曰："祭极[3]敬，不继之以乐；朝极辨[4]，不继之以倦。"

子曰："君子慎以辟祸，笃以不掩，恭以远耻。"

子曰："君子庄敬日强，安肆日偷。君子不以一日使其躬儳焉[5]，如不终日。"

子曰："齐戒以事鬼神，择日月以见君，

译文

孔子说："回去吧！君子虽身处幽隐而声名显著，不必矜持而人们会尊敬他，不必自作严厉而人们会威服于他，不必说话而人们会相信他。"

孔子说："君子在他人面前不失自己仪容举止的庄严，神色不失端庄，说话不失慎重。因此君子的容貌足以使人敬畏，神色足以使人戒惧，说话足以使人相信。《尚书·甫刑》说：'外表恭敬，内心戒忌，使自己没有让人挑剔的言语。'"

孔子说："行礼时穿的衣服，有以露出裼衣为敬的，有以衣上加衣为敬的，不相因从，那是为了使民众不要互相亵渎。"

孔子说："祭祀要竭尽恭敬，不可以因饮酒作乐而不敬；朝政大事要尽心治理，不可以因疲倦而草草了事。"

孔子说："君子慎重而避开祸患，笃厚而不被困迫，恭敬而远离耻辱。"

孔子说："君子庄重恭敬，则德行日益增强；安乐放肆，则德行日益浅薄。君子不会使自身像小人那样有一日的轻贱。惶惶不可终日。"

孔子说："斋戒以后再奉侍鬼神，选择日子以后再朝见国君，这是担心民众不恭敬从事。"

孔子说："小人们轻狎侮慢，即使死到临头也不知畏惧。"

恐民之不敬也。”

子曰:“狎侮,死焉,而不畏也。”

子曰:“无辞不相接也,无礼不相见也,欲民之毋相亵也。《易》曰:‘初筮告,再三渎,渎则不告。’[6]”

孔子说:“(朝聘会聚的时候,必有言辞、贽币来表达和沟通情意,)如果无言辞就不相交接,无见面礼物就不相见,这是要让民众不要彼此亵渎。《易》说:‘第一次占筮是要告诉问卜人的,但如果接二连三地问就是亵渎不敬了,既已亵渎不敬就不再告诉问卜人了。’”

注释

1 郑玄说,此孔子行应聘,诸侯莫能用己,心厌倦之辞也。

2 **庄:**孔疏说,庄,敬也。

3 **极:**达到最大限度,极尽。

4 **辨:**治理。

5 **儳(chàn)焉:**郑玄说,可轻贱之貌也。儳,苟且,不严肃。

6 见《易》蒙卦辞。

原文

32.2 子言之:“仁者天下之表也,义者天下之制也,报[1]者天下之利也。”

子曰:“以德报德,则民有所劝;以怨报怨,则民有所惩。《诗》曰:‘无言不雠[2],无德不报。’《大甲》曰:‘民非后,无能胥以宁。后非民,无以辟[3]四方。’”

译文

孔子说:“仁是天下人的行为仪范,义是裁断天下事物的正理,礼尚往来是天下人的利益所在。”

孔子说:“以德报德,那么民众就有所勉励;以怨报怨,那么民众就会有所警戒。《诗·大雅·抑》说:‘与我说话,无话不回答;施我恩德,无德不回报。’《尚书·大甲》说:‘民众如果没有君王,不能得到安宁。君王如果没有民众,也不能统领四方。’”孔子说:“以德报怨的,那就是宽爱自己且想苟息祸患的人;以怨报德的,那就是应该处罚或处死的人。”

子曰："以德报怨，则宽身之仁[4]也；以怨报德，则刑戮之民也。"

子曰："无欲而好仁者，无畏而恶不仁者，天下一人而已[5]矣。是故君子议道自己，而置法以民。"

子曰："仁有三，与仁同功而异情。与仁同功，其仁未可知也；与仁同过[6]，然后其仁可知也。仁者安仁，知者利仁，畏罪者强仁。仁者右也，道者左也。仁者人也，道者义也。厚于仁者薄于义，亲而不尊；厚于义者薄于仁，尊而不亲。道有至〔有〕义有考。[7]至道以王，义道以霸，考道以为无失。"

孔子说："没有私欲而爱好仁道的人，无所畏惧而厌恶不行仁道的人，这在天下仅是极少数的人而已。因此君子议论道理时先从自己开始，（自己能施行的再推及他人，）这才可以施行法度于民众。"

孔子说："行仁道有三种情况：（安仁、利仁、强仁；）利仁、强仁的功效虽然与安仁从根本上说是相同的，但从情感上说是不同的。（安仁是无所求而安于行仁，利仁是想求利而行仁，强仁是畏惧刑罚而行仁。）与安仁可以有相同的功效即泛施博爱，但从这方面着眼就不能辨知行仁的内情；如果与安仁遭受相同的利害关系，然后就可以辨知行仁的内情。仁德的人安于行仁，有智慧的人为利行仁，而畏惧受罪罚的人是勉强行仁。仁就像人的右手，道就像人的左手。仁是爱人，道是得宜。太看重仁的人轻视道，所以对人亲爱而缺少尊敬；太看重道的人轻视仁，所以对人尊敬而缺少亲爱。道有兼具仁义的道，有仅取义而无仁的道，有或取仁或取义去勉力作成的道。施行仁义兼具的道，可以称王天下；施行只取义的道，可以称霸诸侯；施行取其一事而勉力作成的道，就可以没有过失。"

注释

1 **报**：郑玄说，"报" 谓礼也，礼尚往来。

2 **雠**(chóu)**:**应答。

3 **辟:**国君。

4 **仁:**郑玄说,“仁”亦当言民,声之误也。

5 **一人而已:**比喻人数少。

6 **过:**孔疏说,“过”谓利之与害。

7 郑玄认为,此句应为“道有至、有义、有考”,脱一“有”耳。考,成。

原文

32.3 子言之:“仁有数,义有长短小大。中心憯怛,爱人之仁也。率[1]法而强之,资仁者也。《诗》云:‘丰有水芑[2],武王岂不仕[3]?诒厥孙谋,以燕[4]翼[5]子。武王烝[6]哉!’数世之(人)〔仁〕[7]也。《国风》曰:‘我今不阅[8],皇[9]恤[10]我后。’终身之仁也。”

译文

孔子说:“仁的程度有数量的分别,义的程度也有长短大小的不同。遇到事情,心中感到悲凄伤心,这是怜爱人的仁人。依循法律,而勉强行仁,就是借用行仁来达到自己的目的。《诗·大雅·文王有声》说:‘丰水河旁有白苗的粱,武王难道不把功业当大事?武王传下好计谋留给子孙,帮助他们得到安乐。武王真是个伟大的君王啊!’这就是武王行了仁道,又留传到了子孙数世的仁道。《诗·邶风·谷风》说:‘我如今自身尚难容,哪有空暇顾及后代。’这是随着自己死亡就结束的仁道。”

注释

1 **率:**遵循,依循。

2 **芑**(qǐ)**:**白苗的粱。或说嘉禾、枸杞等。

3 **仕:**通“事”。

4 **燕:**通“宴”。安闲,安乐。

5 **翼:**辅助。

6 **烝**(zhēng)**:**国君。

7 孔疏“人”作“仁”。仁,仁道。

8 **阅:**容纳,容受。

9 **皇:**通“遑”。闲暇,空暇。

10 **恤:**忧虑。

原文

子曰:“仁之为器重,其为道远,举者莫能胜也,行者莫能致也。取数多者,仁也。夫勉于仁者,不亦难乎?是故君子以义度人,则难为人;以人望[1]人,则贤者可知已矣。”

子曰:“中心安仁者,天下一人而已矣。《大雅》曰:‘德𬨎[2]如毛,民鲜[3]克[4]举之。我仪[5]图之,惟仲山甫举之,爱莫助之。’《小雅》曰:‘高山仰止,景行[6]行止。’”子曰:“《诗》之好仁如此。乡道而行,中道而废[7],忘身之老也,不知年数之不足;俛焉[8]日有孳孳,毙而后已。”

译文

孔子说:“仁就像一件非常重的器具,一条非常遥远的道路,没有人举得起这一重器,没有人走得完这条道路。如果谁能举得更为高一点,走得更为远一点,就是仁了。像这样勉力去行仁道,该不是很困难吧?因此君子如果用义的标准来衡量一个人,那做人就很难够得上标准;如果人和人相比较,用一般标准来衡量,那就可以知道谁是贤德的人了。”

孔子说:“心中能够安于行仁的人,在天下是极少数的。《诗·大雅·烝民》说:‘德行虽轻如羽毛,但很少有人能举起它。我仔细考虑揣度,只有仲山甫能举得起,可惜人们不能帮助他。’《诗·小雅·车舝》说:‘高山是大家所仰望的,大道是众人所共行的。’”孔子说:“《诗》爱好仁道到这种程度。向着大道前进,到了中途因力尽倦极才停止,忘记了自身的衰老,也不计较自己能活着的时间已不充盈;仍旧在勉力地每天向前行进,直到死去后才肯罢休。”

注释

1 **望:**通“方”。比。

2 **輶:**轻。

3 **鲜:**少。

4 **克:**能够。

5 **仪:**想象,考虑。

6 **景行(háng):**大道。景,高,大。行,路。

7 **废:**停止,停下。郑玄说,喻力极罢(pí,疲劳)顿,不能复行则止也。

8 **俛(miǎn)焉:**勤劳的样子。俛,通“勉”。

原文

子曰:“仁之难成久矣。人人失其所好,故仁者之过易辞也。”子曰:“恭近礼,俭近仁,信近情。敬让以行,此虽有过,其不甚矣。夫恭寡过,情可信,俭易容也,以此失之者,不亦鲜乎?《诗》(曰)〔云〕[1]:‘温温[2]恭人,惟德之基。’”

子曰:“仁之难成久矣,唯君子能之。是故君子不以其所能者病人,不以人之所不能者愧人。是故圣人之制行也,不制以己,使

译文

孔子说:“行仁道而难成功,由来已久了!人人都失去了这份爱仁的天性,所以行仁的人有过错也就容易解释了。”孔子说:“恭敬接近礼,省俭接近仁,诚信接近人情;恭敬谦让地去做事,即使有过错,那也不会很严重。能够恭敬就会少犯过错,能有人情就可以使人信赖,能够省俭就容易被人容纳,像这样去做的话,过失不就会很少了吗?《诗·大雅·抑》说:‘态度温顺和柔,举止恭恭敬敬,才是道德的基础。’”

孔子说:“行仁道而难成功,由来已久了,只有君子能够成功。因此君子不因为自己能成功而责备他人,不因为他人不能成功而羞辱他人。因此圣人规范他人的行为,不是以自己的行为做标准,只是使人们互相规劝勉励,知耻辱懂羞愧,从而施行圣人的教诲。用礼仪来节制他们,用诚信来团结他们,

民有所劝勉愧耻，以行其言。礼以节之，信以结之，容貌以文之，衣服以移之，朋友以极之，欲民之有壹也。《小雅》曰：‘不愧于人，不畏于天。’是故君子服其服，则文以君子之容；有其容，则文以君子之辞；遂其辞，则实以君子之德。是故君子耻服其服而无其容，耻有其容而无其辞，耻有其辞而无其德，耻有其德而无其行。是故君子衰绖则有哀色，端冕则有敬色，甲胄则有不可辱之色。《诗》云：‘惟鹈在梁[3]，不濡其翼。彼记[4]之子，不称其服。’”

用温和的容貌来润饰心志，用衣裳服饰来改变气质，用朋友间的勉励来穷尽于道，这都是希望民众专心一意向善。《诗·小雅·何人斯》说：‘没有愧对于人的地方，也就不会畏惧上天。’因此君子穿上自己的衣服，就要用君子的仪容来文饰；有了君子的仪容，就要用君子的谈吐来文饰；谈吐有了君子的风度，就要用君子的德性来充实。因此，君子为虽穿上君子的服饰却无君子仪容而感到羞耻，为虽有君子仪容却无君子谈吐而感到羞耻，为虽有君子谈吐却没有君子德性而感到羞愧，为虽有君子德性却没有君子行动而感到羞愧。所以君子穿上丧服就有悲哀的神色，穿上朝服就有敬重的神色，穿上盔甲就有不可侵犯的神色。《诗·曹风·候人》说：‘鹈鹕鸟停在鱼梁上，还不会沾湿翅膀；那些无德行的贵族，不配穿一身好衣裳。’”

注释

1 孔疏“曰”作“云”。

2 **温温：**温顺和柔的样子。

3 **梁：**指鱼梁，用竹石在河中围成的捕鱼设施。

4 **记：**《诗经》原作“其”。

原文

32.4 子言之：“君子之所谓义者，贵贱皆有

译文

孔子说：“君子所说的义，就是在天下不论是尊贵的或是卑贱的人，总是有要恭敬地

事于天下。天子亲耕，粢盛[1]秬鬯[2]，以事上帝，故诸侯勤以辅事于天子。”子曰：“下之事上也，虽有庇民之大德，不敢有君民之心，仁之厚也。是故君子恭俭以求役仁，信让以求役礼，不自尚其事，不自尊其身，俭于位而寡于欲，让于贤，卑己而尊人，小心而畏义，求以事君，得之自是，不得自是，以听天命。《诗》云：‘莫莫[3]葛藟，施于条枚。凯弟[4]君子，求福不回。’其舜、禹、文王、周公之谓与！有君民之大德，有事君之小心。《诗》云：‘惟此文王，小心翼翼。昭事上帝，聿[5]怀多福。厥德不回[6]，以受方国。’”

子曰：“先王谥以尊名，节以壹惠，耻名之浮于行也。是故君子不自大其事，不自尚其功，以求处情；过行弗率，以求处厚；彰人之善而美人之

去施行的事。天子有亲自耕种的仪式，然后用黍稷香酒来敬事上帝，所以诸侯也勤勉地辅佐敬事天子。”孔子说：“下面的人要侍奉上面的人，而上面的人即使有庇护民众的重大恩德，也不敢有统治民众的心思，这就是仁爱深厚。因此君子恭敬省俭而希求施行仁道，诚信谦让而希求施行礼仪；不推崇自己所做的事，不自己看重自身；不要求居于尊贵的地位而能恬淡寡欲，对于贤德之人能谦让，贬抑自己而尊重他人，小心谨慎而敬畏道义；希望用这种态度来侍奉国君，得到利禄是这样去做，得不到利禄也是这样去做，一切听天由命。《诗·大雅·旱麓》说：‘茂盛繁密的葛藟藤，攀缘树干向上长。快乐平易的君子，不违祖德求福享。’这就是说的舜、禹、文王、周公吧！既有统治民众的重大恩德，又有奉侍君上的小心谨慎。《诗·大雅·大明》说：‘这位周文王，小心翼翼。心迹昭著，敬侍上帝，获得了很多福祉。他的德行没有一点不正，受有四方众国而为天子。’”

孔子说：“先王给死去的人加谥号，用来尊重他生前的声名，但只节取他众多善行中的一件来定谥号，为了不使名声超过他的行为。因此君子不自我夸大所做的事情，也不自我推崇所得的功绩，而只求实情从不虚饰；有过失的行为，就不再依循去

功，以求下贤。是故君子虽自卑而民敬尊之。”子曰：“后稷，天下之为烈[7]也，岂一手一足哉？唯欲行之浮于名也，故自谓便人[8]。”

重犯，而必改正求敦厚；彰明他人的善行，赞美他人的功绩，而要求对贤良的人表示敬重。因此君子虽然自己贬抑自己，但民众尊敬他。”孔子说：“后稷是为天下人立下功业的人，（他教人耕种，）其恩惠难道只施予一二人吗？为了使实际行动超过声名，后稷自称是个熟悉种庄稼的人（从不说自己仁圣）。”

注释

1 **粢盛**(zī chéng)：古代的一种祭祀仪式。祭祀时将黍稷放在祭器里。黍稷等谷物叫作粢，放在器皿中称为盛。

2 **秬鬯**(jù chàng)：用黑麦造的香酒。

3 **莫莫**：茂盛繁密的样子。

4 **凯弟**(tì)：和乐貌。郑玄说，凯，乐也；弟，易也。

5 **聿**：语助词。

6 **回**：回邪，邪僻。

7 **烈**：功业。

8 **便人**：熟悉某事的人。郑玄说，是“便习于此事之人”。

原文

32.5 子言之：“君子之所谓仁者，其难乎！《诗》云：‘凯弟君子，民之父母。’凯以强教之，弟以说[1]安之。乐而毋荒，有礼而亲，威庄而安，孝慈而敬；使民有父之尊，有母之亲。如

译文

孔子说：“君子所说的仁，的确是很难做到的！《诗·大雅·泂酌》说：‘快乐和易的君子，是民众的父母。’君子应当用仁政教化天下，使民众乐意又敬仰，并且能自强不息；用和乐平易感化民众，使他们喜悦且康安。民众欢乐而不荒废事业，有礼仪而相互亲近，威严庄重而能安宁，孝顺慈爱而能恭敬。使民众对待自己有如对父亲那样敬重，有如对母

此而后可以为民父母矣，非至德其孰能如此乎？今父之亲子也，亲贤而下无能；母之亲子也，贤则亲之，无能则怜之。母亲而不尊，父尊而不亲。水之于民也，亲而不尊；火尊而不亲。土之于民也，亲而不尊；天尊而不亲。命[2]之于民也，亲而不尊；鬼尊而不亲。”

子曰：“夏道尊命[3]，事鬼敬神而远之，近人而忠焉，先禄而后威，先赏而后罚，亲而不尊。其民之敝[4]，蠢而愚，乔[5]而野，朴而不文。殷人尊神，率民以事神，先鬼而后礼，先罚而后赏，尊而不亲。其民之敝，荡而不静，胜而无耻。周人尊礼尚施，事鬼敬神而远之，近人而忠焉，其赏罚用爵列，亲而不尊。其民之敝，利而巧，文

亲那样亲近，如此就可以去做民众的父母了。但是，不是德行达到极致的人，又有谁能做到这样呢？如今父亲亲爱子女，是亲近贤能的子女，而卑视无能的子女；母亲亲爱子女，对于贤能的子女就亲近他们，对于无能的子女就怜爱他们。母亲虽容易亲近，但是缺少尊严；父亲虽有尊严，但是又难以亲近。水对于人来说，就是可亲近而无尊严；火（对于人来说），就是有尊严而不可亲近。土地对于人来说，也是可亲近而无尊严；上天（对于人来说，）也是有尊严而不可亲近。政令对于人来说，是可亲近而无尊严；鬼神（对于人来说，）是有尊严而不可亲近。”

孔子说：“夏代的治国之道是勤于政教民事，敬奉鬼神而使它远离政教，通达人情而又竭尽爱心，以俸禄为重要而以威怒为次要，以赏赐为重要而以刑罚为次要，所以夏代的政教是可亲近而无尊严；到了政教衰败时，民众都蠢笨而愚昧，骄傲而放肆，粗鄙而无文采。殷人尊重鬼神，君王带领民众敬事鬼神，以鬼神为重要而以礼教为次要，以刑罚为重要而以赏赐为次要，所以殷代的政教是有尊严而不可亲近；到了政教衰败时，民众都放荡而不安宁，讲求争胜而不知羞耻。周人尊重礼教，崇尚施予，敬事鬼神而又使它远离政教，通达人情而又竭尽爱心，奖赏或刑罚用爵位的卑尊高低作等差，所以周代的政教是可以亲近而无尊严；到

而不惭，贼而蔽。”

子曰：“夏道未渎辞，不求备，不大望于民，民未厌其亲。殷人未渎礼，而求备于民。周人强民，未渎神，而赏爵刑罚穷矣。”

了政教衰败时，民众都贪利而取巧，文过饰非而不知羞耻，互相侵害而欺骗隐瞒。”

孔子说：“夏代的政令言辞不烦琐，对民众不求全责备，赋税较轻简，民众没有厌弃上下相亲之心。殷代的礼法简约，但对民众求全责备。周代强行劝勉民众奉行政教，虽未烦渎鬼神，但赏爵禄、施刑罚的事已极其繁多了。”

注释

1 **说**：通“悦”。喜悦。

2 **命**：政令。

3 **尊命**：勤于政教民事。

4 **敝**：坏。郑玄说，谓政教衰失之时也。

5 **乔**(jiāo)：通“骄”。骄傲。

原文

子曰：“虞夏之道，寡怨于民。殷周之道，不胜其敝。”

子曰：“虞夏之质，殷周之文，至矣！虞夏之文，不胜其质；殷周之质，不胜其文。”

子言之曰：“后世虽有作者，虞帝弗可及也已矣。君天下，生无私，死不厚其子；子民如父母，有憯怛之爱，

译文

孔子说：“虞、夏的政治（比较宽松），所以民众的怨恨尚少。殷、周的政治（繁杂苛碎），所以民众不堪忍受这种弊病。”

孔子说：“虞、夏的政教质朴，殷、周的政教文采都达到了极致！虞、夏虽也有文采，但文少而质多；殷、周虽也有其质朴，但质少而文多。”

孔子说：“后世虽有英明的君王出现，但远远不及虞舜那样的帝王。舜统治天下，生前没有私心，死后也不厚待自己的儿子；对待民众就像父母对待子女一样，有一种同忧患共苦难的爱心，有确实对民众有益的教育。

有忠利之教。亲而尊，安而敬，威而爱，富而有礼，惠而能散。其君子尊仁畏义，耻费轻实，忠而不犯，义而顺，文而静，宽而有辨。《甫刑》曰：'德威惟威，德明惟明。'非虞帝，其孰能如此乎？"

子言之："事君先资其言，拜自献其身，以成其信。是故君有责于其臣，臣有死于其言。故其受禄不诬，其受罪益寡。"

子曰："事君，大言入则望大利，小言入则望小利[1]。故君子不以小言受大禄，不以大言受小禄。《易》曰：'不家食。吉。'[2]"

子曰："事君不下达[3]，不尚辞，非其人弗自。《小雅》曰：'靖共尔位[4]，正直是与。神之听之，式[5]榖[6]以女[7]。'"

他治理天下，可亲近而又有尊严，身心安定而能恭敬，有威仪而又有爱心，民众富足而不失礼节，能施惠于民众而没有偏心。他的臣下尊重仁道，敬畏义理，以浪费为羞耻，又看轻利禄财货，竭尽忠心而不冒犯君上，遵循义理而顺从听话，文雅而稳重，宽容而有分寸。《尚书·甫刑》说：'道德威严使人敬畏，道德的光明使人清明。'除了虞舜，又有谁能做到这些呢？"

孔子说："奉侍国君，先要考虑好自己该说的政治主张，然后再拜受君命，贡献出自身的一切，以实现先前自己讲过的话。因此国君可以责成他的臣下，臣下也会为实现自己的诺言虽死不辞。所以他们接受爵禄必与功劳相称，做事必与诺言相符合，受的罪也就很少。"

孔子说："奉侍国君，有成大事的谋略进献给国君，就盼望能得大利禄；有成小事的谋划进献给国君，就盼望能得到小利禄。因此君子不因为进献成小事的谋划而盼望得到大利禄，也不会因为进献成大事的谋略而盼望得到小利禄。《易》说：'君王家中有大积蓄，不是只与家人享用，而应当与贤人共同分享，这样才吉利。'"

孔子说："奉侍国君，不把自己的私事通报给国君，不多说浮夸的话，不是贤德的人自己就不和他亲近。《诗·小雅·小明》说：'安心地谨守你的职位，与正直的人交友。神明会听闻到这一切，赐给你俸禄和爵位。'"

注释

1 郑玄说,“大言”,可以立大事也;“小言”,可以立小事也;“人”,为君受之。

2 见《易》大畜彖辞。

3 **下达:**以私事陈达于君。即向君主陈述私事。

4 **靖:**安定,安心。**共:**通“恭”。恭敬。

5 **式:**通“试”。用。

6 **穀**(gǔ)**:**俸禄。

7 **女:**通“汝”。你。

原文

子曰:“事君远而谏,则谄也;近而不谏,则尸利也。”

子曰:“迩臣守和,宰正百官,大臣虑四方。”

子曰:“事君欲谏不欲陈。《诗》云:‘心乎爱矣,瑕不[1]谓矣?中心藏之,何日忘之!’”

子曰:“事君,难进而易退,则位有序;易进而难退,则乱也。故君子三揖而进,一辞而退,以远乱也。”

子曰:“事君三违而不出竟,则利禄也。

译文

孔子说:“奉侍国君,如果是与国君疏远的人,越级强行谏诤,那么就近于谄媚;如果就在国君身边的人,不行谏诤,那么就像祭祀时的尸一样了,只享用而不做事。”

孔子说:“侍御仆从等近臣应该谨守调和国君事情的职责,冢宰主治百官,其余大臣谋虑四方的大事。”

孔子说:“奉侍国君,如果国君有过失就应该劝谏,不应该宣扬他的过失。《诗·小雅·隰桑》说:‘内心很爱护他,为什么不劝告他?心里藏着规劝的话,什么时候都难忘掉!’”

孔子说:“奉侍国君,难于升官而容易辞退,那么官位就有秩序了;如果容易升官而难于辞退,那么就会混乱。因此君子去做客,三次作揖然后入门,告辞一次就要离去,就是用难进易退来免于混乱。”

孔子说:“奉侍国君,多次与国君政见违逆,还舍不得离国而去,这就是贪图利禄。即

人虽曰不要，吾弗信也。”

子曰：“事君慎始而敬终。”

子曰：“事君可贵可贱，可富可贫，可生可杀，而不可使为乱。”

子曰：“事君，军旅不辟[2]难，朝廷不辞贱。处其位而不履其事，则乱也。故君使其臣，得志则慎虑而从之，否则孰[3]虑而从之，终事而退。臣之厚也。《易》曰：‘不事王侯，高尚其事。’[4]”

子曰：“唯天子受命于天，士受命于君。故君命顺，则臣有顺命；君命逆，则臣有逆命。《诗》曰：‘鹊之姜姜，鹑之贲贲。[5]人之无良，我以为君。’”

使人家说他不企求利禄，我是不会相信的。”

孔子说：“奉侍国君，一开始就要谨慎，而且要恭恭敬敬到最终。”

孔子说：“奉侍国君，国君可以使他显贵或卑贱，可以使他富有或贫困，可以使他生存或死亡，但是不可以使他废弃奉侍国君的礼仪。”

孔子说：“奉侍国君，在军队中就不能避开险难的任务，在朝廷上就不该推辞卑贱的官位。身处那个职位而不履行自己的职事，就会混乱。所以国君任用自己，如果职务配自己的才能，还是应该谨慎思虑，听从国君的命令去获取成功；如果职务不配自己的才能，也得深思熟虑，听从国君的命令去做完，在事情做完后就引退。（不管怎样，臣子都不违逆国君的命令，而努力去完成，）这才是臣子德行的笃厚。《易》说：‘不是侍候王公诸侯，而是尊重事业。’”

孔子说：“只有天子是由上天任命的，而官吏是由天子任命的。所以，君主的命令如果是顺应天道人情的，那么臣子也就会顺从；如果是违背天道人情的，那么臣子也就会违背命令。《诗·鄘风·鹑之奔奔》说：‘大的鹊鸟在上面凶狠争斗，小鹌鹑也在下面争斗凶狠。那个人实在不善良，我们把他当国君。’”

注释

1 **瑕不：**胡不，为什么不。

2 **辟：**通“避”。避开。

3 **孰：**“熟”的古字。

4 见《易》蛊卦上九爻辞。

5 **姜姜，贲(bēn)贲：**争斗剧烈貌。

原文

32.6子曰：“君子不以辞尽人，故天下有道，则行有枝叶；天下无道，则辞有枝叶。是故君子于有丧者之侧，不能赙[1]焉，则不问其所费；于有病者之侧，不能馈焉，则不问其所欲；有客不能馆，则不问其所舍。故君子之接如水，小人之接如醴。君子淡以成，小人甘以坏。《小雅》曰：‘盗言孔[2]甘，乱是用餤[3]。’”

子曰：“君子不以口誉人，则民作忠。故君子问人之寒则衣之，问人之饥则食之，称人之美则爵之。《国

译文

孔子说：“君子不因为一个人的言辞而判断他的全部德行。所以天下崇尚道德时，民众依礼行事，这种美好表露在外面就像树干之外更有枝枝叶叶；天下不崇尚道德时，民众不依礼行事，只是言辞虚美，这也像树干之外更有枝枝叶叶。（因此不能从言辞表面，而应从实际情况去考察一个人是否贤良。）所以君子在有丧事的人旁边，如果不能馈赠钱财，就不要询问丧葬的花费；在有病的人旁边，如果不能馈赠钱财，就不要询问他需要什么；有客人到来，如果不能招待他住下，就不要询问他住在什么馆舍。因此君子的交往淡如水，小人的交往浓如酒。君子虽交往淡薄，但能相互成就；小人虽交往浓甜，但只能相互坏事。《诗·小雅·巧言》说：‘谗佞的话很甘甜，但祸乱也因此增多。’”

孔子说：“君子不用空话讨人好感，那么民众就会兴起忠实的风气。所以君子询问人家是否寒冷，就要拿衣服给人家穿；询问人家是否饥饿，就要拿东西给人家吃；称赞人家德行美好，就要给人家爵禄。《诗·曹风·蜉蝣》说：‘你这种情形使人心里忧虑，还是跟我回去休息吧。’”

风》曰：'心之忧矣，于我归说[4]。'"

子曰："口惠而实不至，怨菑及其身。是故君子与其有诺责也，宁有已[5]怨。《国风》曰：'言笑晏晏，信誓旦旦，不思其反，反是不思，亦已焉哉！'"

子曰："君子不以色亲人。情疏而貌亲，在小人则穿窬[6]之盗也与？"

子曰："情欲信，辞欲巧。"

孔子说："口头上给人家好处而实际不能兑现，他人的怨恨必定会招引到自己身上。因此君子与其先许诺他人的请求，倒不如宁可不许诺他人而受埋怨。《诗·卫风·氓》说：'先前有说有笑，和颜悦色，发誓赌咒，恳切真诚，不曾想他会变心。如今他变心，正是当初考虑不周的后果，现在已是无可奈何了！'"

孔子说："君子不用虚伪的善良样子讨人喜欢。感情上是疏远的，但外表上却要装出亲密的样子，这种小人不就像那种外貌装得善良而内心却奸诈的穿壁越墙行窃的小偷吗？"

孔子说："情理要信实，言辞要和顺而有技巧。"

注释

1 **赙**(fù)：送财物助人。

2 **孔**：很，甚。

3 **餤**(tán)：进食。引申为增多或加甚。

4 **说**(shuì)：舍，休息。

5 **已**：拒绝。

6 **穿窬**(yú)：穿壁逾墙，指盗窃的行为。窬，通"逾"。翻越。

原文

32.7 子言之："昔三代明王，皆事天地之神明，无非卜筮之

译文

孔子说："从前夏商周三代圣明的君王，都敬事天地间的神灵，没有不用占卜来决定做事的，不敢用自己的私意来亵渎上天。因此不冲

用，不敢以其私亵事上帝。是故不犯日月，不违卜筮。卜、筮不相袭也。大事有时日；小事无时日，有筮。外事用刚日[1]，内事用柔日[2]。不违龟筮。”

子曰：“牲牷[3]、礼乐、齐[4]盛，是以无害乎鬼神，无怨乎百姓。”

子曰：“后稷之祀易富[5]也，其辞恭，其欲俭，其禄及子孙。《诗》曰：‘后稷兆[6]祀，庶无罪悔，以迄于今。’”

子曰：“大人之器威敬。天子无筮。诸侯有守筮[7]。天子道以筮。诸侯非其国，不以筮。卜宅寝室。天子不卜处大庙。”

子曰：“君子敬则用祭器。是以不废日月，不违龟筮，以敬事其君长。是以上不渎于民，下不亵于上。”

犯不吉利的日子，不违背卜筮的决定。用卜、用筮必定不重复。有事于大神，比如郊禘祭祀等，就各有规定的日子占卜；有事于小神，比如一般的祭祀等，就没有规定的时间，而且只能用筮。祭祀天地神祇用刚日，宗庙的祭祀就用柔日。不敢违背龟筮的旨意。”

孔子说：“毛色纯一的祭牲、礼乐、粢盛等，用这些来祭祀是不会伤害鬼神的，（神灵也会降福，）而民众也就不会有怨恨。”

孔子说：“后稷的祭祀很容易备办，因为他的言辞恭敬，他的欲望简单，而且他的福禄都已施及子孙了。《诗・大雅・生民》说：‘后稷在四郊祭祀上天，（事事合于礼，）几乎没有罪过悔恨，所以至文王武王，终于称王天下。’”

孔子说：“居高位的人所用的器具，都很威严受人尊重。天子不用筮。诸侯有守国的筮。天子出行在道路上就用筮。诸侯不在自己的国内就不用筮。搬家或迁移寝宫要用卜。天子到诸侯国去，一定居住在太庙，不须再占卜。”

孔子说：“君子敬重他人，那就得用祭器来款待。因此民众都不废弃按规定卜筮来决定进见君长的日子，不违背龟筮的旨意，而恭敬地侍奉自己的君长。所以在上位的人不亵渎民众，在下位的人也不轻慢在上位的人。”

注释

1 **刚日**:甲丙戊庚壬。

2 **柔日**:乙丁己辛癸。

3 **牷**(quán):指用作祭品的纯色之牲。

4 **齐**(zī):通“粢”。用于祭祀的谷物。

5 **富**:备也。备办,准备。

6 **兆**:郑玄说,四郊之祭处也。

7 **守筮**:诸侯国所用的卜筮。

缁衣

导读

《缁衣》是《礼记》中的第33篇。《缁衣》篇名取自本篇第二节“好贤如《缁衣》”。相关出土资料均显示此篇无第一节文字，由此可见仍是以篇首文字取篇名。缁衣，本指朝服。《诗经·郑风·缁衣》的内容是郑人制新缁衣授之贤者，寓意贤人任官职。本篇重点论述了上行下效与为政之“正”的问题。

《缁衣》篇中引孔子的话说：民众要用道德来教育他们，要用礼仪来约束他们，那么他们就会有向善的意愿。又指出：执掌国家的人要彰明善良而痛恨罪恶，并强调君长要表明行仁的志向，尊崇仁道，民众也才能尽心竭力地去行仁道。又引《诗·大雅·文王》进一步说，如果能够效法周文王，天下每个国家就会兴起诚信之风。文中除了论及化民之道外，还兼及君子交友之道与个人言行准则等诸多方面。

君王为政的“正”与“不正”，将直接影响民众的“善”与“不善”。孔子提出“德治”与“礼治”的为政方略，这样，礼就成了人人需要遵守的习俗规范，也成为民众行为的道德准则和法律制度。“礼”之治，在于“诚”字，因此“礼治”应以诚敬和谐为本，上面君王表率循礼而行，下面民众处世行事皆得其“宜”，这样就能使礼崩乐坏的社会秩序得以恢复，国家从此安宁，人心都能向善，民众就能安居乐业。

原文

33.1 子言之曰："为上易事也，为下易知也。则刑不烦矣。"

子曰："好贤如《缁衣》[1]，恶恶如《巷伯》[2]，则爵不渎[3]而民作愿，刑不试而民咸服。《大雅》曰：'仪[4]刑[5]文王，万国作孚[6]。'"

子曰："夫民教之以德，齐之以礼，则民有格心[7]；教之以政，齐之以刑，则民有遁心。故君民者，子以爱之，则民亲之；信以结之，则民不倍[8]；恭以莅[9]之，则民有孙[10]心。《甫刑》曰：'苗民匪用命，制以刑。惟作五虐之刑曰法。'是以民有恶德，而遂绝其世也。"

译文

孔子说："在上位的国君不苛虐，那么臣下奉侍他就容易；在下位的臣子无奸诈，那么国君要了解情况也就容易了。这样，刑罚就可以减少了。"

孔子说："如果能够喜爱贤德的人像《缁衣》诗所讲的那样，厌恶坏人像《巷伯》诗所讲的那样，那么爵位就不会滥赏，而民众诚实谨慎，刑罚不必使用而民众都能服从。《诗·大雅·文王》中说：'效法周文王，天下各国就会兴起诚信的风气了。'"

孔子说："民众要用道德来教育他们，要用礼义来约束他们，那么他们就有向善的心意；如果用政令来教育他们，用刑罚来约束他们，那么民众就有逃避的念头。所以统治人民的人，像对待子女那样去爱护民众，那么民众就会亲近他；能够用诚信来团结民众，那么民众就不背叛他；能够恭敬地对待民众，那么民众就会有顺从之心。《尚书·甫刑》中说：'苗人不肯听从命令，要用刑罚制裁他们。制定了五种酷刑，称为法。'因此民众品德恶劣，竟至于断绝了他们的后嗣。"

注释

1 **《缁衣》**：《诗经·郑风》篇名。"缁衣"本指朝服。此诗讲郑武公、桓公父子并为周司徒，善于供职，郑人拥戴，为他们做新缁衣授之。因此被称为"好贤"之诗。

2 **《巷伯》**:《诗经·小雅》篇名。巷伯是阉人,为王后宫巷官之长。阉人因谗言受害,故痛恨那种坏人,要投给豺狼虎豹及诸方恶鬼吃掉。此诗被称为"恶恶"之诗。

3 **渎**:滥。

4 **仪**:准则。

5 **刑**:通"型"。效法。

6 **孚**:为人所信服。

7 **格心**:向善的心。格,至。

8 **倍**:通"背"。背叛。

9 **莅**:临。

10 **孙**:顺。

原文

33.2 子曰:"下之事上也,不从其所令,从其所行。上好是物,下必有甚者矣。故上之所好恶,不可不慎也,是民之表也。"

子曰:"禹立三年,百姓以仁遂焉,岂必尽仁?《诗》云:'赫赫师尹,民具尔瞻。'[1]《甫刑》云:'一人有庆[2],兆民赖之。'《大雅》曰:'成王之孚,下土之式。'"

子曰:"上好仁,则下之为仁争先人。故长民者章[3]志、贞[4]教、尊仁,

译文

孔子说:"在下位的人侍奉在上位的人,不是服从他的命令,而是跟从他的行动去做的。在下位的人爱好这样东西,在下位的人必定会有比他喜爱得更加厉害的。所以在上位的人的爱憎,不可以不慎重,因为他是民众的表率。"

孔子说:"禹治政三年,百姓都行仁道,通达于内外,难道他们本来都是仁人吗?《诗·小雅·节南山》说:'声名显赫的尹太师,民众都在瞻仰着你。'《尚书·甫刑》说:'天子一人有善行,千千万万的民众都赖以得到好处。'《诗·大雅·下武》说:'周成王的诚信,是天下人的法式。'"

孔子说:"在上位的人爱好仁道,那么在下位的人就会抢在别人前面去行仁道。

以子爱百姓；民致行己，以说[5]其上矣。《诗》云：'有梏[6]德行，四国顺之。'"

所以作为民众君长的人要表明行仁的志向，用正道教化，尊崇仁道，并像对待子女那样爱护百姓；民众就会尽心竭力地去行仁道，使君长获得愉悦。《诗·大雅·抑》说：'有正直的德行，四方的民众都会归顺。'"

注释

1 见《诗经·小雅·节南山》。

2 **庆**：善。

3 **章**：彰明。

4 **贞**：通"正"。

5 **说**：通"悦"。欢愉。

6 **梏**(jué)：大，正直。

原文

33.3 子曰："王言如丝，其出如纶。王言如纶，其出如綍[1]。故大人不倡游言[2]。可言也，不可行，君子弗言也；可行也，不可言，君子弗行也。则民言不危[3]行，而行不危言矣。《诗》云：'淑[4]慎尔止[5]，不愆[6]于仪。'"

子曰："君子道[7]人以言，而禁人以行。故言必虑其所终，而行必稽

译文

孔子说："君王说的话像丝一样微细，但传到外面就会变得像绶带一样粗大，如果君王说的真有绶带那样粗大，那么传到外面就会变得像大绳索那样粗大了。所以执政的人不能倡导说虚浮的不可用的话。可以说的，但不可以实行的，君子就不去说；可以实行的，但不可以说的，君子就不去实行。这样，民众说话就不敢高于行动，（言顾及行；）而行动也不会高于言论（，行也顾及言）。《诗·大雅·抑》说：'你的行止要慎重，不要触犯礼仪犯过失。'"

孔子说："君子用言语诱导人们去做善事，而用行动禁止人们去做恶事。所以说话

其所敝[8]，则民谨于言而慎于行。《诗》云：‘慎尔出话，敬尔威仪。’《大雅》曰：‘穆穆[9]文王，於[10]缉熙[11]敬止[12]！’”

33.4 子曰：“长民者衣服不贰，从容有常[13]，以齐其民，则民德壹。《诗》云：‘彼都[14]人士，狐裘黄黄。其容不改，出言有章。行归于周[15]，万民所望。’”

子曰：“为上可望而知也，为下可述而志[16]也，则君不疑于其臣，而臣不惑于其君矣。《尹(吉)〔告〕[17]》曰：‘惟尹躬及汤，咸有壹德。’《诗》云：‘淑人君子，其仪不忒[18]。’”

必须考虑后果，而行动必须查考弊端，那么民众就会在言论上谨慎而在行动上慎重。《诗·大雅·抑》说：‘小心你的言语，谨慎你的威仪。’《诗·大雅·文王》说：‘文王容仪谨敬，行为光明磊落又恭敬！’”

孔子说：“身为民众君长的人，衣服有一定的服式，举动有常规，并用这些来约束他的民众，民众的德行就会齐一。《诗·小雅·都人士》说：‘那西都的人士，狐裘皮衣黄灿灿。仪容动作有规矩，出言吐语有章法。行为举止合忠信，天下民众尽向往。’”

孔子说：“在上位的人不隐瞒自己的情感，望见他的神色就可以知道他的情感；在下位的人率诚奉上，言行值得称述记载，那么国君就不会对他的臣子猜疑，臣子也不会对国君不了解。《尚书·咸有壹德》说：‘我伊尹和汤，都有纯一的德行。’《诗·曹风·鸤鸠》说：‘那位君子心善良，言行端正无过错。’”

注释

1 **綍(fú)**：牵引棺柩入穴的大绳索。

2 **游言**：浮夸不实的言论。

3 **危**：郑玄说，危犹高也。

4 **淑**：善良。

5 **止**：容止。

6 **愆(qiān)**：郑玄说，过也。

7 **道**:通“导”。引导。

8 **敝**:败也。

9 **穆穆**:仪容、言语美好,行止端庄恭敬。

10 **於**(wū):表示感叹、赞美的语气词。

11 **缉熙**:光明。

12 **止**:语助词。

13 **从容有常**:孔疏说,从容谓举动,有其常度。即举动有常规。

14 **彼都**:指周西都。

15 **周**:忠信。

16 **志**:记述、记载。

17 郑玄说,“吉”当为“告”;“尹告”伊尹之语也。这是伊尹告诫太甲的话。

18 **忒**:差错。

原文

33.5 子曰:“有国者章善瘅[1]恶,以示民厚,则民情不贰。《诗》云:‘靖[2]共尔位,好是正直。’”

子曰:“上人疑则百姓惑,下难知则君长劳。故君民者,章好以示民俗,慎恶以御民之淫,则民不惑矣。臣仪[3]行,不重辞,不援其所不及,不烦其所不知,则君不劳矣。《诗》云:‘上帝板

译文

孔子说:“执掌国家的人要彰明善良而痛恨罪恶,从而向民众显示他志意的深切,那么民众的情志也就不会不一致。《诗·小雅·小明》说:‘小心恭敬地奉行你的职责,爱好的只是求得正直。’”

孔子说:“在上位的人多猜疑,那么百姓就要迷惑;在下位的人如心怀欺诈而难以知晓,那么在上位的人就会很劳苦。所以统治民众的人,彰明自己的爱好,而指示民众风俗的趋向,慎重地表明自己的憎恶,而防止民众的淫逸奢侈,那么民众就不会迷惑了。臣子效法国君的行为,不崇尚虚华言辞,不援引他力不能及的事,也不用他不知道的事情来絮烦,这样国君就不会很劳苦了。《诗·大雅·板》说:‘国

板[4]，下民卒[5]瘅[6]。'《小雅》曰：'匪[7]其止共[8]，惟王之邛[9]。'"

君邪辟，百姓都会困病。'《诗·小雅·巧言》说：'小人行止不恭敬，只会给国君带来忧病。'"

33.6 子曰："政之不行也，教之不成也，爵禄不足劝也，刑罚不足耻也，故上不可以亵刑而轻爵。《康诰》曰：'敬明乃罚。'《甫刑》曰：'播刑之(不)[10]迪。'"

孔子说："政令之所以不能推行，教化之所以不能成功，是因为国君爵禄赏加给小人而不足以劝勉他人，刑罚加于无罪的人身上而干恶事就不足为耻，所以国君不可以亵渎刑罚，并且轻赐爵禄。《尚书·康诰》说：'慎重严明才可施行刑罚。'《尚书·甫刑》说：'施行刑罚一定要合道理。'"

注释

1 **瘅(dǎn)**：同"瘅"。憎恨。

2 **靖**：图谋。

3 **仪**：效法。

4 **板板**：邪辟，乖戾。

5 **卒**：尽。

6 **瘅**：同"瘅"。因劳致病。

7 **匪**：通"非"。表示否定。

8 **共**：通"恭"。恭敬。

9 **邛**：通"邛"。病，忧病。

10 郑玄说，"播"犹施也；"不"衍字耳；"迪"，道也，言施刑之道。

原文

33.7 子曰："大臣不亲，百姓不宁，则忠敬不足，而富贵已过也。大臣不治，而迩臣比矣。故大臣不可

译文

孔子说："大臣不亲近国君，百姓生活不安宁，(像这样的话，臣子不忠于君，国君不敬重臣子，)就是忠敬不足所导致的，又由于国君和臣子的富贵已超过了

不敬也,是民之表也;迩臣不可不慎也,是民之道也。君毋以小谋大,毋以远言近,毋以内图外,则大臣不怨,迩臣不疾[1],而远臣不蔽矣。(叶)〔祭〕公[2]之顾命[3]曰:'毋以小谋败大作,毋以嬖御人疾庄后,毋以嬖御士疾庄士、大夫、卿士。'"

应有的标准。大臣不治理政事,而近臣就会朋比为奸。所以大臣不可以不敬重,他们是民众的表率;近臣不可以不慎择,他们是民众奔走的门路。国君不可跟小臣商议大臣的事,不可跟远臣谈论近臣的事,也不可同内臣议论外臣的事;这样大臣就不会怨恨,近臣就不会嫉恨,远臣就不会被障蔽了。祭公谋父临死的遗书上说:'不要用小臣的计谋而败坏大臣的作为,不要因宠幸的妃妾而厌弃庄重的皇后,不要因为宠近的臣子排斥庄重的忠臣和那些尊礼的大夫、卿士。'"

子曰:"大人不亲其所贤,而信其所贱,民是以亲失,而教是以烦。《诗》云:'彼求我则[4],如不我得。执[5]我仇仇[6],亦不我力。'《君陈》曰:'未见圣,若己弗克[7]见。既见圣,亦不克由[8]圣。'"

孔子说:"国君不亲近那些贤德的人,却信任那些卑贱的人,民众就会因此亲近失去德行的人,而教化也因此会混乱。《诗·小雅·正月》说:'当初有事来相求,唯恐得不到我。既已得到我却只是不放我走,态度傲慢而不重用我。'《尚书·君陈》说:'没有见到圣人时,就好像自己永远不能再见到了;既已见到了圣人,又不能用圣人。'"

注释

1 **疾:**通"嫉"。妒忌,嫉恨。

2 **叶公:**孙希旦说"叶"字是"祭"字之误。祭公即祭公谋父。

3 **顾命:**临死遗书。

4 **则:**语助词。

5 **执:**留。

6 **仇仇:**傲慢的样子。

7 **克:**能够。

8 **由:**用。

原文

33.8 子曰:“小人溺于水,君子溺于口,大人溺于民,皆在其所亵也。夫水近于人而溺人,德易狎而难亲也,易以溺人。口费[1]而烦,易出难悔,易以溺人。夫民闭于人而有鄙心,可敬不可慢,易以溺人。故君子不可以不慎也。《太甲》曰:‘毋越[2]厥命,以自覆也。若虞[3]机张,往省括[4]于厥度,则释。’《兑命》曰:‘惟口起羞,惟甲胄起兵,惟衣裳在笥,惟干戈省厥躬。’《太甲》曰:‘天作孽,可违[5]也;自作孽,不可以逭[6]。’《尹(吉)〔告〕[7]》曰:‘惟尹躬(天)〔先〕[8]见于西邑夏,自周[9]有终,相[10]亦惟

译文

孔子说:“小人喜欢水就可能被水覆没,君子若喜欢出口伤人就可能被招来的怨恨所覆没,国君凌虐民众就可能被民众所覆没,这些都是因亵慢而不能敬慎才导致的。水很接近于人,但不慎便会溺死人;有道德的人容易接近,但是很难与他亲密,因为他如果与人太亲密就容易玩狎而被陷溺。口中胡言乱语,虽然出口容易,但追悔却很难,就容易被招来的祸害陷溺。民众中有不通正道而有卑鄙之心的人,要对他们恭敬而不可怠慢,否则就容易被他们的怨恨、反叛而陷溺。因此君子不可以不慎重。《尚书·太甲》说:‘不可颠越他的命令,而自取覆没毁败。治政的道理就像田猎的人射兽,先要张开弩箭的机关,再往机关察望箭括正好合于目标和射程,这才发射。’《尚书·兑命》说:‘口中出言不妥当,会招致羞辱;甲胄所用不妥当,会反被兵戎所害;朝衣祭服在箱内,是用来穿上后行礼的,不可胡乱奖赏给别人;干戈兵器是用来讨伐有罪的人,也应当反省自我,不可妄加于别人。’《尚书·太甲》说:‘天降灾,人还可以避开;自招灾,就逃避不

终。'"

33.9 子曰:"民以君为心,君以民为体。心庄[11]则体舒,心肃则容敬。心好之,身必安之。君好之,民必欲之。心以体全,亦以体伤;君以民存,亦以民亡。《诗》云[12]:'昔吾有先正[13],其言明且清。国家以宁,都邑以成,庶民以生。谁能秉国成?不自为正,卒劳百姓。'《君雅》曰:'夏日暑雨,小民惟曰怨。资冬祁寒[14],小民亦惟曰怨。'"

了了。'《尹告》说:'伊尹的先祖曾亲眼见到夏代西邑的政治情况,君王自己始终能讲忠信,臣子辅助他也就能有始有终。'"

孔子说:"民众把国君当作人的心,国君把民众当作人的身体。心情通达就会身体舒适,内心严肃就会容止恭敬。心里爱好什么,身体必定能习惯它们。国君爱好的,民众必定也想得到它们。心固有身体而得以保全,亦会因身体有缺陷而受伤害;国君因有民众而得以存在,亦会因民众的背叛而被灭亡。《诗·小雅·节南山》说:'从前我们有先贤,他说话通达而且公正。国家因此得以安宁,城邑因此被建成,民众因此能安居。现今谁能主持国家的政事呢?那些执政的人不自我修正,以致百姓受尽辛劳。'《尚书·君牙》说:'夏天炎热又潮湿,小民只知抱怨天热。到了冬天严寒,小民又只知埋怨天冷。'"

注释

1 **口费:**口多无谓的空话。

2 **越:**倾覆,颠倒。

3 **虞:**虞人,掌管田猎的人。

4 **括:**通"筈(kuò)"。箭的末端与弓弦交会之处。

5 **违:**避去。

6 **逭(huàn):**逃避。

7 郑玄说,"尹吉"当为"尹告"("尹诰")。

8 郑玄说,"天"当为"先"字之误。

9 **周:**忠信。

10 **相**(xiàng):辅助。

11 **庄**:通达。

12 所引诗,前五句为逸诗,后三句见《诗·小雅·节南山》。

13 **先正**:前代的贤臣。泛指前代的贤人。

14 **资**:郑玄说,释为"至"字。**祁**:大,盛。

原文

33.10 子曰:"下之事上也,身不正,言不信,则义不壹,行无类[1]也。"

子曰:"言有物[2]而行有格[3]也,是以生则不可夺志,死则不可夺名。故君子多闻,质[4]而守之;多志,质而亲之;精知,略而行之。《君陈》曰:'出入自尔师[5]虞[6],庶言同。'《诗》云:'淑人君子,其仪一也。'"

33.11 子曰:"唯君子能好其正,小人毒其正。故君子之朋友有乡[7],其恶有方[8]。是故迩者不惑,而远者不疑也。《诗》云:

译文

孔子说:"在下位的人奉侍在上位的人,行为不端正,说话无信用,那就是道义不专一,品行不像在下位的人应有的了。"

孔子说:"说话要有征验,而行动要有法则,因此生存时不会被迫改变志向,死了也不至于被剥夺美名。所以君子所闻要广博,向别人质正以后就服膺不失;所见要多并且牢记,常向别人质询而学问不倦;又应当精思熟虑,求其要旨而且能运用。《尚书·君陈》说:'政教出入,应当采纳众人的谋度,使众人看法相同再去施行。'《诗·曹风·鸤鸠》说:'好人君子,他的行为道义是纯一的。'"

孔子说:"只有君子能爱好正直的品行,小人却厌恶正直的品行。所以君子的朋友都是同一类的,有相同的好恶。因此接近他们的人不会对他们发生疑惑,远离他们的人也不会对他们产生怀疑,(而远近都能信任他们。)《诗·周南·关雎》说:'君子喜欢言行相配的朋友。'"

孔子说:"轻易地与贫贱的人断绝交往,

‘君子好仇[9]。’”

子曰：“轻绝贫贱而重绝富贵，则好贤不坚而恶恶不著也。人虽曰不利，吾不信也。《诗》云：‘朋友攸[10]摄[11]，摄以威仪。’”

子曰：“私惠不归德，君子不自留焉。《诗》云：‘人之好我，示我周行[12]。’”

但又郑重地和富贵的人绝交，那么就是好贤之心不够坚定(因为贫贱的朋友中也会有贤德的人)，而嫉恶的行为不显明(因为富贵的朋友中未必没有恶人)。人们虽然会说这种人不为私利，但是我不会相信的。《诗·大雅·既醉》说：‘朋友间相互辅助，就是凭的威仪礼义。’”

孔子说：“私自施恩给他人，而又不归属于道德一类，君子就不收留。《诗·小雅·鹿鸣》说：‘爱我的人，要指示我大道！’”

注释

1 **类**：类推，类比。

2 **物**：孔疏说，谓事之征验。征验，令人信服的证据。

3 **格**：法则，法式。

4 **质**：质正，质询。

5 **师**：众人。

6 **虞**：思虑，谋度。

7 **乡**：同类。

8 **方**：同样。

9 **仇**(qiú)：匹配，配偶。

10 **攸**：所。或为语助词，无义。

11 **摄**：辅助，佐理。

12 **周行**(háng)：大道。亦指至美、至善之道。

原文

33.12 子曰：“苟有车，必见其轼。苟有衣，必见

译文

孔子说：“如果有了车，必定能看到车前的横木。如果有了衣服，必定会看

其敝。人苟或言之，必闻其声；苟或行之，必见其成。《葛覃》曰：‘服之无射[1]。’”

子曰：“言从而行之，则言不可饰也；行从而言之，则行不可饰也。故君子寡言而行，以成其信，则民不得大其美而小其恶。《诗》云：‘白圭之玷[2]，尚可磨也。斯言之玷，不可为也。’《小雅》曰：‘允也君子，展也大成。’《君奭》曰：‘昔在上帝，(周田观)〔割申劝〕[3]文王之德，其集大命于厥躬。’”

子曰：“南人有言曰：‘人而无恒，不可以为卜筮。’古之遗言与？龟筮犹不能知也，而况于人乎？《诗》云：‘我龟既厌，不我告犹[4]。’《兑命》曰：‘爵无及恶德，民立而正。事纯而祭祀[5]，是为不

到被穿破的情形。如果有人在说话，必定能听到声音；如果认真去做事，必定会见成效。《诗·周南·葛覃》说：‘君子穿葛制的衣服也不厌倦。’”

孔子说：“君子说了，必定又接着去实行，那么说出的话就不可掩饰；君子做事，必定又顺着这事去说话，那么做出的事就不能掩饰。所以君子不多说话，而是用行动来成就自己的诚信，那么民众就不能夸大他的优点而减小他的缺点。《诗·大雅·抑》说：‘白圭上面有斑点，还可以将它磨去。言语上的过失，就无法可想了。’《诗·小雅·车攻》说：‘信实的人才是君子，真诚的人才有大成就。’《尚书·君奭》说：‘从前上天见文王有诚信之德，就将伟大的天命集中降在他身上(命他称王天下)。’”

孔子说：“南方人有句话说：‘人如果没有恒心，不可能用卜筮来定他的吉凶。’这大概是古代留下的谚语吧？连用灵龟卜筮尚且不能知道，凡人又怎么能知道呢？《诗·小雅·小旻》说：‘(占卜太多，)连龟也厌倦了，再也不将吉凶的道理告诉我了。’《尚书·兑命》说：‘爵禄不要赏赐给德性恶劣的人，要赐予爵禄并要确立为卿大夫的人，必须要是有恒心而行正道的人。如果每事都加爵给这种劣德的人而行祭祀，这就是不敬重鬼神。由这种德性恶劣的人去主管祭祀事情，就会事烦致乱，

敬。事烦则乱，事神则难。’《易》曰：‘不恒其德，或承之羞。’‘恒其德，侦，妇人吉，夫子凶。’[6]”

侍奉鬼神也难使鬼神得福。’《易》说：‘不使德行有恒，就会受到羞辱。’‘要使德行有恒，要问正于人，这在妇人是吉，但在男人则是凶。’”

注释

1 **射**(yì)：厌也。厌倦，厌恶。

2 **玷**：玉上的斑点。亦比喻缺点、过失。

3 郑玄说，古文“周田观”为“割申劝”。割之言盖也。

4 **犹**：道。

5 **纯**：皆，全。

6 见《易》中恒卦九三爻辞与六五爻辞。

儒行

导读

《儒行》是《礼记》中的第41篇。《儒行》的作者，郑玄注："孔子自卫初返鲁时作。"学者认为可信。郑玄《三礼目录》解说《儒行》：名曰"儒行"者，以记有道德者所行也。儒者语言优雅温柔，能安人，能服人。儒者还能以先王之道修其身。

《儒行》记载哀公问儒行而孔子回答，列举了儒者应有的十六种品性德行。儒者特立独行、刚正不阿的气节，已经成为中国知识分子的显著特征。本篇因此成为无数民族脊梁成长的精神之源，这也是中华文化传统的骄傲。

《儒行》提出儒者不以"金玉"为宝，而以"忠信"为宝；不以土地、财物为重，而以"道义""文章"为重；非分之财分文不取，千钟之禄非义不受；崇奉"出淤泥而不染"的高尚情操。

《儒行》中有"儒有可亲而不可劫也，可近而不可迫也，可杀而不可辱也。"如此浩然之"大丈夫"气概，培育了中华民族一代代志士仁人为真理而献身的精神。

章太炎说："专讲气节之书，于《礼记》则有《儒行》。《儒行》所述十五儒，皆以气节为尚。""今欲卓然自立，余以为非提倡《儒行》不可。"（章太炎《国学之统宗》，《制言》第54期）《儒行》所提出的儒者价值观、生死观与立身出仕的原则，至今仍有现实指导意义。

原文

41.1 鲁哀公问于孔子曰:"夫子之服,其儒服与?"孔子对曰:"丘少居鲁,衣逢[1]掖[2]之衣。长居宋,冠章甫[3]之冠。丘闻之也,君子之学也博,其服也乡[4]。丘不知儒服。"

哀公曰:"敢问儒行。"孔子对曰:"遽数之,不能终其物。悉数之乃留,更仆未可终也。"

41.2 哀公命席。孔子侍曰:"儒有席上之珍[5]以待聘[6],夙夜强学以待问,怀忠信以待举,力行以待取。其自立有如此者。

"儒有衣冠中,动作慎;其大让如慢,小让如伪,大则如威[7],小则如愧;其难进而易退也,粥粥[8]若无能也。其容貌有如此者。

"儒有居处齐难[9],

译文

鲁哀公问孔子说:"先生的衣裳,大概就是儒者的服装吧?"孔子回答说:"我幼年时住在鲁国,所以穿腋下袖子宽大的衣服。长大后住在宋国,所以戴殷代的章甫冠。我听说,君子的学问要广博,服装要遵从乡土的风俗。我不知道儒者的服装是怎么回事。"

哀公说:"那么,请问儒者的行为是怎样的呢?"孔子回答说:"匆忙之间要一一讲述,说不完它。如果要全部讲述出来,那就非久留不可,到随从仆人换班休息时也讲不完。"

哀公就让人摆设了坐席。孔子陪侍哀公坐着,说:"儒者有如筵席上的珍宝,等待被诸侯聘用;早期勤勉学习,等待别人来咨询;怀有忠信之心,等待别人的荐举;努力修身行道,等待别人来录用。儒者的修养立身就是这样的。

"儒者衣冠合礼,动作谨慎。对那些大事推让不敢接受,就像有点傲慢一样;对小事推让不敢接受,就像有点虚伪一样;做大事好像有所畏惧,做小事又好像有所惭愧。他们难于进取,却易于引退,谦卑得就像一点本领都没有。儒者的容貌就是这样的。

"儒者起居严肃可畏,坐立毕恭毕敬;讲话必定先讲信用,行动必定不偏不倚。在道其坐起恭敬，言必先信，行必中正，道涂不争险易之利，冬夏不争阴阳之和。爱其死以有待也，养其身以有为也。其备豫有如此者。

路上不和别人争走易行的路而避开险难，在冬天和夏天不和别人争冬暖夏凉的地方。舍不得轻易一死而要等待命运的改变，保养自己的身体而准备更有作为。儒者就是这样做事必定预先有所准备。

注释

1 **逢(féng)：**大，宽大。

2 **掖：**通“腋”。腋下。

3 **章甫：**一种古代的礼冠，以黑布制成。始于殷代，殷亡后存于宋国，为读书人所戴的帽子。

4 **乡：**家乡。孔颖达疏：“其服也乡者，其冠服须依所居之乡也。”

5 **珍：**珍玉等宝物。

6 **待聘：**指待诸侯聘问之事而能被用上。

7 **威：**通“畏”。畏惧。

8 **粥粥：**谦卑的样子。

9 **齐难：**庄敬可畏。

原文

“儒有不宝金玉，而忠信以为宝；不祈土地，立义以为土地；不祈多积，多文以为富。难得而易禄[1]也，易禄而难畜[2]也。非时不见，不亦难得乎？非义不合，不亦难畜乎？先劳而后禄，不亦易

译文

“儒者不把金玉当作珍宝，而是把忠信当作珍宝；不希求土地，而将树立正义看作土地；不希求多积钱财，而将多学文章技艺当作财富。要儒者出来做官是很难办到的，但是给他的俸禄却是可以简易作出的；虽然给的俸禄可以简易作出，但是要想容留他又还是很难的。因为若不是光明的世道就不能见到儒者，像这样要招他出来不是就很难吗？不是正义的事情就不会合作，像这样要容留他不

禄乎？其近人有如此者。

“儒有委之以货财，淹[3]之以乐好，见利不亏其义；劫[4]之以众，沮[5]之以兵，见死不更其守；鸷虫攫搏，不程〔其〕勇(者)[6]；引重鼎，不程其力；往者不悔，来者不豫；过言不再，流言不极；不断其威，不习[7]其谋。其特立有如此者。

“儒有可亲而不可劫也，可近而不可迫也，可杀而不可辱也。其居处不淫[8]，其饮食不溽[9]，其过失可微辨而不可面数也。其刚毅有如此者。

“儒有忠信以为甲胄，礼义以为干橹[10]；戴仁而行，抱义而处；虽有暴政，不更其所。其自立有如此者。

“儒有一亩[12]之宫[13]，环堵[14]之室，筚

是也很难吗？先效劳做事后取俸禄，像这样供给他俸禄不是就很简易吗？儒者与人接近就是这样的。

“儒者是即使用钱财物品来馈赠他，用娱乐玩好的事来使他沉溺，他也不会因见了利就亏损了义；即使用许多人胁逼他，用兵器威吓他，他也不会因面对死亡而改变操守。遇到凶猛的野兽就去搏斗，他也不估量自己的勇力够不够；要举重鼎，他也不估量自己的力气够不够。对过去的事情从不后悔，对未来的事情也不妄加揣测。错误的言论不会犯第二次，流言蜚语不去查根穷底。时时保持着威严，计划定了不再重复考虑。儒者的独立精神就是这样的。

“儒者可以亲热，却不可以胁制；可以接近，却不可以逼迫；可以杀死，却不可被侮辱。他居住的地方并不奢侈，饮食并不丰富；有过失，可以轻微委婉地示意，却不可以当面一一斥责。儒者的刚强坚毅就是这样的。

“儒者用忠信作为盔甲，用礼义作为盾牌(，从而不被人欺侮)；遵循仁道行路，守护正义居家；即使遇到暴虐的统治，也不改变自己的立场。儒者自立就是这样的。

“儒者仅有一亩大小的居住地方，四面由土墙围成的狭屋，竹子编成的门，门旁又有一圭形的小门，是用蓬草编成，又用瓮嵌成窗洞；(全家只有一件体面的衣服，)要替换穿着才

门圭窬[15]，蓬户瓮牖[16]；易衣而出，并日而食；上答之[17]，不敢以疑；上不答，不敢以谄。其仕有如此者。

能出门，（也不是天天粮食充足，）两天只能吃一天的饭食；君上用他的时候，他不怀猜疑之心（，做官竭尽忠心）；君上不用他的时候，他也不谄媚巴结（，以求做官）。儒者做官就是这样的。

注释

1 **禄**：俸禄。

2 **畜**(xù)：容留。

3 **淹**：陷溺。

4 **劫**：威逼，胁迫。

5 **沮**：恐吓。

6 王引之说："不程勇者"应作"不程其勇"，与"不程其力"对文。程，量度。

7 **习**：俞樾说，习是重复的意思，从之。

8 **淫**：奢侈。

9 **溽**(rù)：味浓厚。

10 **干橹**：小盾与大盾。

12 **一亩**：孔疏，径一步，长百步也，折而方之，同则东西南北各十步。

13 **宫**：墙垣。

14 **环堵**：四面由土墙围成的狭屋。多用以形容居室简陋。

15 **圭窬**(yú)：穿墙而作成的门旁小户，上锐下方，形状像圭。借指贫苦穷困的人家。

16 **牖**(yǒu)：窗户。

17 **上答之**：指君主采取其言论或建议。此指任用、重用儒者。

原文

"儒有今人与居，古人与稽；今世行之，后世以为楷；适弗逢

译文

"儒者虽是同当代人一起居住，却能合乎古代君子的道理；在今世所做的事，却可以作后世的楷模；如果正好没有遇上政治光明的时

世，上弗援，下弗推，谗谄之民有比党而危之者，身可危也，而志不可夺也。虽危，起居竟信[1]其志，犹将不忘百姓之病也。其忧思有如此者。

“儒有博学而不穷，笃行而不倦，幽居而不淫，上通而不困；礼之以和为贵，忠信之美，优游之法[2]；(举)〔慕〕[3]贤而容众，毁方而瓦合[4]。其宽裕有如此者。

“儒有内称不辟[5]亲，外举不辟怨；程功积事，推贤而进达之，不望其报；君得其志，苟利国家，不求富贵。其举贤援能有如此者。

“儒有闻善以相告也，见善以相示也；爵位相先也，患难相死也；久相待也，远相致也。其任举有如此

代，上面的人不提拔，下面的人不推荐，谗言谄媚的人又结成党羽对他陷害，但是也只能伤害他的身体，而不可能改变他的志向。虽然受到危害，但是在日常生活中却始终能伸张自己的志向，而且还时刻不忘百姓的痛苦。儒者忧虑深思就是这样的。

“儒者广博地学习而没有止境，笃实行道而从不厌倦，个人独处时不放荡，自己通达而得到上面任用时不感到才德不足的窘困；行礼以和谐为贵，以忠信为美，以宽和为法则；仰慕贤人却又能涵容众人，可以摧抑自己方正端直的锋芒而能和众人杂凑一起。儒者宽容充裕就是这样的。

“儒者推荐人才时对内不回避自己的亲属，对外不避开自己所怨恨的人；考核对方的功业必积累很多事实，然后推举贤人而使其得到任用，但不企望得到报答。只希望国君任用他荐举的贤人来实现国君的志向，并且有利于国家，他自己并不贪图富贵。儒者推举贤人、引荐能人就是这样的。

“儒者听到好的话就互相转告，看见好的事就互相告知。有爵位互相推让，要让对方居先；有患难互相争先，不惜牺牲自己。有朋友久处下位，就等待他一起迁升；有朋友远在别国尚未得志，就招他来推荐给明君。儒者任用举荐就是这样的。

“儒者不仅清洁身体洗去污浊，而且又能

者。

“儒有澡身而浴德，陈言而伏，静而正之，上弗知也；粗而翘[6]之，又不急为也；不临深而为高，不加少而为多；世治不轻，世乱不沮；同弗与，异弗非也。其特立独行有如此者。

沐浴于道德而使自己的品行纯洁；陈述自己的意见，而又敬服地听候国君的命令。安静地谨守正道，而自己有善言正行也不一定为国君知道；国君有过失，委婉地启发劝谏，而且不急切地去做；（自己地位尊贵了，）不在地位卑下的人面前显耀自己的高位，（自己有了一点小胜利）也不夸大小胜利而自以为成绩很多；处在太平时期（，虽然和许多贤人在一起，）也并不轻视自己，处在混乱时期（，虽然大道不能被推行，）并不灰心丧气。见解相同的不和他们结成党羽，见解不同的也不对他们加以诋毁。儒者立身行动独特就是这样的。

注释

1 **信**(shēn)**：**通“伸”。伸展。

2 **优游之法：**郑玄说，法和柔者也。

3 **据孔疏改**。

4 **瓦合：**焦循据《汉书·陈汤传》，说“瓦合”是杂凑的意思。

5 **辟：**通“避”。避开，回避。

6 **翘**(qiāo)**：**举也。举其过而谏之也。

原文

“儒有上不臣天子，下不事诸侯；慎静而尚宽，强毅以与人，博学以知服；近文章，砥厉[1]廉隅[2]；虽分国，如锱铢；不臣，不仕。其规为有如此者。

译文

“儒者是对上不做天子的臣子，对下不为诸侯做事；谨慎安静而崇尚宽厚，坚强刚毅而不苟合他人，学问渊博而知道畏服前贤；所接近的是文章一类事，而同时磨砺锻炼自己，使自己行为品性方正不苟；即使分国土作为俸禄给他，他也看得像锱铢一样微不足道；既不为臣子，也不求做官。儒者的规矩

“儒有合志同方，营道同术；并立则乐，相下不厌；久不相见，闻流言不信。其行本方立义。同而进，不同而退。其交友有如此者。

“温良者，仁之本也；敬慎者，仁之地也；宽裕者，仁之作也；孙[3]接者，仁之能也；礼节者，仁之貌也；言谈者，仁之文也；歌乐者，仁之和也；分散者，仁之施也。儒皆兼此而有之，犹且不敢言仁也。其尊让有如此者。

“儒有不陨获[4]于贫贱，不充诎[5]于富贵，不慁[6]君王，不累[7]长上，不闵[8]有司。故曰儒。今众人之命儒也妄[9]，常以儒相诟病。”

41.3 孔子至舍，哀公馆之：“闻此言也，言加信，行加义。”终没吾世，不敢以儒为戏。”

行为就是这样的。

“儒者交朋友要有相同的志向和意趣，研习道艺有相同的方法；和朋友地位相当，他很愉快；即使朋友的地位在他之下，他也不嫌恶；和朋友很久不相见了，听到诽谤朋友的流言也不肯相信。他的行为必定以方正为根本，做事必定依存义理。与他志同道合的就相交，与他志不同道不合的就退避。儒者交朋友就是这样的。

“温和善良是仁的根本，恭敬谨慎是仁的基础，宽容充裕是仁的作为，谦逊待人是仁的技能，礼节是仁的外貌，言谈是仁的文章，歌咏舞乐是仁的和悦，分散积蓄是仁的施行。儒者兼有这许多方面，但还不敢就说自己已全部做到仁了。儒者恭敬谦让地待人接物就是这样的。

“儒者在贫贱的时候不丧失他的一贯志向，在富贵的时候不骄奢而丧失原先的节操。不因被君王污辱而违反道义，不因卿大夫的约束而丧失志气，不因群吏的昏昧而违背义理。所以这就叫作‘儒’。现在众人称为儒者的，却没有儒者的实质，因此常常用儒者的名称互相讥讽。”

孔子至鲁国舍馆，鲁哀公款待他后说：“听了这番话后，我知道儒者讲得话更加可信，儒者的讲话行为更加合乎义理。我终身再也不敢拿儒者开玩笑了。”

注释

1 **厉:**同“砺”,磨砺。

2 **廉隅:**棱角。喻指端方不苟的品行。

3 **孙:**通“逊”。谦逊。

4 **陨获:**困迫失志貌。

5 **充诎:**欢喜失节貌。

6 **慁(hùn):**污辱。

7 **累:**系也。缚住,约束。

8 **闵:**昏昧、糊涂。

9 **妄:**虚妄,不实。

大学

导读

《大学》是《礼记》中的第42篇。关于《大学》篇名的含义,有说“大学”为“大人之学”,有说“大学”为“太学”,还有学者则认为“大”含“最”“极”之意,大学指博学的“大学之道”。国外有学者翻译为“大学习论”,也比较合适。

关于《大学》的作者也有不同说法。宋代朱熹将《大学》分为“经”和“传”,认定“经”是“孔子之言而曾子述之”,此说多有怀疑。有学者则以为《大学》为“古昔先民之言”。

《大学》与《中庸》,原属《礼记》中两单篇。南宋朱熹将此两篇抽出,与《论语》《孟子》合为《四书》。自宋至清,《大学》成为青年学习考试的必读书,地位显著。《大学》与《中庸》的哲学理论,开创了改造传统儒学的新风气。

《大学》中强调要博学,要学习能够治国平天下的为政之道。“大学”即是大学问,其宗旨是明明德、亲民、止于至善。所以大学之教,涉及更广博的道德教育、政治教育及哲学等多方面,其中有内圣外王之论、三纲八目之说、格物致知之述、诚意慎独之谈、絜矩之道之评及修齐治平之议。这其中蕴含的财富智慧、管理智慧、教育智慧,都足以启迪后来者,使他们成为国家的人才、栋梁。当然,古代的大学都是贵族子弟的学校,王公贵族的子弟才有可能成为管理国家的人才。

原文

42.1 大学之道，在明明德，在亲民，在止于至善。知止而后有定，定而后能静，静而后能安，安而后能虑，虑而后能得。物有本末，事有终始，知所先后，则近道矣。

古之欲明明德于天下者，先治其国。欲治其国者，先齐其家。欲齐其家者，先修其身。欲修其身者，先正其心。欲正其心者，先诚其意。欲诚其意者，先致其知。致知在格物[1]。物格而后知至，知至而后意诚，意诚而后心正，心正而后身修，身修而后家齐，家齐而后国治，国治而后天下平。自天子以至于庶人，壹是皆以修身为本。其本乱而末治者否矣。其所厚者薄，而其所薄者

译文

大学的主旨，在于阐明光明的德性，在于亲爱人民，在于达到善的最高境界。知道了所应达到的境界，然后才能有明确的志向；有了明确的志向，然后心意才能宁静；心意宁静了，然后情性才能安和；情性安和了，然后行事才能思虑精详；思虑精详了，然后处理事物才能恰当。世上万物都有本有末，万事都有终有始，明确了它们的先后次序，那就与道接近了。

古时要把光明的德性阐明给天下的人，首先要治理好自己的国家。要治理好自己的国家，首先要整治好自己的家庭。要整治好自己的家庭，首先要修养他自己本身。要修养自身，首先要端正自己的心。要端正自己的心，首先要自己意念诚实。想要自己意念诚实，首先要获得一定的知识。要获得知识，就在于穷究事物的原理。事物的原理穷究了，然后才能彻底了解事物。彻底了解事物，然后意念才能诚实。意念诚实了，然后心才能端正。心端正了，然后才能够自我修养。自我修养好了，然后家庭才能整治。家庭整治了，然后国家才能治理好。国家治理好了，然后天下才能太平。从天子一直到普通的百姓，都要以自身修养为根本。自身修养这个根本已乱，却要家齐、国治、天下平，那是不可能的。正如我所厚待的人反而疏远我，我所疏远的人反而厚待我，这是世上没有的事。这

厚，未之有也。**此谓知本，此谓知之至也。**

就叫作知道根本的道理，这就叫作知识的极致。

注释

1 **格物**：穷究事物之理。格，推究。

原文

42.2 所谓诚其意者，毋自欺也。如恶恶臭[1]，如好好色[2]，此之谓自谦[3]。故君子必慎其独也。小人闲居为不善，无所不至，见君子而后厌然，掩其不善而著其善。人之视己，如见其肺肝然，则何益矣。此谓诚于中，形于外。故君子必慎其独也。曾子曰："十目所视，十手所指，其严乎！"富润屋，德润身，心广体胖[4]，故君子必诚其意。

译文

所谓使自己的意念诚实，就是说不要自欺。要像憎恶腐臭的气味一样，要像爱好美好的容貌一样，这就是说自己不亏心。因此，君子对独处这事必须谨慎。小人独处，干不好的事，没有什么做不出来的；看见了君子，这才躲躲藏藏地把不好的掩盖起来，把好的显示出来。其实人们看他，正像看透他里面的肺肝一样，躲藏掩盖又有什么益处呢？这就是说，里面有什么样的实在东西，外面就必然会有什么样的表现。所以君子必须在独处时很谨慎。曾子说："十只眼睛都在注视着，十只手都在指点着，这是多么严肃可畏啊！"财富可以修饰房屋，德行可以修饰人身，心胸宽广可以使身体舒坦，所以君子必须使自己的意念诚实。

注释

1 **恶(wù)恶(è)臭**：前一"恶"，厌恶；恶臭，即臭气。

2 **好(hào)好(hǎo)色**：前一"好"，喜爱；好色，指美色。

3 **谦**：通"慊"。心安理得之意。

4 **胖(pán)**：舒坦。

原文

42.3《诗》云[1]:“瞻彼淇[2]澳[3],菉竹猗猗[4]。有斐[5]君子,如切如磋,如琢如磨。瑟[6]兮僩[7]兮,赫兮喧[8]兮。有斐君子,终不可喧兮。”“如切如磋”者,道学也。“如琢如磨”者,自修也。“瑟兮僩兮”者,恂栗[9]也。“赫兮喧兮”者,威仪也。“有斐君子,终不可喧兮”者,道盛德至善,民之不能忘也。《诗》云[10]:“於戏[11]前王[12]不忘!”君子贤其贤而亲其亲,小人乐其乐而利其利,此以没世不忘也。《康诰》[13]曰:“克[14]明德。”《太甲》[15]曰:“顾諟[16]天之明命。”

译文

《诗·卫风·淇澳》上说:“瞧那淇水河湾边,绿竹婀娜茂盛。有道德文章的君子,治学修身就像切磋琢磨牛骨、象牙、玉石一样。他又庄重,又旷达,又光明,又显赫。有道德文章的君子,终究是不能被人忘记的。”“如切如磋”,说的是治学严谨。“如琢如磨”,说的是自己修饰的工夫。“又庄重,又威严”,说的是谨慎警惕的态度。“又光明,又显赫”,说的是动作有威严的气度。“有道德文章的君子,终究是不能被人忘记的”,是说有美好的品德,达到了善的最高境界,而老百姓都不会忘记他的。《诗·周颂·烈文》上又说:“哎呀!前代的君王是不能忘记的啊!”后世的君子既推崇他的贤德,热爱创立基业的前代亲人,小人也享受到他遗留下来的安乐,获得了他所留给的利益,因此前代贤王永远不会被忘记。《尚书·康诰》说:“要能够彰明美德。”《尚书·太甲》说:“要体念上天赋予的德性。”

注释

1 **《诗》云:**见《诗·卫风·淇澳》。

2 **淇:**淇水。

3 **澳:**水曲之处。

4 **猗猗**(yī yī)**:**美丽茂盛的样子。

5 **斐:**有文采貌。

6 **瑟:**庄严貌。

7 **僩(xiàn):**胸襟开阔貌。

8 **喧:**通“烜”。显赫貌。

9 **恂(xún)栗:**恐惧战栗。此指谨慎,警惕。

10 **《诗》云:**见《诗·周颂·烈文》。

11 **於戏(wū hū):**呜呼。

12 **前王:**文王、武王。

13 **《康诰》:**《尚书》中篇名。

14 **克:**能。

15 **《大甲》:**《古文尚书》中篇名。

16 **諟(shì):**是,此。

原文

《帝典》[1]曰:“克明峻[2]德。”皆自明也。汤[3]之《盘铭[4]》曰:“苟日新,日日新,又日新。”《康诰》曰:“作新民。”《诗》曰[5]:“周虽旧邦[6],其命惟新。”是故君子无所不用其极。《诗》云[7]:“邦畿[8]千里,惟民所止。”《诗》云[9]:“缗蛮[10]黄鸟,止于丘隅[11]。”子曰:“于止,知其所止。可以人而不如鸟乎?”《诗》云[12]:“穆穆[13]文王,於[14]缉熙[15]敬止!”为人君,止于仁;为人臣,止于

译文

《尚书·尧典》说:“要能够使大德显明。”这都是在说要自己彰明德性。商汤的盘器铭文说:“如果有一天能获得更新,就要天天都能自新,而且还要每天不间断地有新的进步。”《尚书·康诰》说:“(要改变旧的习惯,)做一个新的人。”《诗·大雅·文王》说:“周虽然是一个旧的邦国,但它接受的天命却是新的。”所以,为了自新,君子会竭尽所能。《诗·商颂·玄鸟》说:“国都辖区方圆千里,都是民众居住的地方。”《诗·小雅·缗蛮》说:“小小黄鸟在鸣叫,栖息在山丘中的僻静处。”孔子解释说:“在止息这点上,黄鸟都知道所要止息的地方,人怎么可以不如鸟呢?”《诗·大雅·文王》又说:“仪容端庄美好的文王,光

敬；为人子，止于孝；为人父，止于慈；与国人交，止于信。子曰[16]：“听讼，吾犹人也。必也使无讼乎！”无情者不得尽其辞，大畏民志。此谓知本。

明的美德使人崇敬。”做人君的要仁，做人臣的要敬，做儿子的要孝，做父亲的要慈，和国人交往要信。孔子说：“审理争讼，我和其他人一样（能断得曲直分明）。（但我和其他人不同的是，）必须使民众没有争讼发生。”要使没有真情实据的人不敢尽说那些狡辩的假话，并且让民众敬服盛德。这就叫作知道根本。

注释

1《**帝典**》：即《尚书·尧典》。
2 **峻**：大。
3 **汤**：商王成汤。
4 **铭**：铭文。
5 见《诗·大雅·文王》。
6 **旧邦**：殷时诸侯之邦国。
7 见《诗·商颂·玄鸟》。
8 **邦畿**：王城及其所属周围千里的地域。
9 见《诗·小雅·缗蛮》。
10 **缗（mín）蛮**：鸟鸣声。
11 **丘隅**：犹山阿。山丘幽深僻静处。
12 见《诗·大雅·文王》。
13 **穆穆**：深远的样子。
14 **於（wū）**：叹词。
15 **缉熙**：光明。
16 见《论语·颜渊》篇。

原文

42.4 所谓修身在正其心者：身有所忿懥[1]，

译文

所谓修身，在于端正自己的内心，就是说：如果自己有所愤怒，内心就不能获得端

则不得其正；有所恐惧，则不得其正；有所好乐，则不得其正；有所忧患，则不得其正。心不在焉，视而不见，听而不闻，食而不知其味。此谓修身在正其心。

正；有所恐惧，内心也不能获得端正；有所喜好，内心也不能获得端正；有所忧患，内心也不能获得端正。心思如果不集中在那里，看了却会看不见，听了却会听不到，吃东西却也会不知道滋味。这就是说，修身在于端正自己的内心。

所谓齐其家在修其身者：人之其所亲爱而辟焉，之其所贱恶而辟焉，之其所畏敬而辟焉，之其所哀矜[2]而辟焉，之其所敖惰[3]而辟焉。故好而知其恶，恶而知其美者，天下鲜矣。故谚有之曰："人莫知其子之恶，莫知其苗之硕。"此谓身不修不可以齐其家。

所谓整治自己的家庭，在于修养自身，就是说：由于人们对自己所亲近的人常有过分亲近的偏向，对自己所鄙视厌恶的人常有过分鄙视厌恶的倾向，对自己所敬畏的人常有过分敬畏的倾向，对自己所怜悯的人往往有过分怜悯的倾向，对自己所简慢的人往往有过分简慢的倾向。因此喜欢一个人而又能知道他的缺点，憎恶一个人而又能知道他的优点，这样的人天下少有啊！所以谚语有这样说的："溺爱子女的人不知道他孩子的短处，贪心不足的农夫不知道他的禾苗已足够茂盛了。"这就是说，自身不修养好，就不能整治他的家庭。

注释

1 **忿懥**(zhì)**：**怨恨发怒。

2 **哀矜：**哀悯、哀怜。

3 **敖惰：**傲慢怠惰。敖，通"傲"。

原文

所谓治国必先齐其家者，其家不可教

译文

所谓治理国家，必须首先整治好家庭，就是说家人都不能教育好而能教育好他人，是没

而能教人者，无之。故君子不出家而成教于国。孝者，所以事君也；弟[1]者，所以事长也；慈者，所以使众也。《康诰》曰："如保赤子[2]。"心诚求之，虽不中不远矣。未有学养子而后嫁者也。一家[3]仁，一国兴仁；一家让，一国兴让；一人贪戾[4]，一国作乱。其机[5]如此。此谓一言偾[6]事，一人定国。尧、舜率天下以仁，而民从之。桀、纣率天下以暴，而民从之。其所令反其所好，而民不从。是故君子有诸己而后求诸人，无诸己而后非诸人。所藏乎身不恕，而能喻诸人者，未之有也。故治国在齐其家。《诗》云[7]："桃之夭夭[8]，其叶蓁蓁[9]。之子于归，宜其家人。"宜其家人，而后可以教国人。《诗》云[10]："宜兄宜弟。"宜兄宜弟，而后可

有的事。所以君子不必走出家门，就能把一国都教育好。对父母的孝顺，可以用来侍奉国君；对兄长的尊敬，可以用来服侍长官；对子女的慈爱，可以用来使唤民众。《尚书·康诰》说："（保护民众，）就要像保护初生的婴儿一样。"诚心诚意地去求得它，虽然不能完全做到，但一定也相去不远了。世上没有哪个女子是先学会养育孩子，然后才出嫁的。国君一家都仁爱，一国也就会兴起仁爱来；国君一家都谦让，一国就会兴起谦让来；国君一人贪利暴戾，一国就会作起乱来。国君的所作所为的影响就有这么大！这是所谓一句话可以败毁事业，一个人的行为可以使国家安定。尧和舜用仁爱来统治天下，民众就都跟着他们实行仁爱。桀和纣用暴政来统治天下，民众就能跟着他们从事暴乱。他们要民众从善的政令，与他们喜好暴虐的本性是相违背的，于是人民不服从他们的政令。所以君子必须自己有德行才可以要求别人有德行，必须自己没有过失才可以去责求别人。自己不讲恕道而能使别人讲恕道，那是绝没有的事。所以说，治国在于整治他的家庭。《诗·周南·桃夭》说："好美艳的桃花，好茂盛的桃叶。这个女子嫁出去，会和睦她的一家人。"国君使一家人相处得很好，然后才可以教育一国的人。《诗·小雅·蓼萧》说："要和弟兄们和睦友爱。"和弟兄们和睦友爱，然后才可以教

以教国人。《诗》云[11]:"其仪不忒[12],正是四国。"其为父子兄弟足法,而后民法之也。此谓治国在齐其家。

育一国人。《诗·曹风·鸤鸠》说:"国君的言行礼仪没有错误,领导四方的国家就有威权。"国君作为父子兄弟而能够成为楷模,然后民众才会效法。这就是说,国君要治理好国家,首先要整治好他的家庭。

注释

1 **弟(tì):**同"悌"。敬爱兄长。

2 **赤子:**初生的婴儿。

3 **一家:**郑玄注,"一家,一人,谓人君也"。即指君主而言。

4 **贪戾:**贪利暴戾。

5 **机:**关键。

6 **偾(fèn)事:**败事。偾,覆败。

7 见《诗·周南·桃夭》。

8 **夭夭:**形容花木茂盛而艳丽。

9 **蓁蓁(zhēn zhēn):**草木茂盛貌。

10 见《诗·小雅·蓼萧》。

11 见《诗·曹风·鸤鸠》。

12 **忒:**差错。

原文

所谓平天下在治其国者,上老老而民兴孝,上长长而民兴弟,上恤孤而民不倍[1]。是以君子有絜矩之道也。所恶于上,毋以使下;所恶于下,毋以事上;

译文

所谓平定天下在于治理好国家,就是说在上位的人尊敬老人,民众就会兴起孝道来;在上位的人尊敬长辈,民众就会兴起敬长之风来;在上位的人怜爱孤幼,民众也不会违背。所以,君子自有测量计度合乎方正的方法。自己厌恶上级的某种作风,就不要用来对待下级;自己厌恶下级的某种作风,就不要

所恶于前，毋以先后；所恶于后，毋以从前；所恶于右，毋以交于左；所恶于左，毋以交于右。此之谓絜矩之道。《诗》云[2]：“乐只[3]君子，民之父母。”民之所好好之，民之所恶恶之。此之谓民之父母。《诗》云[4]：“节[5]彼南山，维石岩岩[6]。赫赫师尹[7]，民具尔瞻。”有国者不可以不慎，辟则为天下僇[8]矣。《诗》云[9]：“殷之未丧师[10]，克配上帝。仪监于殷！峻命[11]不易！”道得众则得国，失众则失国。

是故君子先慎乎德。有德此有人，有人此有土，有土此有财，有财此有用。德者本也，财者末也，外本内末，争民施夺[12]。是故财聚则民散，财散则民聚。是故言悖而出者，亦悖而入；货悖而入者，亦悖而出。《康诰》曰：“惟命不于常。”道善

用来去对待上级；自己厌恶前辈的某种作风，就不要用来去对待后辈；自己厌恶后辈的某种作风，就不要用来去对待前辈；自己厌恶身右的人的某种作风，就不要用来去对待身左的人；自己厌恶身左的人的某种作风，就不要用来去对待身右的人。这就是所谓测量计度合乎方正的方法。《诗·小雅·南山有台》说：“快乐啊君子，是民众的父母。”民众所爱好的，他也爱好；民众所憎恶的，他也憎恶。这就叫作民众的父母。《诗·大雅·节南山》又说：“那高大的南山，岩石层层叠叠。那显赫的尹太师，民众都在瞧着你。”统治国家的人不可以不慎重，如有偏差，就要受到天下人的惩罚。《诗·大雅·文王》又说：“殷代没有丧失民众的时候，也能配得上祭祀上帝。应当把殷代作为鉴戒呀！获得上天的大命是不容易的呀！”这是说，得到民众的拥护，就能获得国家；失去民众拥护，就会丧失国家。

所以君子首先要在德行上慎重。有了德行才能有民众，有了民众才会有土地，有了土地才能有财富，有了财富才能供给国家使用。德行是根本，财富是末梢；如果轻视本而重视末，就会使民众互相争斗、互相掠夺了。所以财富聚敛了，民众却离散了；财富分散了，民众却归聚了。所以用违背情理的话出口责备他人，他人也将用违背情理的

则得之，不善则失之矣。《楚书》[13]曰：“楚国无以为宝，惟善以为宝。”舅犯[14]曰：“亡人[15]无以为宝，仁亲以为宝。”

话来回敬；用违背道义的手段聚敛来的财富，最终也会被他人用违背道义的手段掠夺去。《康诰》说：“天命不是永久的。”好的道德就能得到天命，没有好的道德就会失去天命。《国语·楚语》说：“楚国没有什么可以作为宝物的，只把善当作宝物。”晋文公的舅舅子犯说：“逃命的人没有什么宝物，只把对父母的仁爱当作宝物。”

注释

1 **倍：**通“背”。背叛。

2 见《诗·小雅·南山有台》。

3 **只：**语助词。

4 见《诗·小雅·节南山》。

5 **节：**高峻貌。

6 **岩岩：**岩石层叠高峻的样子。

7 **师尹：**周幽王太师尹氏。

8 **僇：**通“戮”。刑戮，惩罚。

9 见《诗·大雅·文王》。

10 **师：**众人。

11 **峻命：**大命，指天帝或帝王的命令。

12 **施夺：**劫夺。

13 **《楚书》：**郑玄注，“楚昭王时书”，即指《国语·楚语》。

14 **舅犯：**晋文公的舅舅狐偃，字子犯。

15 **亡人：**晋文公为公子时，出亡在外，故曰亡人。

原文

《秦誓》曰：“若有一(个)〔介〕[1]臣，断断[2]兮[3]无他技，其心

译文

《尚书·秦誓》说：“如果有一位忠臣，忠实诚恳，虽没有别的本领，但品德高尚，心地宽厚，能够容纳别人。人家有才能，就好像他

休休[4]焉，其如有容焉。人之有技，若己有之；人之彦圣，其心好之，不啻[5]若自其口出。实能容之，以能保我子孙黎民，尚亦有利哉！人之有技，媢疾[6]以恶之；人之彦圣，而违之俾不通。实不能容，以不能保我子孙黎民，亦曰殆哉！"唯仁人放流之，迸[7]诸四夷，不与同中国。此谓唯仁人为能爱人，能恶人。见贤而不能举，举而不能先，命[8]也；见不善而不能退，退而不能远，过也。好人之所恶，恶人之所好，是谓拂人之性，菑必逮夫身。是故君子有大道，必忠信以得之，骄泰[9]以失之。

生财有大道。生之者众，食之者寡，为之者疾，用之者舒，则财恒足矣。仁者以财发身，不仁者以身发财。未有

自己有才能一样；别人的品德高尚，本领高强，不但口中常常加以称道，而且从内心喜欢他。他确实能容纳别人，因此才能够保护我的子孙以及一般民众。这是对国家很有利的！倘若是人家有了本领，便忌妒他、讨厌他；人家有了好的品德，便故意压制他不使他成功。他实在不能容纳别人，因此也就不能够保护我的子孙和一般的民众。这是对国家很危险的！"仁者遇到这种人，一定要把他放逐到远方的边疆去，不让他同住在中原内地。这就是说只有仁者才能爱人，也才能恨人。看见贤人而不能举荐，举荐他而不能让他处在自己前面，这是怠慢；看见不好的人而不能使他受到斥退，受到斥退而不能把他放逐到边远的地方去，这就是错误过失。喜爱人们所憎恶的，憎恶人们所喜爱的，这就是说，违背了人的本性，灾祸也就一定会降到自己身上。所以君子治国有个常理正道，以忠诚老实的态度才能获得它，以骄恣放纵的态度就会失掉它。

创造财富有一个大原则：生财的人多，而耗财的人少，生财的加快，而用财的缓慢，那么财富就可以经常充足了。有仁德的人用财富来发展自身的事业，没有仁德的人则会用尽自己的心机专门聚敛财富。从来没有上面的人好仁而下面的人不好义的，也没有好义而他的事业会不成功的，也没有好义

上好仁而下不好义者也，未有好义其事不终者也，未有府库财非其财者也。孟献子[10]曰："畜马乘[11]，不察于鸡豚；伐冰之家[12]，不畜牛羊；百乘之家[13]，不畜聚敛之臣[14]。与其有聚敛之臣，宁有盗臣。"此谓国不以利为利，以义为利也。长国家而务财用者，必自小人矣。彼[15]为善之，小人之使为国家，菑害并至；虽有善者，亦无如之何矣！此谓国不以利为利，以义为利也。

而把国家府库中的财富不当作自家财富那样爱惜的。孟献子说："有四马拉车身份的大夫，就不该去计较那些鸡猪之类的小事；能够凿冰丧祭的卿大夫，就不该饲养牛羊；拥有百辆兵车的卿大夫，就不该畜养那些只顾聚敛财富的家臣。与其有这种聚敛财富的家臣，宁可有那种盗窃府库的家臣。"这就是说，国家不要把财货看作利，而要把仁义作为利益。治理国家的君王专门致力于财富的聚敛，必定是从小人那儿受了影响。国君本想行仁义之道，往好处去努力，却让小人去治理国家，则灾害患难一齐招致而来；即使有善人贤才，也是无可奈何的！这就是说，国家不要把财货看成利，而要把仁义作为利益。

注释

1 据孔疏引语，"一个"作"一介"。

2 **断断**：忠诚专一的样子。

3 **兮**：《尚书》作"猗"。语助词。

4 **休休**：胸襟宽广的样子。

5 **不啻**：不只，不仅。

6 **娼(mào)疾**：嫉妒。娼，《尚书》作"冒"。

7 **迸(bǐng)**：通"摒"。驱除。

8 **命**：读若慢，怠慢。

9 **泰**：奢侈，放纵。

10 **孟献子**：鲁国大夫，姓仲孙，名蔑。

11 **畜马乘**：指由士上升为大夫的人。

12 **伐冰之家：**指卿大夫以上的人家，因为他们能凿冰进行丧祭。

13 **百乘之家：**指拥有百辆车兵的卿大夫。

14 **臣：**指卿大夫的家臣。

15 **彼：**此指国君。

冠义

导读

《冠义》是《礼记》中的第43篇。《冠义》是阐发《仪礼·士冠礼》的意义。冠，指加冠礼。古代男子成年了，可以正式成为社会成员时，社会或家庭为他举行一种加冠典礼。加冠，即给刚成年的男子戴上表示一定身份的帽子，以表示对他们的承认和庆祝，表明他已长大成人，人生正式开始了。冠礼中的一些礼仪细节都寓含深意，勉励受冠者意识到自己已经成年了，要有独立的担当和责任了。因此说“礼始于冠”。现在国内也有一些学校，开始举行“成人礼”仪式。

《冠义》首先指出了礼对于人之重要性，因此古代圣王很重视冠礼。然后介绍了《士冠礼》的具体仪节和实施过程，并阐释其意义。再写被加冠者于礼成之后，去拜见母亲、兄弟，他们都要向他回拜，以表示祝贺。同时他也要以成人之礼，去拜见国君以及邻里乡亲父老。

《冠义》接着认为，加冠者既已成人，就要对他提出为人子、为人弟、为人臣、为人少者之礼仪要求，希望他尽到对社会或家庭的义务和责任。

《冠义》篇末再次强调了冠礼之重要。冠礼既是礼的开始，也是嘉礼中最重要的，所以要在宗庙举行，以表示谦卑和尊崇祖先。

原文

43.1 凡人之所以为人

译文

人之所以成为人，是因为有礼义。礼

者，礼义也。礼义之始，在于正容体[1]，齐颜色[2]，顺辞令。容体正，颜色齐，辞令顺，而后礼义备，以正君臣、亲父子、和长幼。君臣正，父子亲，长幼和，而后礼义立。故冠而后服备，服备而后容体正、颜色齐、辞令顺。故曰："冠者，礼之始也"。是故古者圣王重冠。

43.2 古者冠礼，筮[3]日、筮宾[4]，所以敬冠事。敬冠事所以重礼，重礼所以为国本也。故冠于阼[5]，以著[6]代[7]也。醮[8]于客位[9]，三加[10]弥尊[11]，加有成也[12]。已冠而字之，成人之道也。见于母，母拜之；见于兄弟，兄弟拜之，成人而与为礼也。玄冠玄端，奠[13]挚[14]于君，遂以挚见于(乡)〔卿〕大夫[15]、乡先生[16]，以成人见也。成人之者，将责[17]成人礼焉也。责成人礼焉者，将责为人子、为人弟、为人

义的肇始，是在于使举动端正，使态度端庄，使言谈恭顺。举动端正，态度端庄，言谈恭顺，然后礼仪才算齐备，以用来使君臣各安其位，使父子相亲，使长幼和睦。君臣各安其位，父子相亲，长幼和睦，然后礼义才算建立。所以戴上成人的帽子，然后服装才算完备；服装完备了，然后能够举动端正、态度端庄、言谈恭顺。所以说："冠礼是礼的开始。"因此古代圣王很重视冠礼。

古时举行冠礼是要占卜选择日期和主持人，这是用来表示对冠礼之事的恭敬。对冠礼之事表示恭敬，因而重视礼法；重视礼法，是立国的根本。所以在主人阼阶上加冠，用来表明被加冠者将要代为一家之长。又请他站在客位上，并向他敬酒，加冠三次，愈加愈贵重，则是勉励他往后有所成就。既已加冠，就要用字称呼他，这是对待成人的道理。见了母亲，拜母亲，母亲也答拜他；见了兄弟，兄弟要再次拜见他，这是因为他已成人，所以母亲、兄弟都得跟他行礼。穿戴上黑色的帽子和朝服去拜见国君，将初次见面的礼物放在地上(，表示不敢直接交给国君)；又带了礼物去拜见乡大夫、乡先生，都是以成人的身份去拜见。已经成人，就要求他以后能行成人之礼。要求他能行成人之礼，就是

臣、为人少者之礼行焉。将责四者之行于人，其礼可不重与？

43.3 故孝弟忠顺之行立，而后可以为人；可以为人，而后可以治人也。故圣王重礼。故曰："冠者，礼之始也，嘉事[18]之重者也。"是故古者重冠。重冠故行之于庙[19]。行之于庙者，所以尊重事[20]。尊重事，而不敢擅重事。不敢擅重事，所以自卑而尊先祖也。

要求他以后能有作为他人儿子、兄弟、臣下、晚辈的合于礼的行为。将要求一个人有这四种合于礼的行为，对待冠礼怎么可以不重视呢？

所以为人子能孝，为人弟能悌，为人臣能忠，为人晚辈能顺，然后可以成人；可以成人了，然后才可以管治别人。所以圣王都重视冠礼。所以说："冠礼是礼的开始，是嘉礼中最重要的。"因此古时候很重视冠礼。因为重视冠礼，所以要在宗庙里举行。在宗庙举行冠礼，是表示尊崇冠礼的事。尊崇冠礼的事而不敢专擅冠礼，不敢专擅冠礼，是表示辈分低微而尊敬祖先。

注释

1 **容体**：举止、举动。吕大临说："容体，动乎四体者也。"

2 **颜色**：脸色，面容。吕大临说："颜色，发乎面目者也。"

3 **筮日**：以蓍草占卜加冠的日子。

4 **宾**：主持加冠之礼的人。

5 **阼**：大堂前东面的台阶，是主人的阼阶。

6 **著**：显示，显明。

7 **代**：将代其父而为一家之长。

8 **醮(jiào)**：用于冠礼的一种斟酒仪式。

9 **客位**：户牖间的宾客之位。

10 **三加**：冠礼始加缁布冠，再加皮弁服，三加爵弁服。

11 **弥尊**：更加贵重。因爵弁尊于皮弁，皮弁尊于缁布冠，故每加益尊。

12 **加有成也**：既三加，则冠礼成于此。

13 **奠:**置于地上。

14 **挚:**初次见面的礼物。

15 **乡大夫:**在乡而有官位的人。

16 **乡先生:**乡中已退休的卿大夫。

17 **责:**要求。

18 **嘉事:**嘉礼。**宗伯掌五礼:**吉、凶、军、宾、嘉礼。冠礼属嘉礼。

19 **庙:**即宗庙。

20 **尊重事:**尊崇嘉事。

昏义

导读

《昏义》是《礼记》中的第44篇。《昏义》阐发《仪礼·士昏礼》的意义。《礼记》中将《冠义》《昏义》《乡饮酒义》《射义》《燕义》《聘义》六篇排列一起。此六篇加上前面的《祭义》一篇,这七篇都以“义”为题。冯友兰认为这七篇似为一组,可能是一个人或一派所作的。

《昏义》言:“夫礼,始于冠,本于昏,重于丧、祭,尊于朝、聘,和于射、乡。此礼之大体也。”作者在此强调了“尊”与“和”。“尊”体现了封建社会里尊卑贵贱的等级制度,“和”即是要调节这几方面产生的矛盾。

婚礼是结两姓之好,上以事宗庙,下以继后世。儒家重视结婚生子生孙的功用,以传承祖先的生命和事业。结婚的礼俗与仪式,又被赋予许多社会意义。“昏礼纳采、问名、纳吉、纳征、请期”等程序都相沿成习。《礼记》中很多篇都以“义”作为篇名,是以强调“义”之原理不能变,而具体的仪式则可因人、因情理而适当变通。不变的礼“义”,保证了封建等级制度不会改变。

“昏礼者,礼之本也。”《昏义》中再次强调了婚礼之“义”的根本在于男女有别,夫妇有义及父子有亲,君臣有正,最终归结为“妇顺”之道。古人认为妇顺则家和,家和则万事兴,家和足以兴邦。

原文

44.1 昏礼[1]者，将合二姓之好[2]，上以事宗庙，而下以继后世也，故君子重之。是以昏礼纳采[3]、问名[4]、纳吉[5]、纳征[6]、请期[7]，皆主人[8]筵几于庙，而拜迎于门外。入，揖让而升，听命于庙[9]。所以敬慎重正昏礼也。

父亲醮[10]子而命之迎，男先于女也。子承命以迎，主人筵几于庙而拜迎于门外。婿执雁入，揖让升堂，再拜奠雁，盖亲受之于父母也。降出，御妇车，而婿授绥，御轮三周，先俟于门外。妇至，婿揖妇以入。共牢[11]而食，合卺而酳[12]，所以合体[13]，同尊卑[14]，以亲之也。敬慎重正，而后亲之，礼之大体，而所以成男女之别，而立夫妇之义也。男女有别，而后夫妇有义；夫妇有义，而后父子有亲；父子有亲，而后君臣有

译文

婚礼是将要合成两姓之间的欢好，对上则以传宗接代来侍奉宗庙，对下则以生儿育女来延续后世，所以君子看重它。因此婚礼中的纳采、问名、纳吉、纳征、请期，女方的父母都要在宗庙中摆设筵席，并在门外拜迎男方的使者。入了庙门，互相揖让而登堂，在庙堂的两楹间听受使者所传达的男方的辞命。这些都用来使婚礼恭敬、谨慎、隆重而光明正大。

父亲亲自向儿子敬酒，并且吩咐他去迎娶新妇，这是表示男方比女方主动。儿子接受父命去迎娶，女方父母在庙里摆设了筵席而且在庙门拜迎女婿。女婿捧着雁进门，互相揖让登堂，下拜两次，献上雁，因为这是秉承父母之命。然后下堂出来，驾好新娘坐的车，把车上的拉手绳交给新娘登车。新郎驾车，车轮转了三圈后就让车夫驾驭，自己先返回，在大门外等候。新娘到达，新郎向新娘作揖，迎请入内。吃饭时，夫妇共用一种食物，合饮一个酒杯，用来表示合为一体、尊卑相同，互亲互爱。举行过恭敬、谨慎、隆重而光明正大的婚礼，然后去爱她，是礼的基本原则，并且用来形成男女间的分别，建立起夫妇间的道义。夫妇间有分别，然后才有道义；夫妇间有道义，然后父子能亲爱；父

正。故曰“昏礼者，礼之本也。”

子能亲爱，然后君臣能各安其位。所以说：“婚礼是礼的根本。”

注释

1 **昏礼：**娶妻之礼，以黄昏为期，故名焉。

2 因为同姓不通婚，所以说婚礼“将合二姓之好”。

3 **纳采：**纳雁以为采择之礼。即男家向女家送一只雁，告诉已选择其女为对象。

4 **问名：**询问女子姓名。

5 **纳吉：**男家占卜得吉兆，通告女家。

6 **纳征：**纳聘礼作为婚姻之证。

7 **请期：**请求女家同意婚期。

8 **主人：**女方父母。

9 **听命于庙：**女方父母于庙堂上的两楹之间听受婿家之命。

10 **醮：**敬酒，受方不必回敬。

11 **共牢：**泛指夫妇共用一种食物。

12 **合卺(jǐn)而酳(yìn)：**合饮一个酒杯。卺，以一匏(páo)分为二，夫妇各用其半以酳(献酒、饮酒)，故称“合卺而酳”。

13 **合体：**合卺有合体之义。

14 **同尊卑：**共牢则不异牲，有同尊卑之义。

原文

44.2 夫礼，始于冠，本于昏，重于丧、祭，尊于朝、聘，和于射、乡。此礼之大体也。

44.3 夙[1]兴，妇沐浴以俟见。质明[2]，赞[3]

译文

礼是从冠礼肇始，以婚礼作根本，以丧礼、祭礼为隆重，以朝觐和聘问为尊敬，射礼和乡饮酒为和睦。这就是礼的大原则。

清早起床，新娘梳洗打扮，等待拜见公公婆婆。天明时，协助行礼的妇人带着新娘去见公婆。新娘拿着竹器，盛着枣子、栗子、

见妇于舅姑，妇执笲[4]、枣、栗、段脩[5]以见。赞醴妇[6]。妇祭脯醢，祭醴，成妇礼也。舅姑入室，妇以特豚[7]馈，明妇顺也。厥明[8]，舅姑共飨妇以一献之礼[9]，奠酬[10]。舅姑先降自西阶，妇降自阼阶，以著[11]代[12]也。成妇礼，明妇顺，又申之以著代，所以重责妇顺焉也。妇顺者，顺于舅姑，和于室人[13]，而后当[14]于夫，以成丝麻布帛之事，以审[15]守[16]委积[17]盖藏[18]。是故妇顺备，而后内和理；内和理，而后家可长久也。故圣王重之。

加姜桂腌制的干肉去进见（枣子和栗子献给公公，干肉献给婆婆）。助礼的妇人代替公公婆婆向新娘敬甜酒。新娘在席上祭肉酱和祭醴酒，完成了做媳妇的礼仪。公公婆婆回到寝室，新娘又拿一头小猪进献，表明做媳妇的孝顺。第二天，公婆共用"一献之礼"的方式向媳妇赐酒，公婆虽受到媳妇的回敬，但不必与她同饮。饮毕，公婆先从西阶下去，新娘则从主人的阼阶下去，用这来表明新娘将替代婆婆（做一家主妇）。完成了做媳妇的礼仪，表明了媳妇的孝顺，又再次申明她将代为主妇，都是为郑重地要求媳妇能够孝顺。媳妇的孝顺，就是顺从公公婆婆，与夫家的女眷和睦相处，然后才算得上和丈夫是相匹配的，还要能经理丝麻、布帛之事，周密地守护家中储藏的财物。因此，做媳妇的能孝顺，然后家庭内部才会和谐安定；家庭内部和谐安定，然后家室才可以长久不衰。所以圣王重视妇女的孝顺。

注释

1 **夙：**第二天早上。

2 **质明：**正明，天亮时。

3 **赞：**助，此指协助行礼的妇人。

4 **笲(fán)：**盛物的竹器。

5 **段脩：**加姜桂的干肉。枣、栗，是见公公的礼物；段脩，是见婆婆的礼物。

6 **赞醴妇：**孙希旦说，"妇既见，宜有以答之，故赞为舅姑酌醴（即斟甜酒）以礼妇也"。即助礼的妇人代公婆向新娘敬甜酒。

7 **特豚:**指一头小猪。

8 **厥明:**馈豚的第二天。

9 孙希旦说,凡飨礼,主人献宾,宾酢主人,主人又酌自饮毕,更爵以酬宾,为一献。此飨妇之礼,舅献而姑酬,故曰"共飨妇以一献之礼"。

10 **奠酬:**孔疏云,妇酢舅,舅于阼阶上受酢,饮毕乃酬,妇更爵先自饮毕,更酌酒以酬姑,姑受爵尊于荐左,不举爵,正礼毕。

11 **著:**表明。

12 **代:**将替代婆婆为主妇。

13 **室人:**指丈夫的姐妹及兄弟的妻子。

14 **当:**相称,适合。

15 **审:**周密。

16 **守:**守护。

17 **委积:**积聚,储备。此指家中积聚的财物。

18 **盖藏:**储藏。此指家中储藏的财物。

原文

是以古者妇人先嫁三月,祖祢未毁[1],教于公宫[2];祖祢既毁[3],教于宗室[4]。教以妇德[5]、妇言[6]、妇容[7]、妇功[8]。教成祭之[9],牲用鱼,芼[10]之以蘋、藻,所以成妇顺也。

译文

因此古时女子出嫁前三个月,假如她的高祖庙还未迁的,就在大宗的庙里接受女师的教育;假如她的高祖庙已经迁走,就在宗子之家接受婚前教育。教给她有关妇人的贞顺德行、言语谈吐、容貌化妆、女工之事。教育完成后,祭告祖先,用鱼作牺牲,用蘋、藻作成羹,用这些来表示成全妇人柔顺的德行。

注释

1 **祖祢(nǐ)未毁:**高祖庙未迁。指此女犹于此祖有服,则于君为亲属。

2 **教于公宫:**使女师教育于祖庙。

3 **祖祢既毁:**高祖庙已迁。指此女于此祖无服,则于君为疏远。

4 **教于宗室:**教之于宗子之家。

5 **德**:指贞顺的品德。

6 **言**:指辞令。

7 **容**:指化妆术。

8 **功**:纺绩、刺绣等女工之事。

9 **祭之**:祭告其女所出之祖。

10 **芼(mào)**:做羹的菜。郑氏云:鱼、蘋藻,皆水物,阴类也。鱼为俎实,蘋藻为羹菜。

原文

44.4 古者天子后立六宫[1]、三夫人、九嫔[2]、二十七世妇[3]、八十一御妻[4],以听[5]天下之内治,以明章妇顺,故天下内和而家理[6]。天子立六官[7]、三公、九卿、二十七大夫、八十一元士[8],以听天下之外治,以明章天下之男教,故外和而国治。故曰:"天子听男教,后听女顺;天子理阳道,后治阴德;天子听外治,后听内职。"教顺成俗,外内和顺,国家理治,此之谓盛德。

是故男教不修,阳事不得,適[9]见[10]于天,日为之食[11];妇顺不修,阴事不得,適见于天,月为之食。

译文

古代天子在王后以下设六宫、三夫人、九嫔、二十七世妇、八十一御妻,以负责天下内部治理,申明彰显妇人的柔顺,所以天下内部和睦而家庭安定。天子设立六官、三公、九卿、二十七大夫、八十一元士,以负责天下的外部治理,申明彰显天下臣民的政教,所以外部和谐而国家安定。所以说:"天子负责臣民的政教,王后负责妇人的柔顺;天子治理阳刚的大道,王后治理阴柔的德行;天子负责外部的治理,王后负责内部的职责。"教导柔顺形成了风俗,外部和内部都和谐顺从,国和家都得到整治,这就叫作盛德。

因此,臣民不能修治政教,阳道之事不能施行,上天就会出现谴责的征兆,就会有日蚀;妇人不能修治柔顺德行,阴道之事不能施行,上天也会出现谴责的征兆,就会有月蚀。所以发生日蚀,天子就穿上纯白的衣服,整治六官的职事,消除

是故日食则天子素服，而修六官之职，荡[12]天下之阳事；月食则后素服，而修六宫之职，荡天下之阴事。故天子之与后，犹日之与月，阴之与阳，相须[13]而后成者也。天子修男教，父道也；后修女顺，母道也。故曰："天子之与后，犹父之与母也。"故为天王服斩衰，服父之义也；为后服资[14]衰，服母之义也。

天下阳事中的秽恶；发生月蚀，王后就穿上纯白的衣服，整治六宫的职事，清除天下阴事中的秽恶。因此天子和王后，好比太阳与月亮，阳与阴，相互依存而后才能成功。天子修治臣民的政教，（就如父亲管教儿子，）是父道；王后修治妇人的柔顺，（就如母亲教导女儿，）是母道。因此说："天子和王后，就好比父亲和母亲。"所以臣子为天子穿斩衰丧服，与为父亲服丧的意思是相同的；为王后穿齐衰丧服，与为母亲服丧的意思是相同的。

注释

1 **六宫**：正寝一，燕寝五，共为六宫。

2 **九嫔**：王宫中女官，也是帝王妃子。

3 **世妇**：宫中女官，相当于妃嫔之类。

4 **御妻**：也称"女御""御女"，宫内女官，位在世妇之下。

5 **听**：掌管。

6 此句或以为当作："以明章天下之妇顺，故内和而家理"。说见王梦鸥《礼记今注今译》。

7 **六官**：天、地、四时（春、夏、秋、冬）之官，共六官。

8 **元士**：官名。天子之士所以称元士，异于诸侯之士也。

9 **適**(zhé)：通"谪"。责备，谴责。

10 **见**(xiàn)：显现。

11 **食**：通"蚀"。

12 **荡**：荡涤，清除秽恶。

13 **相须**：相互等待，相互依存。

14 **资衰:**当为“齐衰”。一种丧服,次于最重的斩衰。以粗麻布制成。齐(zī),下衣的边。衰(cuī),同“缞”,丧服。

岳麓书社
读名著 选岳麓

古典名著普及文库

周易
尚书
诗经
礼记
左传
论语
大学·中庸
孟子
春秋繁露
国语
史记
汉书
吴越春秋
战国策
晏子春秋
贞观政要
资治通鉴
孔子家语
老子
庄子
列子
荀子
韩非子
鬼谷子
商君书
吕氏春秋
孙子兵法·孙膑兵法
山海经
黄帝内经
潜夫论
人物志
搜神记
世说新语
了凡四训
颜氏家训
近思录
传习录
明夷待访录
坛经·心经·金刚经
聊斋志异
阅微草堂笔记
子不语
浮生六记
幼学琼林
三字经·百家姓·千字文
增广贤文（附 弟子规·孝经）
楚辞
文选
文心雕龙
古文辞类纂
古文观止
千家诗
唐诗三百首
宋词三百首
元曲三百首
曹操集
嵇康集
阮籍集
陶渊明集
苏轼集
欧阳修集
柳宗元集
鸣原堂论文